慧教育　慧资源　慧运用

一起走过孩子的春天
YIQI ZOUGUO HAIZI DE CHUNTIAN
（第二辑）

江灿权 ◎ 主编

- 第一章　和谐始于遇见
- 第二章　深情长于陪伴
- 第三章　成长源于欣赏
- 第四章　真爱融于理解
- 第五章　人生善于担当

光明日报出版社

图书在版编目（CIP）数据

一起走过孩子的春天. 第二辑 / 江灿权主编. -- 北京：光明日报出版社，2020.3
　　ISBN 978-7-5194-5446-3
　　Ⅰ.①一… Ⅱ.①江… Ⅲ.①家庭教育 Ⅳ.① G78

中国版本图书馆 CIP 数据核字 (2020) 第 016843 号

一起走过孩子的春天（第二辑）
YIQI ZOUGUO HAIZI DE CHUNTIAN (DI ER JI)

主　　编：江灿权	
责任编辑：王　娟	责任校对：傅泉泽
封面设计：潇湘文化	责任印制：曹　净

出版发行：光明日报出版社
地　　址：北京市西城区永安路 106 号，100050
电　　话：010-63139890（咨询），010-63131930（邮购）
传　　真：010-63131930
网　　址：http://book.gmw.cn
E － mail：gmcbs@gmw.cn
法律顾问：北京德恒律师事务所龚柳方律师
印　　刷：东莞市比比印刷有限公司
装　　订：东莞市比比印刷有限公司

本书如有破损、缺页、装订错误，请与本社联系调换，电话：010-63131930

开　　本：185mm×260mm
字　　数：296 千字　　　　　　　　印　　张：15.5
版　　次：2020 年 3 月第 1 版　　　印　　次：2020 年 3 月第 1 次印刷
书　　号：ISBN 978-7-5194-5446-3
定　　价：48.00 元

版权所有　翻印必究

序言

　　传统教育可分为"教"与"育"两个层次，也可以说是教育的两个本质——既教书，又育人。扬雄的《法言》里一个非常有意思的概念，叫"铸人"，即所谓金匠铸金，君子铸人。"教书育人"是教师的天职，然而，更需要的是学校与家庭携手，才能更好地把"教育"做得扎实、做得圆满。

　　"家校共育"，说到底是学校和家庭一起通过"教"的手段达到"育"的目的。家庭教育与学校教育密切结合，两者要加强沟通、相互促进，才能共同撑起一片教育的蓝天，才能实现国家的百年大计。

　　本书旨在更好地落实学校的德育工作。立足于学校教育，深入联系家庭教育，诠释学校与家庭共育的价值与意义。同时这也是推动东莞市"慧教育""慧资源""慧运用"的有效落实。因此，本书是继校本课程《一起走过孩子的春天》之后，再次呈现我校德育工作开展和落实的成果。

　　本书凝聚了二十多位教育者的心血，全方位呈现了教育者的心声：如蒋宁辉老师主张"好家风"，贵言传，重身教；马家发老师认为好习惯才能成就好人生；陈锋秀老师擅长与青春期的孩子进行有效沟通；王丽霞主任经常帮助孩子顺利完成"小升初"衔接过渡；何冬平、高超老师的亲子合约、合作试探让孩子的成长之路更顺畅。

　　"陪伴是最长情的告白。"用赏识的眼光看待孩子，寻找合适

　　的机会锻炼孩子的独立能力；谈话时善用暗示法、微笑法，引导孩子正确消费；危急时刻，教会孩子保护自我，珍爱生命；在日常生活中恰当地运用科学的教育方法，才能带着真爱与理解，掌握孩子的青春期心理特点，找到孩子的闪光点，正确处理孩子的早恋、叛逆、沉溺等问题。

　　本书的定位是以学校德育工作尤其是班主任工作的有效开展为抓手，有效推进学校教育与家庭教育的沟通、协调与合作，同时为家长助力，让家庭教育更加和谐、合理与健康，有效提升教育的公平性与普世价值。

　　"最完备的社会教育是学校教育与家庭教育的结合。"苏联教育家苏霍姆林斯基认为：只有学校教育，无家庭教育，或只有家庭教育，而无学校教育，都不能完成培养人这一极其细微、复杂的任务。伴随着新时期教育体制改革以及中学生思想特征的变化，家校合作成为中学生思想政治教育的有效补充和合理延伸。

　　让我们拭目以待！

2019 年 8 月

目录 CONTENTS

序言……………………………………………………………………… 1

第一章　和谐始于遇见……………………………………………… 001

第一节　言传身教　塑好家风………………………………………… 002
第二节　养好习惯　铸好人生………………………………………… 010
第三节　好好说话　有效沟通………………………………………… 023
第四节　亲子合作　达成共赢………………………………………… 036

第二章　深情长于陪伴……………………………………………… 045

第一节　珍爱生命　远离伤害………………………………………… 046
第二节　有效陪伴　共同成长………………………………………… 060
第三节　智慧引领　小初过渡………………………………………… 071
第四节　护航中考　亮剑六月——做一名智慧的初三家长也不难
　　　　………………………………………………………………… 084

第三章　成长源于欣赏……………………………………………… 096

第一节　微笑教育　播撒阳光………………………………………… 097

第二节	善用暗示　有效教育	107
第三节	赏识眼光　引向成功	118
第四节	不吝夸奖　培养自信	130

第四章　真爱融于理解 141

第一节	引导管控　智胜危"机"	142
第二节	消费有度　受益无穷——引导青少年树立正确的消费观	156
第三节	教会自学　放飞人生	168
第四节	严守规则　有效惩罚	178
第五节	亲子合约　成长顺畅	189

第五章　人生善于担当 202

第一节	面对失败　促成坚强	203
第二节	正确认知　智慧行动——如何正确对待孩子的人际交往	210
第三节	寻找机会　锻炼独立	219
第四节	诚实守信　人生之阶	226
第五节	情商教育　沟通未来	234

第一章 和谐始于遇见

　　永远都不要低估你的话对孩子一生的影响。要知道,孩子处于不知事的年纪,父母作为孩子最亲近的人,他们的话就是真理。家长的一言一行,乃至一个表情,都会对孩子的性格塑造产生潜移默化的影响。

第一节 言传身教 塑好家风

> **导语**
>
> 家风，就是一个家庭或家族的传统风尚。家风是中华民族传统美德的现代传承，它是我们立身做人的行为准则，是社会和谐的基础。"忠孝仁爱显人品，勤俭耕读展家风。"忠诚、孝顺、宽人、慈爱显现出一个人的人品；勤劳、节俭、劳动、读书展示一个家庭的风尚。时下，不少家长忙于工作，把孩子的教育完全交给了学校，在家对孩子的关心只剩下询问学习成绩，有的家长甚至还把工作、生活中的烦恼转嫁到孩子身上，从而忽视了家庭教育、家风建设的重要作用。好的家风，需要言传身教，需要精心培育。

2018年春节期间，一个名为《牵妈妈的手》的微视频刷屏网络。视频中，国家主席习近平牵着妈妈齐心的手陪她散步的画面温馨而感人，令人印象深刻。

"慈母手中线，游子身上衣。临行密密缝，意恐迟迟归。谁言寸草心，报得三春晖。"唐代诗人孟郊的这首《游子吟》，生动表达了中国人深厚的家庭情结。家庭是社会的基本细胞，是人生的第一所学校。不论时代发生多大变化，不论生活格局发生多大变化，我们都要重视家庭建设，注重家庭、注重家教、注重家风。总而言之，即"天下之本在国，国之本在家，家之本在身"。

一、生活处处皆学问，耐心引导显和谐

中国传统文化里对"家风"重视由来已久。"滚滚长江东逝水，浪花淘尽英雄。"鉴

古观今，许多达官贵人之家曾红极一时，然而由于家教不严、家风不正，家庭的显赫也往往好景不长，有如昙花一现。

古往今来，无数的教训皆发人深思。曾国藩家族的众多后裔恪守祖训，人人刻苦自励，自强不息，和穷苦子弟一样克勤克俭操持家务，坚持体力劳动，发奋半耕半读，因此能吃苦耐劳，从小便磨炼出一副钢筋铁骨，加上知书达理、德才兼备，随时可以应付种种恶劣的环境。所以，改朝换代、内战外患、天灾人祸，历经百年，唯曾氏书香门第人才辈出且长盛不衰。曾国藩家族至今绵延至第八代、240余人中，大多是教育界与科技界的名家大师，没有出一个纨绔子弟。如此人才辈出的家族，确实值得细细研究和仿效学习。

我作为家长，和大多数家长一样，面对青春期的孩子，有着同样的迷惘、无奈和困惑。在如何教育小孩方面，我和我的爱人都是"摸着石头过河"。因为我与爱人平时都有写日记的习惯，所以我们有意识地把孩子成长中的点点滴滴及时地记录下来，美其名曰名孩子的"成长日记"。日记中记录了孩子成长中青春期的种种叛逆行为。

故事一：跨年夜，注定是一个不眠之夜

2014年的12月31日，当时钟的指针指向午夜11：50，孩子还躺在床上欢快地玩着手机。我走到他的房间轻轻地说道："孩子，快十二点了，该睡觉了。"谁知他猛地回复一句："难道不用跨年？"我笑笑并有些无奈地说："那你得注意一下眼睛，不要弄近视了。"可是，他居然跟我狡辩起来："难道那些近视的人就不用玩手机了？"听到这儿，我还是耐着性子说："你这不是狡辩是什么？"他干脆更直接地来一句："我这就是狡辩！"此时，我的内心已有些愤怒，这不是在挑战吗？真想立刻揍他两下。最终，我还是忍住，默默地走开了，只留下一句："请注意礼貌和尊重！"我理解，这就是青春期叛逆中的孩子。在这件事上，我采取的是冷静处理。几天后，我们父子俩通过短信交流，还原事情原委，儿子最终认错，答应改正，下不为例。

故事二：夜拍流星雨，彰显青春个性

一个周末的晚上，孩子说要去教学楼的楼顶拍流星雨，当时正读高二的孩子迷上了摄

> 影,或许拍流星雨是他的一个摄影作业。但毕竟深夜十二点多了,考虑到安全问题,孩子妈妈不同意,好说歹说,孩子就是不听。最后,妈妈竟用"那边好多鬼的"的说辞来吓唬孩子(当然懂科学的孩子并不相信)。最后孩子妥协,答应只上到宿舍楼顶去拍。可妈妈还是不放心,于是命令我这个当爸的跟着去。我那时已差不多睡着了,又不得不从温暖的被窝出来,深更半夜陪孩子在楼顶待了一个多小时。第二天,妈妈问他拍到没有,他挺自豪地回答说"收获好大呢"。我这个当爹的却冻得感冒了。或许这就是青春期的个性张扬,孩子正当的个性需求,我们应该给予尊重和支持。

青春期的孩子身上常常有这些现象:沉迷于网络、手机、电脑,熬夜、疏远父母,开始"臭美"、关注异性,甚至有可能异性间交往过密等,这对我们做父母的来说,真的是着急上火!但事实上,想想我们小时候,有些地方还挺相似的。所以,我个人认为,孩子成长中一些叛逆行为是正常现象,可以理解,不必大惊小怪,甚至可以适当地允许孩子犯点错误。只要我们耐心引导,给点时间让孩子去反思、去改正,这时就可能会出现另一种结果:那都不是事儿!所以,作为家长,要学会静下心来,多学习,多想办法,在言传和身教上多做文章,从自我做起,用心地做些切实有效的教育工作,帮助孩子顺利度过青春叛逆期这个特殊的阶段。

二、言传身教话细节,良师益友伴成长

青春期孩子的叛逆是成长的必经阶段。在家庭教育过程中,父母往往头疼如何和青春期的孩子进行沟通。往往亲子间沟通时,会有"话不投机三句多"的情形,也有怎么聊都聊不到一块的感觉,更有说着说着,演变成"打嘴仗",甚至是其他更过激的"悲剧"。父母无法走进孩子的内心世界,是因为不理解孩子。孩子叛逆,无非是想要在人格独立上获得承认。打开孩子心门的钥匙就是"平等"与"尊重"。

平等意味着父母要以民主的态度和孩子相处,不任意打骂孩子,不迷信"听话教育",也不会打着"我都是为你好"的旗号,把自己的意志强加给孩子,还意味着给予孩子自由发展空间,时常和孩子交流对各种事情的看法,对孩子所取得的成功给予及时的鼓励。

尊重意味着父母要以商量的语气和孩子交流,启迪孩子接受什么或不做什么,凡事

多听孩子的意见,尊重孩子的独立愿望。当然,孩子由于自身知识和经验所限"钻牛角尖",父母应因势利导,用讨论的方式,"民主"地做出决定,以此提高孩子分析问题和解决问题的能力。

多与孩子交流,多观察孩子的行为,善于发现孩子的点滴进步,及时给予肯定。多与孩子讨论问题,帮孩子树立正确的是非观,让孩子懂得怎么做才是对的,教孩子用真诚、宽容、幽默来解决成长中的烦恼,而不是用叛逆的行为来解决。

有道是"此时无声胜有声"。在与孩子尤其是青春期的孩子沟通时,不妨采取文字交流的形式,如写信、写小留言条等。书信、文字交流会产生奇妙的效果!在我们家,经常用写信的方式进行交流,把自己的感受写出来和孩子做无声的对话。哪怕是彼此间的一些小争吵,孩子冷静下来后,他会慢慢反思并知道如何去改进。特别是孩子每年过生日的时候,我和爱人都会通过文字的形式,及时送上最真诚的祝福……总之,要让孩子感觉到,不管发生什么事,遇到困难也好,收获成功也罢,父母永远在他身边!同时,通过安慰他、支持他、陪伴他,让他感受到父母无私的爱。

"随风潜入夜,润物细无声",家庭教育,不是比教训孩子的声音有多大,也不是比惩罚孩子的手段有多高明,而是要思考如何在日常生活中给孩子言传身教的影响和示范。事实上,在生活的很多方面需要父母做出表率,做好榜样。时刻谨记自己是孩子的一面镜子,言行举止都要符合基本的规矩。要求孩子做到的首先自己要做到,并做好。

我结合自己的做法和思考,和大家分享以下四点建议:

(一)建议一:做一个善良的人

与人为善,阳光灿烂。这正是我微信上的个性签名。"人之初,性本善。"善是做人最大的根本,为人当有善心和善行。与人为善,也是善待自己。以真心善待他人,在自己的心里种下一粒友善的种子,慢慢地长成一棵善良大树,希望能够为他人遮阳挡雨,为他人提供必要的帮助。

"莫以善小而不为,莫以恶小而为之。"与人为善,我们家长时时做好榜样引领作用,要常怀爱心,助人为乐。比如我和孩子在大街上,若看到乞讨的残疾朋友,会亲自或叫孩子送出我们的爱心。又比如我们会教导孩子学会尊重师长和同学。假若别人学习或生活遇到困难时,要及时伸出援助之手。善良的人,才是和世界摩擦最小的人,才容易成为最幸福的人。

从时间上来说真正的善良之举不是一时的心血来潮,而是长期坚持善举,终身不悔。比如,深圳的艺人丛飞数年向希望工程捐款数百万,捐完所有的积蓄,即使在得知自己患绝症时,仍不停止捐款。"一个人做点好事并不难,难的是一辈子做好事。"从空间上来说,真正的善良之举不仅是一点一事之善举,而是对万事万物都有善心、善意、善举,拥有"普渡众生"之大格局。

(二)建议二:做一个有情怀的人

什么是情怀?情怀就是一个人做事的风格,遇事对人的态度;情怀是一个人从骨子里透露出来的那种独特气质,与众不同;情怀是一个人的生活方式,属于他自己的生活方式。

所谓的情怀,我的理解是:情感和胸怀。中国有句古话说得好:家和万事兴。那么,如何从家庭的角度做一个有情怀的人?要爱家,爱家人,勇于担负起家庭的重担,给家人以安全感、幸福感。我作为一名教师,在多年担任班主任的工作中,碰到不少所谓的"问题孩子"。通过家访和方方面面的了解,发现他们有一个共同的问题,就是缺乏家庭的温暖,缺乏父母的关爱。所以说,父母关系的好坏直接影响着孩子的成长,一个和谐幸福的家庭对孩子的教育是非常重要的!

很多家长只是简单地认为孩子有许多的问题,但实际上,他们并不知道导致这一问题的根源常常是父亲与母亲角色的缺失。在家庭中,首要原则是,先做好夫妻,再做好父母。温暖、有爱,父母相亲相爱的家庭环境,正是孩子健康成长的沃土。

(三)建议三:做一个爱读书的人

我从小就是个喜欢读书的人,这源自爷爷及父亲对我的教导和影响。如今,我作为孩子的父亲,也有一直坚持每天阅读的习惯。平时生活中,有意识地引导和培养孩子的阅读习惯。小时候,经常带他去逛书店,泡图书馆。找一个安静的角落,一个人静静地读书,一坐便是好几个小时。一个有书香氛围的家庭才能熏陶出爱读书的孩子;一位有读书习惯的家长才能培养出有读书习惯的孩子。

如今,好多家长总埋怨自己的孩子不爱学习、不爱看书。那有没有自问一下:我们自己是否爱学习、爱看书呢?

"陪伴,是最长情的告白",现在的孩子最需要的,往往是我们大人最给不了的——时间。为人父母,有不少家长常说"周末要多陪伴孩子"。而实际上,当孩子在做作业学习的时候，这些家长却在旁边投入地玩手机。这哪是陪孩子啊，这是在陪手机，这是无效陪伴！为了孩子的身心健康、快乐成长，不管有多忙，我们都应该留点时间陪陪孩子，陪他们读读书、写写字。

（四）建议四：做一个热爱生活的人

我们常说：人生苦短，生活不易。生活中确实有许多磨难，有许多不尽如人意之事。但我们用心就会发现，生活中还是有许多感动和美好的。所以我们应该学会做个热爱生活的人，将枯燥的生活变得有情趣、有滋味！

想要成为一个热爱生活的人，首先必须要有理想、有追求，如果自己都不知道想要的生活是什么样的，那何谈热爱它？要认真考虑自己想要的是什么、不想要的又是什么，只有这样才能有热爱生活的原动力。

其次要高度自律。高度自律是为了高度自由，只有掌控得了自己的时间，才能够合理安排自己的生活。规律并不是严格按照具体的时间表去生活，而是拥有一个健康的作息习惯。

再次，要有自己的一些爱好。小时候我们几乎把所有的时间都放在了学习上，因为要考好的学校，长大之后，我们几乎不能创造乐趣，所以总觉得生活就是循规蹈矩，其实不然，爱好是靠慢慢培养的，如画画、做饭、烘焙、读书……这些都是爱好，都能让我们在最艰难的日子里坚持下去。

还有，要有一帮玩得来的朋友。人生来就带着群居的属性，我们上学有同学，工作有同事，试想一下，如果你的生存环境中干什么都是你自己，那该有多无聊，所以要交朋友，交真心朋友，交志同道合的朋友。

我们每天会接触很多人，也会遇到很多事，如果所有事都斤斤计较，只能是每天都不开心。学会宽容一些、大气一些，那些对于自己来说无关紧要的事何必放在心上，浪费自己的情绪呢？想做的事不留遗憾。人的一生算起来是很短暂的，顶多也就三万六千天，更多的还会打八折，而且人生是一个单行旅程，有些事一辈子可能只有一次机会，所以想做的事就去做，这样才不会给自己留下遗憾。

三、精彩生活减压力，快乐人生传家风

正如我上面提到的一样，做一个热爱生活的人、热爱运动的人、热爱唱歌的人。我就

很喜欢运动，这是我青少年时期就养成的习惯，这个习惯一直持续到现在，并将伴随我的一生。哪怕是周末和寒暑假，我都会早早地起床，抱上篮球，带上歌本，直奔体育馆：跑步、打球、唱歌。自我陶醉，不亦乐乎！周末，孩子放学回家，我会马上提议，叫上孩子一起去体育馆打球，甚至父子同场PK。寒暑假期间，我们一家人常去旅游，去一些名胜古迹，去领略祖国的大好河山、各地风土人情。平时闲暇时，我们一家人常去户外，走进大自然，增强体质，放松心情，减轻压力，更重要的是多了些和孩子沟通交流的机会。

家风通过日常生活影响孩子的心灵，塑造孩子的人格，是一种无言的教育、无字的典籍、无声的力量，是最基本、最直接、最平常的教育，它对孩子的影响是全方位的。孩子的世界观、人生观、性格、道德素养、为人处事及生活习惯等，也都会打上家风的烙印。可以说，有什么样的家风，就有什么样的孩子。

"家风是一个家庭的精神内核"。一个家庭能否做到源远流长、薪火相传，其关键因素就是这个家庭的家风能否世代相传。在家风的传承问题上，家训、家规和家教起着至关重要的作用，尤其是家教的作用更不可替代。这正如习近平所指出的那样，"孩子们从牙牙学语起就开始接受家教，有什么样的家教，就有什么样的人"。因此，家长应该担负起教育后代的责任。家长特别是父母对子女的影响很大，往往可以影响其一生。中国古代流传下来的孟母三迁、岳母刺字、画荻教子讲的就是这样的故事。他还以个人为例来说明家教对自己成长的影响。在他看来，只要家庭成员或者家族成员能够长期按照家训、家规、家教发语行事，那么，久而久之，这个家庭或者家族就会形成一种独具特色的"家风"。这样的家风既是"一个家庭的精神内核，也是一个社会的价值缩影"。它用之于家庭，不仅使其家庭成员的身心健康得以顺利地成长，而且也使家庭中的孩子在长大之后能够顺利地"成为对国家和人民有用的人"。

"家风是社会风气的重要组成部分"。近年来，尽管中国人民的物质生活有了极大的改善，但家风建设却受到了不同程度的忽视，甚至出现了一种断层的现象。这种家风断层现象的严重后果就是：对于一些手握公权之人来说，他们缺失了"勤政为民"的情操与志趣；对于普普通通的民众来说，他们缺失了"为人处世"的基本规则与操守。

愿您，愿我，愿我们每个人都有一个幸福的家庭，拥有一个好的家风，使孩子得以健康快乐地成长！愿我们的国家强大，民族兴旺，国民安康乐业，人人幸福平安！

问卷调查

1. 您家里藏有多少本书？（   ）
   A.50 本以上   B.30 本左右   C.10 本左右   D.10 本以下   E.一本都没有

2. 您与自己的孩子沟通的主要方式是（   ）
   A. 在共同活动中   B. 餐桌上   C. 谈心   D. 其他

3. 在教育孩子方面，您最大的烦恼是（   ）
   A. 没时间教孩子   B. 不知道教育方法   C. 夫妇意见不统一   D. 无

4. 您认为教育孩子哪种方法最有效？（   ）
   A. 严厉批评直到认错   B. 与孩子讨论、允许申辩   C. 父母的言传身教

5. 您认为影响孩子学业的最大因素是什么？（   ）
   A. 家庭环境   B. 学校环境   C. 社会环境

6. 在与孩子的交流中，您觉得最大的困难是什么？（   ）
   A. 好多道理讲不清
   B. 父母的意见孩子不愿接受
   C. 不知道怎样告诉孩子去适应社会

7. 您认为孩子的教育问题应该是（   ）
   A. 学校的事情，家长不需要管
   B. 学校管学习，家长管生活
   C. 家校共同协作

8. 您愿意参加学校举办的"家长学校"免费培训学习教子知识吗？（   ）
   A. 愿意   B. 不愿意   C. 愿意但没时间

9. 您最希望"家长学校"为您提供哪方面的帮助？（   ）
   A. 如何培养孩子良好的习惯
   B. 如何和孩子自由交流
   C. 如何提高孩子的成绩

10. 在教育孩子的问题上您还有哪些困惑？您对学校家庭教育工作有哪些建议？

第二节 养好习惯 铸好人生

> **导语**
>
> 俗话常说：习惯成自然，习惯伴我成长。良好习惯成就我们精彩的人生，不良习惯也可能毁坏我们一生！法国作家培根曾经说过："习惯是人生的主宰，人们应该努力追求好的习惯。"好习惯，好人生，已成为人们的共识。下面，我从家长的角度，就初中生好习惯的培养与形成、好习惯对人生的影响进行探讨。

一、诺贝尔奖获得者的回答发人深思

诺贝尔奖，这个号称是全人类至高荣誉的奖项，从1895年设立到现在已经过百年，现在人们依然把获得诺贝尔奖当作一种至高荣誉，他们往往被视为成功人士，是该领域翘楚。1987年1月的某天，75名诺贝尔奖获得者聚会巴黎，有记者采访其中一位诺贝尔奖获得者："您在哪所大学、哪个实验室学到了您认为一生当中最重要的东西？"

这位白发苍苍的学者答道："幼儿园。"

"在幼儿园您学到了什么呢？"

学者答道："把自己的东西分一半给小伙伴们、不是自己的东西不要拿、东西要摆放整齐、吃饭前要洗手、做错了事要表示歉意、午饭后要休息、要仔细观察周围的大自然。从根本上说：我学的全部东西就是这些。"

这位科学家出人意料的回答，直接说明了儿时养成的良好习惯对人一生具有决定性的意义，养成良好的习惯可以让人终身受益，良好习惯是影响我们一生发展的重要基石！培养良好的习惯，其重要性不言而喻。

二、什么是习惯

我们可以用一个简单的定义来阐述：习惯就是人的行为倾向。也就是说，习惯一定是行为，而且是稳定的甚至是自动化的行为。从心理学角度来说，习惯是刺激与反应之间的稳固链接。坏习惯是一种藏不住的缺点，别人都看得见，他自己看不见，因为习惯就是一种自动化、潜意识表现的行为，并不一定是他自己希望的行为。习惯犹如一种神奇果，它能对人们的行为与后果产生神奇的作用。我们每个人身上一定有很多好的习惯，也一定有些不好的习惯。

三、好习惯从哪儿来的

一个人从出生来到这个世界，是一张白纸，习惯往往都是后天在生活中养成的或外界传过来的，长久的行为就会逐渐形成习惯。习惯成自然，一旦这个习惯养成，就不会轻易改变。俗话说："从小看大，三岁看老。"甚至还有俗话说："小时偷针，大时偷金。"习惯是在生活中一点一滴地积累起来，形成相对稳定的一种行为，"习惯成自然！"影响我们一生的习惯主要有行为习惯、生活习惯、学习习惯、交往习惯等。

无论哪种类型的习惯，都不是生而知之，而是学而知之，都是后天养成的。著名教育家叶圣陶先生说过："积千累万，不如养个好习惯。"法国作家培根曾经说过："习惯是人生的主宰，人们应该努力追求好的习惯。"美国心理学家威廉·詹姆士也曾说过："播下一个行动，收获一种习惯；播下一种习惯，收获一种性格；播下一种性格，收获一种命运。"的确，行为习惯像我们身上的指南针，指引着每一个人的行动，习惯犹如一把雕刻刀，人的许多品性都是它的作品。学生在学校不仅要学好科学文化知识，更要进行能力培养、良好习惯的养成，这正是以人为本的素质教育思想的真谛所在。

"冰冻三尺，非一日之寒。"良好习惯的养成绝不是一时的心血来潮，也不是几天几月的短期行为，它一旦形成就有旺盛的生命力和持久性，常常会与我们如影随形，相伴一生。对于绝大多数同学来说，学习成绩的好坏，虽然与智力因素有关，但更多的与他们的信心、意志、习惯、兴趣、性格等因素有关，在这诸多因素中习惯又占有重要地位。古今中外在学术上有所建树的人，无一不具有良好的学习习惯。进化论的创始人达尔文说过："我的生活过得像钟表上的机器那样有规律，当我的生命告终时，我就会停在某一处不动

了。"达尔文所说的"规律",就是指"良好的习惯",当然也包括良好的学习习惯。

现在,从小学六年级毕业升入初中的学生,他们正如早晨八九点钟的太阳,全身充满活力,精力旺盛,他们许多生活习惯、学习习惯、社交习惯都正在初步形成并处于校正时期,需要家长、老师共同关注、共同呵护,当然更需要学生本人的足够重视。

有一次过新年,我欲去花市购买一些鲜花准备把家装扮一下,看到一棵盘旋有型的万年青,甚是喜欢。经与卖花的老板交谈,请教他如何让万年青变成这样有型的方法时,老板自豪而坚定地说,这个没有五年以上工夫根本不可能做到。这种树长得很慢,要让它变形——按照自己的意图成长,必须从小树苗只有30～40厘米时,进行规划和造型设计。其间除了要正常的养护外,必须时常留意它的长势及变化情况,经年累月的万般呵护,才达到目前这个效果。

事实上,培养人也是同理。欲让一个孩子按照既定方向或方式成长,也必须用心去陪伴,用情去引导,需要长期地、坚持不懈地培养、呵护。即将升入初中或正在上初中的孩子,他们正值青春期,是成长的关键时期,可塑性极大,作为老师、家长,此时,必须耐心守候,细心呵护,为他们的成长保驾护航。

(一)培养孩子良好的学习习惯

1. 通过检查孩子周末作业培养孩子的自觉习惯

以下是分别对部分学生、家长和教师的访谈:

关于周末安排,学生回答——
学生A:周末要与家人团聚,很高兴。
学生B:周末就是吃饭、睡觉、打游戏三件事。
学生C:可以当回"皇帝",只管吃、玩、睡。
学生D:利用周末看书、学习、温习功课。
学生E:到了周末,终于可以睡到自然醒了。
学生F:我要抓住这两天好好学习。

对于周末,家长的看法——
家长A:最难搞的是周末督促孩子作业。

家长 B：最难控的是手机或电脑游戏。

家长 C：孩子作业要多次提醒。

家长 D：孩子说他的作业都在学校做完了。

家长 E：孩子说周末只有数学、英语、语文作业。

家长 F：睡得较晚。

对此，老师对周末的看法——

老师 A：周一上午是放假综合症，部分学生没劲。

老师 B：好几个学生说昨天晚上没有休息好。

老师 C：学生的作业雷同的不少，应该是相互抄。

老师 D：作业完成较好的，不多！

从上面三组访谈录来看，不少学生自觉学习的习惯没有养成，学习被动。作为老师、家长都要反思，周末作业无论你布置多与少，都是吃力不讨好，没效果！老师设计作业时尽可能形式多样化、少而精。周末孩子在家，手机、作业、学习、娱乐，如何平衡？初一孩子还小，应该较容易管控。记得公安大学教授、著名心理学教育学专家李玫瑾曾说："孩子在十二三岁前是抓规范教育、习惯养成的最佳时期。"家长可与孩子立下规矩，周五放学回家，可以休息放松，适当看电视、玩玩手机，可暂不做作业。但周六、周日必须有学习的计划及安排，先完成什么作业，完成到什么程度，完成质量等指标量化。在完成这些任务后，看电视、玩手机多长时间、最迟几点上床休息等。当然，作为家长，因时间、专业、文化程度的因素影响，不大可能检查出孩子各科作业的完成状态及做到质量监控。

给各位家长支几招：

（1）签名签在作业末尾

检查签名时，名字签在哪儿，这里的学问大有乾坤！一般情况下，家长签名时，都签首页最上面，便于老师查看。这是不科学的，也是一厢情愿。家长应把姓名签在试卷或作业的末尾，原因有四：一是可以检查孩子作业是否有漏做现象。二是检查孩子书写是否规范或有应付之嫌疑。三是在孩子完成作业末尾处，签上名，写上日期，既是负责的态度，又间接告诉老师孩子的作业完成时间及检查时间、作业完成进度。因为如果在你签名处之后再写作业，就可能是回学校抄同学的作业。四是让孩子明白家长检查作业是认真的，不

能随便应付和马虎。

（2）查看孩子书写是否端正，培养其认真习惯

作业完成质量怎样，难以控制和检查，但我们可以通过检查孩子作业的书写状况来培养其学习的习惯与态度：一看作业是否整洁、书写是否规范。如乱涂乱画、书写文字的直行是接近一条直线或是忽高忽低、书写中字的大小基本接近，或是字忽大忽小，如果是前者，至少是学习态度是相对较认真的。而后者则是相反，说明孩子在做作业时心没有静下来，有应付的嫌疑，需要引起家长重视，应及时指出并予以要求和纠正。

（3）与孩子一起检查，共同分析

检查作业时，必须同孩子一起，进行面批，发现疑问或问题时，才可能马上解决，不留"尾巴"。

（4）适当赞赏、引导孩子养成良好习惯

当孩子完成这些作业后，进行适当点评、鼓励。切记不必另加作业，应放手孩子去休息、玩、适当娱乐。如此这般，在潜移默化中培养孩子学习自觉性、主动性，也增强其规则性。

2．通过查看孩子带回的课本、练习册、各类测试卷，了解孩子的学习习惯及在校的学习状况

（1）查看孩子的课本

在寄宿制学校，孩子一般周末才回家，平时都是吃住在学校。作为家长，怎样去了解自己孩子在学校上课听课及其学习情况呢？周末，大多数孩子都会带部分科目课本及同步练习册、相应学科的测试卷等相关书籍资料回家，我们借此查看课本，适当翻翻，就会有所发现，有的孩子把关键字词用不同颜色进行标注，把老师授课的一些重点、核心知识等备注下来了。这就是让家长放心、老师信任的"乖宝宝"级孩子，在一定程度上是绩优股！相比之下，如果对学过的内容还是光板或胡乱画的几条线，或偶有几个字也是零星闪闪，这位孩子听课可能用五六成的功力；如果是一片空白、没有或偶有几个少得可怜的字，说明孩子思想开溜了，根本没认真听课。

（2）查看孩子的测试卷

从学生的各种测试卷，不难发现问题。举个例子，这里有三份答卷，虽然三份答卷都写有文字，但其高低差距还是挺明显的：第一份，学生优势之处最显眼的是思路清晰，特别用序号标注，文字书写端正，这是一份优生卷；第二份虽写了不少文字，但字体相对有

些乱，没有用序号，看着一团糟，这就是中等生或中偏下的学生答卷；而第三份，虽写有文字，但书写不认真，思路不清晰，文字书写相对也少，属于后进生、问题生、厌学生类型的答卷。

（3）查看孩子评讲之后的测试卷

在老师评讲完之后，两份同样的考试试题，一份条理清晰地进行了错题更正，而另一份则字迹潦草杂乱无章。从卷面上，我们不难发现学生状态、学习方法、学习习惯是泾渭分明的。认真更正答案，对于不够空间的地方，采用便利贴处理，这是一位很有心的学生，他的学习态度认真、仔细、一丝不苟。而笔迹凌乱的学生，则属于不认真听评讲，不愿动或被动学习类型的孩子。

（4）查看孩子的错题本

通过查看一些判断题、单选题情况，了解其学习的重视程度或学习方式。

现在，几乎每一个学科都有若干单项选择题，单项选择题看似简单，却是最容易丢分的。单项选择题是用来检查学生掌握知识、学习方式的一个重要标尺。看看你的孩子在做这类试题时是否存在"秒杀"，不看试题，任意写上一个答案。若是在其试卷如同上述对关键字词进行圈画，甚至还在旁边添加相应的其他文字，说明这个孩子学习态度端正、听课认真、能按老师要求高质量完成任务，这样的乖宝宝是值得信赖的。正常情况下，这类型孩子学习成绩应在班级中上等，如果有变，那是非正常现象，需要观察并与孩子进行互动沟通，了解其最近的学习状况，对存在的其他问题及时疏导、纠正。

（二）培养孩子良好的个人生活习惯

1. 培养孩子生活自理能力

俗话说："五岁成习，六十亦然。"这句话虽有点夸张，但也说明了幼儿期良好生活习惯的养成对人的一生影响巨大。由这个时间段孩子的心理特点决定，这一时期一旦养成良好的生活习惯，确实能让孩子终身受益。良好的生活习惯包括按时作息、积极锻炼身体、自立能力、自理能力、有坚强的意志力、耐挫力、遇事冷静、临危不惧、自尊自信等品质。在这一点上，有不少家长都忽视了其重要性，认为孩子还小，学习辛苦，因此，学习成了孩子唯一的任务！为了学习，一切都可以让步，结果造成了孩子的不均衡发展，以至于让孩子在接下来的成长中难以适应社会的发展变化，而学业也会因此受损。

魏永康，一个从小就被誉为神童的孩子，大家眼里的天才，四岁就自学完初中的所有

课程,仅仅8岁就考上当地最好的重点高中,13岁就考入了湘潭大学,17岁以总分第二考入中科院物理研究所。这些在普通人眼里想都不敢想的成就,在他身上都如此轻易地实现。然而,故事并非就这样续写下去,上天给他开了一个天大的玩笑:读第三年研究生时被中科院给劝退了!

这位天才学霸和我们印象中的天才有着相同之处,也有不同之处。相同之处是他们都一样有着超于常人的优秀,在小小年纪完成了常人不可能完成的学业目标。不同的地方是他的人生经历和结局。面对孩子被中科院退学的事实,他的母亲更是怒气冲冲,恨铁不成钢地对外说出了绝情的话:我恨不得他死了才好!少年学霸、天之骄子,怎会落得被退学被母亲如此怒骂的下场?这位母亲对儿子的天赋非常在意,将他视为整个家庭唯一的希望来进行培养,生活上的事一件也不用魏永康动手,为了能让儿子"一心只读圣贤书",她一直坚持陪读,甚至还亲手喂饭,偶有同学找魏永康玩,也会被她用各种理由拒绝,魏永康也因此失去了许多成长的机会,失去了生命成长的快乐!考入中科院后,魏母自豪地认为,儿子既然这么聪明肯定看一遍就能学会,于是就结束了陪读。结果,离开了母亲照顾的魏永康面对生活就像一个无头苍蝇。到最后,甚至连考试和毕业论文都忘记写了,最终也因为忘记写毕业论文、长期生活不能自理、知识结构不适应中科院高能物理研究所的研究模式而被劝退。

哪些同学自理能力强,哪些同学自理能力差?作为老师,只需到教室走一下,看一眼学生的台面与抽屉的资料分类与资料袋的摆放情况等,就可以有个初步的结论。

2. 培养孩子整理好自己事务的良好习惯

班上一位男同学,其他同学都拿着资料复习读书七八分钟了,他还在搜寻自己的"宝贝","你躲哪儿去了?"由于自理能力的欠缺,自己的资料没有分类装好,结果影响了学习。这种情况,在每年初三中考复习时,每个班都会发现少数同学有类似现象。初三下学期,几乎都进入总复习,高强度训练,试卷多、资料多,小部分人有些疲于应付,无暇顾及,索性把所有试卷往课桌柜内扔或夹在书内,没有及时归类处理,这种情况,家长应该知道自己是否有这种能力或习惯。如平时在家,可以从孩子自己屋内的个人物品及书包内书、资料的存放看出孩子的习惯。针对存在的问题,家长应引起重视并加以引导。

3. 培养孩子做家务的良好习惯

生活中,我们要让孩子做一些家务,不但可以培养孩子的动手能力,更能丰富孩子的生活阅历,充实其精神生活,这也是一种学习。实践性学习,是生活情感的源泉。相较于文化知识的学习与理解，这会更深刻、更具体一些。会做家务的孩子更具有责任感，更能理解父母工作之艰辛，懂得感恩。独立生活能力强，学习、生活会更自信。特别是初一或小学时，家长就应该引导和培养孩子这方面的行为习惯。

（三）培养孩子良好的人际交往习惯

青少年时期正处于青春期，既是性格趋向成熟时期，也是学习文化知识、增长才干的关键时期，"独学而无友，则孤陋寡闻"，进入初中以后，我们接触的同学、认识的老师、学习的知识、眼界等都较小学有了大变样，如何与同伴友好相处、相互激励共同进步也开始成为一个重要的课题。

初中生由于认知能力有限，生活经验少，在与同伴的交往中需要得到家长的指点与关注。这里有一个总的原则——善交益友、乐交诤友、不交损友！在交往中，要有一颗善良之心，学会主动交往与真诚待人，学会与人相处、学会宽容、学会尊重、学会关心与帮助他人，但必须坚守一个原则——触犯法律、违反纪律的事不干，对于这点，必须要保持清醒的头脑和正确的认识。

1. **培养乐观的性格**

自卑会使自己感到孤独和压抑，导致在人际交往中缺少自信，从而产生退缩、逃避行为。因此，青少年首先要摆脱自卑，要树立信心，让自己成为一个受欢迎的人。

乐观来自良好的心态，平时可以鼓励自己凡事都往好的方面去想，不要老想着不好的。每天面带微笑，出门之前打点好仪容仪表，带着愉快的心情上学。乐观的人心里总是阳光，给人一种信任感，易于被他人接纳，易于融入集体。

2. **学会包容、学会与人分享**

但凡初一的班主任，都经常遇到这样一个问题：学生来告状，找你投诉，请求你主持公道，他（她）与某某同学因什么事不愉快，或某某同学说他（她）的坏话，某某同学未经他（她）同意，拿走他（她）的橡皮擦，拿去用后没有马上归还等。作为成年人，觉得太可笑了，但作为初一的学生，他们的思维，他们的世界观、价值观就是这样。老师、家长要对他们进行正确引导、陪同他们成长！

3. **善用新媒体网络交流**

网络交往具有隐蔽性、虚拟性、间接性等特点，因此在网络交往中接触到的人、事、信息都具有两面性，必须要学会鉴别，否则，蜕变就在不知不觉中发生。同时，沉迷于网

络信息、陶醉于时下流行的自媒体也是十分危险的。网络、手机虽是高科技，但也有副作用，正如打开窗户让清新空气进来的同时，也会有苍蝇飞进来一样，必须学会有选择地进行阻挡，如安装一个"防蚊纱窗"——"360"杀毒软件。同时，对大量信息要学会"信息节食"，有选择地浏览。鼓励孩子不要依赖网络、手机，要把更多的时间与精力用来阅读纸质书籍、亲近大自然。只有这样，孩子未来的路，才会越走越宽、越走越远。

每个孩子的经历、兴趣、能力、个性都是不一样的，要求别人都和自己一样是不实际的。应该承认人与人之间的差异，并正确对待差异，采取自我约束、积极适应的态度，搞好与同学的关系。在与同学的交往中，尽量少麻烦别人，多帮助别人。

4. 需要家长的参与引导

家长要教育引导孩子多与班上的班干部、学习成绩优秀、乐观开朗的同学交往，鼓励他多参加学校组织的志愿者活动：环保小卫士、敬老院慰问演出、禁毒宣传等活动。这些活动有利于孩子在学习中主动交往，养成助人为乐的良性心态。

交友投分，切磋箴规。教育自己的孩子经常面带微笑、善于记住对方名字、真诚地夸赞对方、寻找共同之处，同时做一个耐心的听众、保持一颗好奇心，只要我们用心去呵护，友谊就会像一棵慢慢生长的植物，在经受过风雨的洗礼和时间的磨砺之后，终会赢得尊重，获得回报！

四、好习惯，改变人生

世界上最可怕的力量是习惯，世界上最宝贵的财富也是习惯。一个企业、一个国家、一个民族如此，对于人的一生，更是如此。您身上有多少习惯？其中多少是好习惯，多少是坏习惯？成功的程度就取决于好习惯的多少。人生仿佛就是一场好习惯与坏习惯的拉锯战，要创造精彩的人生，就必须让自己的思考习惯、行动习惯、情绪习惯、行为习惯等习惯中属于好的比例与日俱增，坏的比例逐日减少。

（一）好习惯让人成功

著名教育家叶圣陶先生说过："积千累万，不如养个好习惯。"法国作家培根曾经说过："习惯是人生的主宰，人们应该努力追求好的习惯。"可见，习惯像我们身上的指南针，指引着每一个人的行动，习惯犹如一把雕刻刀，人的许多品性都是它的作品。好的习惯会使人成功，而坏的习惯则会叫人一事无成，甚至身败名裂。懒于春耕的农民，能有五谷丰登的秋天吗？懒于读书的学生，将来能成为科学家、文学家吗？懒于参加体育锻炼的运动员，能在国际比赛中夺得金牌吗？不能，绝不可能。还有极少数人染上了偷鸡摸狗的坏习惯，从而走上了犯罪的道路。

（二）好习惯，让加加林成为人类第一个遨游太空的人

苏联航天英雄、全人类第一个遨游太空的加加林，在众多的航天员中，他为何能脱颖而出、争得了第一呢？说来也极其简单，是因为他有一个讲卫生的好习惯。在确定首次进入太空人选前一周，主设计师罗廖夫发现，在进入飞船参观时，只有加加林一个人把鞋子脱下来，只穿袜子进入座舱。就是这个细节，一下子赢得了罗廖夫的青睐。他说："我只有把飞船交给对它如此爱惜的人才放心。"结果，在别的条件相近的情况下，加加林就凭这一"脱"而取胜了。其实，加加林也并没有刻意考虑要脱鞋，而是他的文明举止"习惯成自然"后的随意行动。后来，有人对他开玩笑地说："加加林，你的成功是从脱鞋开始的。"第一个上天的人，竟因为有一个良好的习惯，这个良好习惯成就了加加林的精彩一生，他成为全人类第一个遨游太空的人。

习惯也是选才依据，习惯决定命运，这句话一点都不夸张。良好的工作习惯给人好的印象和感觉，能在很大程度上帮助你在将来的职场上取得成功。

（三）好习惯成就人生，坏习惯毁人前程

在一家国有企业，老王各方面的条件都不错，本职级的服役年限也满了，应该考虑晋升了。可是他有个上班迟到的坏习惯，几乎每天都要迟到几分钟、十几分钟。外界已经对他有议论了，领导也不满意。有人向他挑明这个问题，他还是强调孩子起床慢，没办法早到。其实，他不需要早到，平时让孩子早睡一点、早起一点，按时到不就得了？他还是坚持说，孩子起不来，没办法，固执己见，不肯改改这迟到的毛病。结果，有个空缺需晋升一人予以填补，就因他这个不好的习惯，落在别人后面，眼巴巴地失去了晋升的机会。区区小事，令他不仅没能晋升，而且也不能继续在本岗位工作了，因为他超龄了。

迟到，在生活中看来是小事，但在职场却是大事，细节决定成败！迟到这种小事都不能改，怎能承担大任呢？正如毛主席所说："一屋不扫，何以扫天下！"

上面这两个事例，一正一反，说明一个人生大道理——好习惯成就人生，坏习惯毁人

前程！好的习惯使人在不知不觉中获得了意外成功的机会，而坏的习惯使人在不知不觉中走向了失败的入口。习惯，在一定条件下真能决定一个人的前途、命运、发展和兴衰。

孔子曾说："少成若天性，习惯成自然。"意思是说小时候养成的习惯会像人的天性一样牢固、自然。教育学家曼恩也曾有过一个类似的比喻："习惯仿佛一根缆绳，我们每天给它缠上一根新索，要不了多久，它就会变得牢不可破。"这两句话都说明了习惯对于人的影响是多么根深蒂固。虽说这些学生还很年轻，许多行为还处于形成、变化当中，但要彻底改变已经存在于他们身上几年甚至十几年的不良习惯，不仅需要学生个体的努力和坚持，更要外界正确的引导和必要的监督，全社会共同努力才能形成合力，才能产生最大的功效！

（四）养成先做人后做事的良好习惯

二十多年前，我从贵州老家只身来东莞务工，寻求机会发展。我先后在五家不同性质不同行业的单位工作过，令我印象深刻的是一家科技销售公司，我负责电脑（信息技术）培训部门的管理与教学工作。公司规模不大，40余人。一次公司开会时，老板吴旭军问我们：大家来自五湖四海，来这里的首要目标是什么？有人说是赚钱，有人说实现自己的抱负，更有人说来求生存、学本事等，答案各不相同。最后老板说："不对，我们首先要学会做人，只有学会做人了，才能有其他发展机会，才能有实现其他梦想的机会"。老板这个见解，让所有人都吃惊，最后都点头，"是这个道理！"我先后工作、服务过多地多个行业，无论过去或是现在，我都与他们保持着友好往来与联系，珍惜良好的友谊关系。

（五）好习惯，在职场竞争中取胜

在某职场培训的教材中，有一个典型的事例：一个大公司需招收一批储备干部，一些学历水平、身高相貌等客观条件都很不错的年轻人，过五关斩六将，进入最后一关——面试。可是，未曾想到，没有提问，没有出题，短短10分钟，他们都失败了。原来总经理借故离开了5分钟，这些年轻人便围着总经理的大写字台，看看这个材料，翻翻那个资料。5分钟后，总经理回来了，他宣布："面试结束。"大家很纳闷，总经理解释说："很遗憾，你们没有一个被录取，因为公司从来不录取那些乱翻东西的人。"这些年轻人听了觉得很惊讶："我们长这么大，从没觉得乱翻别人的东西是多大的错，有这么严重？"读到这里，我非常赞同这家公司选人的方法技巧，有创新性，不同常理，不按常规出牌，就考察了一个人的综合素质。

我曾在一本如何赢得面试的 MBA 金点子书籍中，看到这样一个故事，很有教育启发意义，至今不能忘：

故事：

> 小王去一家外企公司面试高管职位，在排队等候的洁净的大厅里，在人们乱乱的脚下，他看到了一个有些脏的纸团。从小爱卫生的他感觉很不和谐，就顺手捡了起来，可大厅里没有垃圾桶，只好放在衣兜里。面试开始了，前面 30 多人很快就一个个沮丧地走了出来。轮到小王了，在大学里当过学生会主席的他还是十分的紧张，因为这是他第一次面试公司高管职位，太多的未知。
>
> 面试官冷冷地看着他说："请问你对我公司有什么直接的建议，请用一句话说明。"小王当时脑子是一片空白，"这个……，就一条：大厅里有个垃圾桶就好了"。面试官："用什么证明你的建议是正确的？"小王想起了刚才的小纸团，他从衣兜里拿了出来，"这就是证明。"面试官："请打开纸团。"小纸团变成小纸条：恭喜你被我公司录用！似乎有些不敢相信，但他仔细一想，又合乎情理：公司招的高管，除专业能力之外，胜任这个职位的人，还必须要具备深刻的观察能力、分析能力、解决问题的能力，以及具备注意细节、个人形象、良好的卫生习惯等。

专业知识、专业能力的确非常重要，但每个人的习惯不同，好的习惯能为你插上成功的翅膀，不经意间，助你一臂之力；而一个坏习惯也会让你从悬崖上重重地摔下。所以，细节决定命运、细节决定成败、细节决定人生的走向。播下一个行动，收获一种习惯；播下一种习惯，收获一种性格；播下一种性格，收获一种命运。

亚里士多德有句名言："我们就是自己反复行为的总和。因此，优秀不是一种行为，而是一种习惯。"我完全同意这一说法，成功源自某一次彻底改变或重大行动的情况很少见，更多地来自细微行为的日积月累。因此，改进你的日常习惯帮助自己获得成功是一种很好的人生策略，任何人，任何层次的人都可能奏效。

"习惯是人生的主宰，人们应该努力地追求好习惯。"

从今天起养成好习惯，明天成就未来。

问卷调查

1. 答应孩子的事情您能做到吗？（　　）

    A. 从不　　B. 偶尔　　C. 经常

2. 孩子在周末或假期会主动做家务吗？（　　）

    A. 主动做　　B. 偶尔做　　C. 从未做

3. 周末孩子回到家会主动先完成周末作业吗？（　　）

    A. 总是这样　　B. 多数这样　　C. 几乎没有

4. 孩子的卧室床铺，是自己整理吗？（　　）

    A. 自己整理　　B. 有时会自己整理　　C. 父母整理

5. 您和孩子在一起的时候，主要做些什么？（　　）

    A. 一起活动（讲故事、阅读、做游戏）

    B. 各自完成自己的任务

    C. 各自看手机或电视

    D. 没什么可干

6. 孩子的试卷资料会分类存放吗？（　　）

    A. 整理较好　　B. 有时会整理　　C. 从不整理，乱

7. 孩子的作业书写认真端正吗？（　　）

    A. 很认真　　B. 一般　　C. 马虎、应付

8. 您对孩子在学校的表现了解的程度如何？（　　）

    A. 了如指掌　　B. 基本了解　　C. 不了解，那是老师的事

9. 您了解孩子学习情况的方式是（　　）

    A. 看考试成绩　　B. 听孩子汇报　　C. 问老师　　D. 没了解过

10. 您了解孩子的作业情况的途径（多选）（　　）

    A. 自己辅导或检查中发现

    B. 学校科任老师反馈中发现

    C. 校外托管机构反馈

    D. 不了解

第三节 好好说话 有效沟通

> **导语**
>
> 家庭教育是青少年健康发展的起点和基础，是国民教育的重要组成部分。2015年，习近平总书记提到"不论时代发生多大变化，不论生活格局发生多大变化，我们都要重视家庭建设，注重家庭、注重家教、注重家风"。2018年，习近平总书记在全国教育大会上指出"家庭是人生的第一所学校，家长是孩子的第一任老师，要给孩子讲好'人生第一课'，帮助孩子扣好人生第一粒扣子。教育、妇联等部门要统筹协调社会资源支持服务家庭教育"。

青春期阶段的孩子身体快速发育，其生理上的日渐成熟促使孩子在心理上寻求独立自主，对父母的依赖逐渐减少，希望摆脱父母的"控制"。父母难免与孩子产生"疏离感"，甚至感到亲子冲突明显增加。此外，随着孩子各方面能力的发展，他们接收了更多的信息和知识，拥有更多学习的途径和方式，不再像以前那样依赖父母、听从父母的指导，甚至以"批判"和"质疑"的眼光看待父母。那么，青春期孩子对家庭真的不重视了吗？青春期孩子的家长要重视家庭教育吗？青春期孩子的家长在家庭教育中需要注意什么呢？

一、亲子沟通现状分析

根据2018年《全国家庭教育调查报告》，我们了解到以下重要信息：

第一，青春期阶段的孩子看重家庭的价值和作用，对父母持积极、正面的看法和态

度。青春期的孩子更加意识到家庭的价值和作用，对父母持积极、正面的看法和态度。虽然进入青春期，孩子与父母相处的时间有所减少、顶撞父母的现象有所增加，但不要被青春期孩子"酷酷的外表""冷漠的脸"误导，在他们的心目中，家庭和父母仍然占据重要的地位。

第二，青春期阶段的家庭教育对孩子的成长有重要影响。在青春期阶段，家庭教育对孩子的成长有重要作用。家长的实际表现、与孩子的互动等都会影响孩子对家长的看法。

第三，在孩子青春期阶段，家长更需要做好自己。由于思维能力和认知能力的发展，青春期的孩子变得思维活跃、好争辩，不能容忍他们看到的"缺点"。若家长此时不能以身作则、言行一致，孩子容易批判现实，对家长提出的要求"讨价还价"，甚至"阳奉阴违"。因此，在青春期阶段，家长更需要做好自己。

第四，青春期学生和家长的观念存在"错位"，家长并不能真正读懂孩子的需求。在初中阶段，孩子面临的学习任务更重、学习压力更大，家长过于关注孩子的学习，反而是给孩子心理"加压"。家长应该多关注孩子学习以外的兴趣爱好，帮助他们培养健康的兴趣爱好，丰富生活，在学习之余得到放松；同时，家长应该多关注孩子的"心理状态"，及时发现孩子的变化，及时给孩子提供心理支持和指导。

第五，青春期学生更希望家长关注自己的内心，家长应该更重视亲子沟通。亲子沟通是维持亲子关系、解决亲子问题的重要途径。这提示八年级学生的家长需要注重和孩子的沟通，通过沟通更加了解孩子，拉近亲子关系。

进入青春期，孩子面临更多的挑战和问题。他们仍然需要家长的支持、陪伴和指导。此时孩子正经历着身心的"剧变"，很多家长觉得孩子"很不好管""遇到问题却力不从心"，觉得"学校教育影响更大，家庭教育影响微乎其微"。这一阶段是家庭教育正处于问题集中爆发但又容易被"忽视"的阶段。

由上述调查报告结果可知，青春期是孩子成长的关键时期，这个时期的孩子是"长大未成年"。他们在身体上开始发育：长高、长大，但思想上依然是不成熟。生理与心理上的不平衡，导致了这个时期的孩子会表现出种种叛逆的行为，加大了亲子之间的沟通难度。如何与青春期的孩子进行有效的沟通？这是初中阶段家庭教育的重点内容。我们要结合学生的年龄特点，有针对性地进行教育引导，让叛逆期的孩子健康顺利地成长。

二、了解青春期孩子的特点

（一）独立性增强

青春期孩子认为自己已经不是小孩而是大人了，独立活动愿望很强烈，一方面想摆脱父母自己做主，另一方面必须依赖家庭，由于生活经验缺乏，因此对自尊的理解不恰当。如果这时家长还把他们当小孩看待，他们就会厌烦，觉得伤害了自尊心，产生反抗心理、对立情绪。如果父母在同伴和异性面前管教他，逆反心理会更强烈，其实这是他们正常的心理反应，是他们长大的体现。

（二）自我意识增强

自我意识是自己对自己的认识。到了中学，孩子自我意识增强主要表现在三个方面：①关心自己的外在形象。开始在意自己的身高、胖瘦，有的甚至因为自己外在形象不满意而自卑。他们会开始注意穿着打扮，希望给别人留下好印象。②关心自己的内心世界。小学时孩子更关注别人，关注自己的外部世界。而现在他们经常反问自己：在别人眼里我到底是个什么样的人？我的性格如何？我的能力、我的人缘究竟怎么样？为什么我会不如别人？等等。③自尊心强。孩子希望通过别人的评价认识自己，在乎他人对自己的评价，包括家长。孩子开始希望得到父母及朋友的尊重，不希望父母总用责骂的语气和他说话，会认为自尊心受到伤害。

（三）情感丰富但不稳定

这一时期的情绪情感不稳定主要是各种矛盾所致。比如，生理上接近成人，而心理上离成人标准还很远；自己认为自己有了独立性，但这种独立性不被社会承认；对过去的依恋和对将来的迷茫等。他们时而处于情绪的巅峰，时而处于低谷。这时孩子的苦恼、困惑必须通过一定渠道发泄，那就是找人倾诉。他们对父母采取封闭式，但对朋友是开放的，很多问题更愿意对同龄朋友诉说。孩子渴望朋友，希望通过他人评价更深入地发掘自己，家长要理解。同时，伴随交友范围的扩大，孩子对异性会表现出好感，这是他们正常的心理表现。

其实青春期孩子的心理问题并不可怕，他们心地单纯、思维敏捷、感情丰富、好奇心强、求知欲旺盛，可塑性极强，家长只要掌握科学的教育思想和方法，凭着对孩子教育的

责任心帮助孩子、教育孩子，则孩子一定会出类拔萃。

三、与青春期孩子有效沟通的基本方法——"有话好好说"

沟通包括语言沟通和非语言沟通。语言沟通包括口头语言沟通和书面沟通；非语言沟通包括声音语气（如音乐）、肢体动作（如手势、舞蹈、武术、体育运动等）。所谓"有效的沟通"，是通过听、说、读、写等思维的载体，通过演讲、会见、对话、讨论、信件等方式准确恰当地表达，以使对方接受。

在和家长交流的时候，大家常常会说起孩子从小学四年级开始，稍晚一点的到了初二，叛逆性会表现得更强一些，和父母很少交流，有的甚至是无话可说。家长们常常感慨：现在的孩子个性越来越强，越来越难管，搞不清脑子里在想些什么！我觉得也不能全归罪于孩子，造成父母和孩子无话可说的原因是双方长时间的不能有效沟通，不换位思考造成的。"良言一句三冬暖，恶语伤人六月寒"，亲子沟通的突出问题往往就在于语言沟通不畅顺，往往在于家长们"不能好好说话"！

（一）语言暴力危害分析

著名心理专家马歇尔·卢森堡说："也许我们并不认为，自己的谈话方式是暴力的，但语言，确实常常引发自己和他人的痛苦。"不少父母总是忽略这点，他们肆无忌惮地对孩子打击、嘲讽甚至谩骂。却不曾想，语言暴力虽然不攻身，但攻心，伤害指数还特别惊人。

全球儿童安全组织SAFE KIDS曾发布过这样一则海报：一个失落的孩子，拿着26分的考试卷。他眼角下垂，神情紧张，看起来十分害怕的样子。身上刻的，是父母对他说的话："你脑子让猪吃了吗？""考成这样，还有脸回家？"孩子不小心弄碎了花瓶，低着头，不知所措。还没等开口认错，父母难听的话语，如往日一般，席卷而来："天天毛手毛脚，你上辈子是闯祸精啊？""家里有你，真倒大霉了！"还有一个小孩抱着足球回家，他刚刚踢了一场超有趣的足球赛。还没来得及跟父母分享喜悦，就开始被嫌弃："没见过这么脏的孩子。""你是从垃圾堆里捡出来的？"海报的制作人，把每一句话深深刻在了孩子身上，就像伤疤一样。希望警示家长，语言暴力对孩子的严重伤害。但仍有不少人对此不以为然，认为只是哗众取宠罢了。语言暴力怎么可能伤害到孩子身体呢？但以下的研究结果，可能会让你对"语言暴力的伤害"有新的认知。

1. **情绪伤痛和身体伤痛的脑回路是相同的**

根据密歇根大学的伊森·克罗斯博士的一项实验：当一个人受到语言暴力攻击，他的情绪疼痛在大脑区域的反应，和身体疼痛极为相似，神经系统能体验到几乎相同级别的疼痛。也就是说，当父母辱骂自己孩子的时候，孩子情绪上遭受到的创伤，和身体受到伤害的疼痛程度不相上下！

2. **语言暴力能改变大脑结构**

哈佛大学医学院马丁泰彻博士发现：言语暴力最容易影响的大脑区域是胼胝体（主要负责两个大脑半球间传递动机、感觉和认知信息的区域）、海马回（负责管理情绪的大脑区域）和前额叶（负责思考和决策的大脑区域）。孩子的大脑尚在发育中，若他们总生活在苛责、匮乏的环境中，他们的大脑为了适应环境会发育成"求存模式"的结构，形成懦弱自卑型人格。所以我们能看到，诸多童年贫穷、家庭不幸的人，即便成年后生活环境出现了极大的改善，也还是很难改变自己的思维模式。过早承受压力，不仅不能提高孩子的心理素质，还会让孩子变得过于谨慎、胆怯等，而且，这样的改变，终身不可逆。

3. **你的语言里，藏着孩子的未来**

美国著名儿童学家阿黛尔·法伯说过："永远都不要低估你的话对孩子一生的影响。"要知道，孩子处于不知事的年纪，父母作为孩子最亲近的人，他们的话就是真理。家长的一言一行，乃至一个表情，都会对孩子的性格塑造产生潜移默化的影响。心理学的暗示效应告诉我们，父母的否定、打击、批判，会给孩子消极的心理暗示，并转化为孩子"内在的批判声音"，形成强大的"反自我"意识。他们会习惯性地自我批评和否定，觉得自己一无是处，即便成年后批判你的那个人已经不存在了，这种批判态度还会保留在心里，时常苛责自己。正如苏珊·福沃德教授在《中毒的父母》一书中所说："小孩总会相信父母说的有关自己的话，并将其变为自己的观念。"所以，你随意的几句话，却是孩子心中最扎心的评价，孩子的生活积极还是负面，全在父母一念之间。

4. **你的肆意批判，将葬送孩子一生**

知乎上有一个问题：被父母骂得想自杀是种什么体验？其中高赞回答让人痛心且绝望。"在我伤心难过得哭到虚脱的时候，我妈却看着我说：发什么神经。""那一刻我感觉，这辈子都不会原谅她了。"心理学家武志红说："语言暴力有可能会变成一把凶器。"

除了上述提到的懦弱自卑型人格，语言暴力还有可能把孩子推向另一个极端。就是把

情绪转化为强烈的攻击性,杀自己,或者杀别人。2014年,谢勇导演的戛纳国际创意节银奖作品《语言暴力会变成伤人武器》,就讲述了语言暴力和暴力伤害的关系。影片中,他采访了沈阳市少管所的几位少年犯。他们从小被父母语言暴力对待——"猪脑子""废物""丢人""你怎么不去死"……谢勇把这几个与语言暴力相关最具代表性的关键词,做成了"武器"。在多年的谩骂和埋怨中,这些孩子受尽了心理上的折磨。他们长大后变得暴戾、心狠手辣。有抢劫赌场,开枪杀人的;有用斧子砍死对方的;还有用水果刀见人就捅的……真是让人触目惊心!

有调查显示,40%以上的青少年罪犯,都遭受过父母语言上的伤害。这些孩子的父母用一句句暴力语言将孩子的未来断送,也给其他人、其他家庭带来不可逆转的伤害。有人说,这些孩子扎在别人身上的凶器,是父母亲手递过去的。你的不假思索,却葬送了孩子的一生。

(二)亲子沟通的有效方法

第一步:少说,多听!尊重孩子的话语权

案例:儿子初二,与同学打架。伤痕累累,回到家,大哭不止。作为父母,你会怎样办?

案例:

父亲:孩子,你觉得委屈?(肯定孩子的情绪)

儿子哭泣着答:"委屈!"

父亲:"你觉得愤怒?"

儿子号啕大哭:"愤怒!"

父亲:"你打算怎么办?""需要爸爸为你做点什么吗?"

儿子:"爸爸,我要找块砖头,明天从背后去砸他!"

父亲:"嗯,我看行!爸爸明天为你准备砖头。"(让孩子觉得你跟他是一条战线的,让他把负面情绪宣泄出来)

20分钟后,爸爸从楼上搬一大堆衣服及棉被。(用时间平复情绪,让孩子自己初步做选择)

> 父亲:"儿子,你决定了吗?是用砖头吗?"
>
> 儿子:"但是,爸爸,你搬那么多衣服被子干吗?"
>
> 父亲:"因为如果你用砖头砸他,那么我们得在监狱过日子,我们可得多带些衣服被子。""所以,儿子你决定了吗?爸爸愿意支持你!"
>
> 儿子惊愕:"要这样的?"
>
> 父亲:"法律是这样规定的!"
>
> 儿子:"爸爸,那我们就不干了吧?!"
>
> 父亲:"儿子,你不是很愤怒吗?"
>
> 儿子:"爸爸,我已经不愤怒了,其实我也有错。"
>
> 父亲:"好,爸爸支持你!"

上述案例中,父亲的言行很睿智!东莞著名心理专家郝东老师曾说过:家庭教育虽然讲情感,但更讲究"理智"!遇到孩子冲动愤怒的时候,家长首先要保持冷静,千万不要和孩子一样"冲动"。做家长的要善于"倾听"。家长要先让孩子"说事情""说感受",从孩子的表面语言去了解事情的经过,还要从孩子的"隐藏信息"关注孩子在事件中的情绪和感受,"翻译"出他们真正的意图,了解更全面的信息,最后再结合客观情况给孩子"建议"。

第二步:读懂孩子的"潜台词"

每个孩子都会跟家长顶嘴,但情况却可能大不相同,家长的处理方法必须因时因事而异。想要正确处理,必须读懂孩子顶嘴的潜台词,即分析出他为什么顶嘴。例如,来客人了,妈妈让佳佳回屋看书,但佳佳很不开心地说:"为什么你们就可以在客厅聊天,我不想自己回屋!"孩子怕被父母忽视,所以有的爱顶嘴,其实是在找"存在感"。孩子的潜台词是:快点注意我!父母要读懂孩子语言的"潜台词"——他们的话里往往还有"话"!家长千万不能无端指责、勒令和批评,应给予孩子说话的权利、申辩的机会。

一般来说,人们的话里往往包含着丰富的含义:表面的语言,说的是发生的事情;但是话里可能包含着"隐藏着的信息",如他们的情绪、感受等。作为家长,此时最重要的事情应该是学会"翻译",即分辨出孩子语言中隐藏的信息。只有这样,才能更好地"对症下药",解决孩子心理上的问题,从而增进亲子之间的感情,实现"有效沟通"!

我们不妨对比分析一下两种亲子对话,看看它们的区别在哪里。

例子1:低效的沟通

儿子:"班主任真的好烦!"

妈妈:"你怎么这样说话?"

儿子:"他上课时说成绩好没用,重要的是学会做人。不会做人,成绩好也没用。"

妈妈:"我觉得老师说得对!"

儿子:"根本是乱说!"

妈妈:"你只管学习就是,管这些干什么?"

儿子:"我不想跟你说了!"

例子2:有效的沟通

儿子:"班主任真的好烦!"

妈妈:"怎么回事?"

儿子:"他上课说成绩好也没用,重要的是学会做人。不会做人,成绩好也没用!"

妈妈:"你听了这些,感到很生气?"

儿子:"当然了!"

妈妈:"你是不是觉得他在说你?我明白了,你觉得他在批评你,于是你觉得很委屈,所以你生气了。"……

妈妈:"我能理解你的感受。不过,老师是在一个特定的情境下说这些话的,不一定是针对你,你要谅解他。"

例子2中,妈妈没有采取简单粗暴的方法训斥孩子,剥夺孩子"倾诉"的权利,而是让孩子诉说,并认真体会孩子的"潜台词"——我觉得老师烦,是因为班主任不公正,乱批评学生。当家长准确地说出孩子的心事时,亲子之间的距离无形之中拉近了,为进一步的沟通做好了铺垫。

遇到孩子调皮捣蛋或有委屈的时候,家长不能只是呵斥、阻止他们的倾诉,应该静下心来,想一想孩子真正想和我们说的话。只有读懂了他们的内心世界,我们才有可能选择最佳的方法开导他们，帮助他们解决问题，实现"有效沟通"！

第三步：动之以"情"（共情）

"共情"是指一种体验他人内心世界的能力，也叫同理心，心理咨询术语，由卡尔罗杰斯提出。它是指站在对方的立场上，来观察和体验对方的感受。

在青春期教育中，父母也要做到共情，即理解孩子当时当下的情绪。

【示例】：孩子上课时乱插嘴，被老师批评了。作为家长，你应该怎样与孩子沟通？如何与孩子共情？

【示例】：

> 1. 说出孩子的情绪：我知道你被老师批评了，你心里很难过。
> 2. 说出孩子的感受：我知道你感觉没面子。
> 3. 说出孩子的需求：我知道你希望得到老师的关注。

又如：孩子向父母抱怨"这道题目好难啊，我怎么做也做不出来！"这个时候，父母的回答可以有两种。一种是："肯定是你没动脑筋，自己再去好好想想！"另一种是："是的，这些题目确实不容易，你再尝试着动动脑筋，好吗？"在前一种的回答中，父母站在孩子的对立面，无视他们的苦恼，将问题推回给孩子，使其处于孤立无援的境地；而后者，则是站在孩子的立场上，理解孩子的困难，安慰并鼓励他们再次进行思考，进行独立自主的学习。

两种立场和态度完全不同的回答，孩子由此得到的心理感受自然也会不同。需要注意的是，青春期的孩子具有敏感、易怒的心理特点，一旦他们在家庭中无法得到理解和认同，那么他们会渐渐向父母关闭心门，转而选择向同学、朋友甚至陌生人、网络等倾吐自己的痛苦，由此可能带来不必要的麻烦。

总之，在青春期孩子寻求自主性的过程中，冲突和权利斗争几乎是不可避免的。然而，大多数孩子和父母能够解决好这些分歧，在维持彼此间积极情感的同时，重新调整与父母间的关系，使之变得更为平等。而那些特别叛逆的孩子背后，往往都有一个原地踏步、不肯成长的父母。所以，无论孩子处于哪个年龄段，父母保持自我的觉察和成长都至关重要。

　　董进宇博士（著名教育家）说："每个叛逆孩子的背后，都有个不肯长大的父母。生活没有彩排，也不可能重来，孩子的教育更是不能一拖再拖。"

　　这个世界上父母是一个特殊的职业，每个人都是未经培训直接上岗的，所以有的时候家长面对孩子会束手无措。面对青春期的孩子，家长更应该时刻注意自己的教育方法和态度，掌握沟通的科学方法，与孩子成为好朋友、知心人。

　　我们相信所有的家长都是深爱着自己的孩子的！爱她（他），我们就要为他们计长远……家庭教育是一门很深的学问，家长一定要努力学习，提高自身的家庭教育能力。将来的你，一定会感激现在努力的自己！

问卷调查

1. 您的家庭结构是？（   ）

   A. 三代同堂

   B. 核心家庭（父母与子女）

   C. 其他类型

2. 在家庭中，主要负责孩子教育问题的家长是谁？（   ）

   A. 父亲   B. 母亲   C. 爷爷奶奶   D. 其他人

3. 您经常与孩子的老师进行沟通吗？（   ）

   A. 经常沟通

   B. 偶尔沟通

   C. 有时间的时候会

   D. 基本不会

4. 您对家庭教育持什么态度？（   ）

   A. 非常重要   B. 比较重要   C. 一般，没有太大感觉   D. 不重要

5. 对于孩子需要的东西（包括学习用品、零食玩具等）方面，你会如何做？（   ）

   A. 最大程度满足孩子

   B. 偶尔会买，看孩子是否真的需要

   C. 坚决不买，怕花钱

   D. 其他

6. 你平时是如何对待孩子提出的问题的？（   ）

   A. 表示不耐烦，不想回答

   B. 耐心认真的回答，并通过各种渠道去寻找答案

   C. 让孩子自己思考，不会的去问老师

   D. 看有没有时间，有时间就仔细回答，没时间就算了

7. 孩子成绩不理想或不听话时，你会采取什么手段教育他？（   ）

   A. 责骂   B. 打罚   C. 谈心   D. 找老师教育

8. 当老师告诉你孩子表现不好时，你认为？（   ）

   A. 老师对孩子要求太过苛刻

B. 积极向老师询问孩子近况，并与孩子沟通交流

C. 赶紧向老师道歉，并责罚孩子

D. 不予理会

9. 当你犯了错，你会对孩子说"对不起"吗？（　　）

　　A. 会，家长应该以身作则

　　B. 一般不会，看情况而定

　　C. 必要时会

　　D. 当然不会，不能在孩子面前丢脸

10. 您认同"只要孩子学习好，其他什么都不重要"的观点吗？（　　）

　　A. 完全认同

　　B. 有一定道理

　　C. 不认同

　　D. 其他

11. 您经常会带孩子出游，并与他/她做游戏吗？（　　）

　　A. 从来不会　　B. 偶尔会　　C. 经常会　　D. 其他

12. 您在家是否会重视创设有利于孩子成长的家庭环境？（　　）

　　A. 非常重视，并注意以身作则

　　B. 不太重视，忙于工作，很少顾及

　　C. 从不重视，认为家庭环境对孩子没有影响

　　D. 其他

13. 您会经常表扬自己的孩子吗？（　　）

　　A. 无论大小事，经常表扬

　　B. 偶尔会表扬

　　C. 不管什么事，从不表扬

　　D. 其他

14. 您如何看待父母和孩子之间的关系？（　　）

　　A. 父母是唯一正确的，孩子必须服从

　　B. 就这么一个孩子，再苦再累也要伺候好他

　　C. 可以平等友好的相处，但父母要保持一定的权威

D. 表现好就夸奖，不好就打罚

15. 您是怎样与孩子进行沟通的？（ ）

  A. 想说什么就说什么，不顾及孩子感受

  B. 在双方都需要时再进行沟通

  C. 弯下身段，主动与孩子进行沟通

  D. 不与孩子沟通

16. 您的孩子一般都与你谈论哪些话题？（可多选）（ ）

  A. 自己的心事与烦恼

  B. 生活中的小事和问题

  C. 经历的趣闻

  D. 自己的观点和见解

17. 您认为您的家庭教育方式属于？（ ）

  A. 权威型：家长一人说的算

  B. 溺爱型：一切满足孩子的需要

  C. 民主型：将孩子看作独立的人，尊重孩子的想法

  D. 冷漠型：很少关心孩子

第四节 亲子合作 达成共赢

导语

在教育这件事上,我们经常对孩子说"你不要……"却很少说"你要……""如何做才能……"也经常用控制、惩罚迫使孩子屈服来"赢了"孩子,而不是维护孩子的尊严,相信可以跟孩子合作来"赢得"孩子。"赢了"孩子让孩子成为失败者,导致孩子反叛或盲从,"赢得"则意味着获得孩子心甘情愿的合作,彼此尊重。

我们常常听到身边的家长们说:"孩子越大离我们越远,有话也不肯和我们说了,更别想知道他们心里在想什么了。""我是好话说尽,好事做完,但一点效果都没有,他还是我行我素。"而孩子也有他们的苦恼想和父母说,但是那些事在父母看来总是不值一提,甚至会招来责难:"你有空做这种事,怎么不去多做两篇阅读?"如何正视孩子的错误,赢得与孩子合作,朝着共同的目标前行,是父母和孩子共同的心愿。

一、错误是成长的好机会

我们先来思考一下这两个问题:孩子带给我们什么挑战?如果有一项技能或品质,是最希望孩子拥有的,你希望是什么?通过一个调查,我们发现很多父母认为孩子带给我们的挑战和我们希望孩子形成的品质主要是以下内容:

挑战	品质
玩手机和游戏时间过长	坚毅

续上表

做作业拖拉，不会合理规划时间	乐观
自理能力差	懂礼貌
不爱和父母说话	孝顺
说脏话	自信
不懂感恩	自尊
花钱没有计划	勤奋
情绪控制能力差	诚实
不爱运动……	自律……

从这份调查中我们会发现，我们看到的是外在行为，而期待的是品质，最终决定人生幸福和价值的是品质。同时，我们也能从挑战中找到积极的种子。例如，孩子在玩手机和游戏的时间规划中，他可以学会自律这一品质；孩子一开始不懂感恩，但是通过某些事情使他转变了，就有感恩、孝顺这些品质……通过犯错，提供了学习的机会，错误就是成长的好机会。我们会发现，有些小时候经常调皮捣蛋的孩子长大之后超级能干，有些小时候很乖的孩子长大之后反而没什么突出的能力。奥秘就在于那些经常犯错调皮捣蛋的孩子把一次又一次的机会给了家长，而乖的孩子，把所有的调整都装在一个套子里，不犯错，我们很难有机会去培养孩子的好品质。有一项研究表明，出来工作在社会上"混"得好的同学，偏偏就是那些成绩中上水平、有点捣蛋的学生。

当我们也做了父母以后，我们会小心翼翼地呵护孩子，为孩子挡风避雨保驾护航，以避免他们少走弯路、少犯错误。当看到孩子有一点点迟疑，我们就赶紧告诉他应该怎么做，我们热衷于为孩子传授经验，并把自己的经历告诉孩子，好让他们不再犯同样的错误，使他们轻松顺利地过好这一生。然而，孩子并不是从"爸爸妈妈的话"里获得成长的，他们是通过双手去触摸，通过眼睛去看，通过身体去感知，通过一次又一次的犯错，从体验中得到学习。错误对他们来说是一个机会，通过这些机会，他们知道什么是对，什么是错，什么可以做，什么不可以做。然而，在有些父母的字典里，错误是不可以原谅的。当孩子犯错之后，打击与批评只会让孩子把注意力转移到如何承受与逃避惩罚和责难上去，而父母的理解、支持与帮助，却能让孩子感受被原谅的放松，从而能够专注于错误本身，学习到解决问题的方法。那么在孩子犯错的时候，我们如何引导，才能使犯错变成

成长的机会呢?我们可以试着用以下方式:

(一)"到底发生了什么?"

在碰到突发状况时,很多父母情急之下很容易就用自己的思维去判断,"一定是你做得不好,人家才会批评你。""一定是你先做错事,他才会打你。"……在孩子犯错的时候,我们要给孩子说话的机会,让孩子自己描述事情的真相。即便真是孩子的错,他也能因为有机会解释而甘心认错。

(二)"你现在的感觉是……"

心理学家汉·金诺认为,孩子的情绪不会因为成人的一句"不要哭"或者"这样想是不对的"而消失。有研究表明,描述情绪对神经系统的紧张状态有松弛作用。当一个人情绪激动时,很难接收外界信息和做出正确的判断。所以,如果我们希望孩子能接受意见,就首先要去了解孩子的感受,让孩子自己描述现在的感受,深入了解孩子的情绪,使他的情绪宣泄出来心情平静后,才可能冷静地思考问题并做出正确决定。

(三)"你有什么办法解决吗?"

这个问题能很好地培养孩子独立思考的能力。鼓励孩子说出解决办法,这些办法可能是合理的、不合理的、荒谬的、可笑的……不要急于对孩子的想法做评价和判断。等孩子说完后,我们可以问"这些办法会有什么后果?"和孩子一起分析不同方法可能导致的后果,你会发现,大部分的孩子都明白事情的后果。

(四)"那你决定怎么做呢?"

跟孩子探讨确认是否真要这样做。孩子多半会选择自己认为最合理、最明智的方式。假如孩子的选择不是大人所期望的结果,也要尊重孩子的决定。切不可先问他怎么决定的,又告诉他不可以这样决定。父母言而有信,才能成为孩子的榜样。即使孩子选择错误,也能从中学到更宝贵的经验教训,学会承担责任与后果。

如果在犯错的时候,父母一味用批评、打击的方式去对待孩子,那么孩子学到的就是自卑,或者在犯错后隐瞒错误,逃避惩罚,甚至干脆不敢去尝试,以避免再次犯错。如果在孩子犯错的时候家长能够给予他支持和鼓励,告诉他犯错没关系,并通过合适的方式帮助他，从错误中学习，那么错误就会变成他成长的好机会。适当的挫折会让孩子更加茁壮成长，家长的引导能够帮助孩子正确对待错误和改正错误。这样看来其实每一次错误对孩子来说都是人生的一笔财富。

二、赢得合作的四个步骤——赢得孩子

当孩子们觉得你理解他们的观点时，就会受到鼓励。一旦他们觉得被理解了，就会更愿意听取你的观点，并努力找出解决问题的方法。下面的"赢得合作的四个步骤"是一个非常好的方法，它能营造一种让孩子愿意听、愿意合作的氛围。

（一）表达出对孩子感受的理解

所谓理解，并不等同于知道。知道是你对某一事实或某种知识的了解和掌握，通常针对客观事物。但是面对孩子，父母仅局限于知道是不够，而是要强调理解。理解孩子的感受和情感，理解中包含了情感上的共鸣，懂得了对方带有一定情感的想法，甚至领悟了对方想法和行为背后的动机与意义。

理解过程包含着爱和尊重的态度，要从对方的角度想问题，关心对方的感受和情感，是以关怀对方作为人的存在而产生的积极态度。理解过程还包含"共情"的能力，即对孩子的心理活动感同身受的能力、倾听的能力和倾听的技巧。例如，孩子回到家就说："爸爸妈妈，今天作业太多了！"你会怎么回答呢？可能一些家长会想：这样抱怨不行，我的孩子会不会厌学？因为担心，所以当孩子一抱怨，父母就开始长篇大论学习的重要性，可能会让孩子很反感。

如果这时候，爸爸妈妈们即使就是回应"哦，今天作业很多呀"，孩子也会觉得舒服很多，可能就会继续和你说："明天要考语文了，所以语文老师布置要把这几个单元的书都复习一遍，特别多。"然后话题就打开了，孩子就会继续和你聊下去。

比如，孩子在学校受了惩罚，回家对妈妈说："妈妈，我讨厌我的班主任，我今天就迟到了两分钟，她就不让我进教室，还让我站在教室外面。"听到孩子说这样的话，你会怎么和孩子说呢？

有些妈妈可能会说："你不应该生老师的气，你迟到了她当然要惩罚你啊，那是你的错，你本来就应该准时去上课，你准时去教室不就不会被罚站了吗？下次要早点起来，我

今晚就把你的闹钟调早一点。"

听到这样的话，孩子也应该不想要和妈妈继续沟通了吧，心想，下次再也不和你说我的事情了，带着委屈和气愤回到自己的房间，可能还会将门重重地摔上。妈妈也许会觉得莫名其妙：这个孩子的脾气怎么这么大？

理解孩子的感受主要是通过语言来实现的。俗话说，"良言一句三冬暖，恶语伤人六月寒"。语言可以是打开孩子心扉的一把钥匙，也可以是锁住孩子心门的一把锁

例子：

孩子放学回到家觉得很累，坐在房间发呆，这时妈妈过来催促他写作业，说："快点去写作业吧。"

孩子："我好累，想休息，不想做作业！"

妈妈："不写作业怎么提高成绩呢？作业很重要的，是学习完之后的巩固……"

孩子："我就不想写。"

妈妈："不行，作业必须得写，不写完不能吃饭！"

孩子号啕大哭……

在上述例子中，妈妈无视孩子特别累、情绪低落的事实，一味地用自己的感受代替孩子的感受，按照自己的意愿要求孩子，孩子很累需要休息的需求没有得到满足，导致孩子生气地大嚷、哭闹。在亲子沟通中，如果父母总是无视甚至否定孩子的感受，说话不考虑孩子的情绪，自以为是地以自己的感受来代替孩子的感受和情绪的话，那么包办代替的父母和沮丧的孩子之间就会形成一道不可逾越的鸿沟，在沟通的这条路上，父母与孩子渐行渐远。

（二）表达对孩子的同情，但不能宽恕

同情并不表示你认同或者宽恕孩子的行为，而只是意味着你理解孩子的感受。这时，如果告诉孩子你也曾有过类似的感受或行为，效果会更好。例如，孩子放学回来告诉妈妈，今天因为上课忘记带橡皮擦和同学借，老师以为自己和别人上课讲话，所以批评了自己，还不听解释，觉得特别委屈。如果这时我们可以说："老师当众批评了你，你一定觉得特别没面子对吧？"（表示对孩子的理解）接着说："我小时候有一次上课发呆了，结

果被老师批评了,也觉得特别没有面子,恨不得找个地洞钻进去。"通过这样表达可以帮助孩子明白妈妈是懂他的,为接下来的沟通奠定了一个良好的基础。

(三)告诉孩子你的感受

如果你真诚而友善地进行了前面两个步骤,孩子此时就会愿意听你说了。我们就可以告诉孩子自己的感受:如爸爸/妈妈觉得挺可惜的,这个积木拼了那么久,被其他小朋友不小心打翻了;妈妈觉得没有考好挺替你难过的,毕竟你之前努力复习了那么久,没有考好确实很失望。通过告诉孩子你的感受,更好地让孩子明白爸爸妈妈的感受,能够理解爸爸妈妈的做法。

当孩子对你诉说,你开始焦虑、不安或者恐惧的时候,一定要学会觉察和反思,看看到底是孩子对你讲的话触发了你的某些伤痛记忆,如工作压力大、夫妻关系问题让你无所适从等。如果是你自己的问题,要学会承担责任,而不要让孩子成为情绪的替罪羊。

我女儿今年一年级,每天晚上还要陪她做作业,一年级有个坎,就是学拼音,我女儿是零基础入学,上小学之前没有教过她拼音,所以学起来比较吃力。有一天念拼音的时候,错得特别多,她越念越沮丧,眼看着眼泪就要掉下来了。

其实我们平时也会有情绪,觉得自己上班已经那么累了,回到家还要陪你做作业,还不好好做……我情绪一上来,自己马上就觉察到了,我把自己上班带来的情绪转移到了陪女儿读拼音上面了。觉察到之后我马上清醒了些,出去喝了一杯水,回来和女儿说:

"你觉得读拼音有点难,是吗?"

她很委屈地点点头。

"妈妈也觉得挺难的。换作是我,练习了那么久还有一些会读错也是觉得有点沮丧。"

女儿平静了一些。我又接着说:"先休息5分钟,我们再继续。妈妈今天也累了一天,你抱抱妈妈给我充点电好吗?"

女儿很开心地抱了我一会儿,然后很开心地继续练习拼音。

慢慢地,我养成了一个习惯,工作和生活的时间要区分清楚,不把工作带来的负面情绪带回家,也尝试去对孩子说说我今天遇到了什么事情,感受怎么样,帮助孩子和自己更好地分辨情绪。

倾听孩子,如果要带上点情感的话,那一定是爱。这种爱发自内心,不加修饰,简单

温暖而又能直接被孩子感受到。爱不是通过情绪在传递,而是通过沟通和倾听进入孩子心里的。

(四)让孩子关注于解决问题

通过前面的三个步骤,我们和孩子可以站在同一条战线上了,现在重点在于如何解决问题。我们可以尝试问孩子对于避免类似问题有什么想法,如果孩子没有想法,也可以提出一些建议,直到和孩子达成共识。

友善、关心和尊重是上述四个步骤的根本。当决定要赢得孩子的合作时,就足以为你带来积极的感受。经过前两个步骤之后,你已经赢得了孩子。等你进入第三步时,孩子就已经能听得进你的话了(哪怕是你以前说了多少遍,孩子都听不进去的话)。第四步肯定会很有效果,因为你已经营造出一种相互尊重的气氛。

我们通过一个例子更好地理解一下赢得合作的四个步骤:

例子:

女儿放学回到家,抱怨老师在全班面前批评她。妈妈双手叉腰,以一种指责的口气问道:"哼,你做了些什么?"

女儿垂下眼帘,生气地回应道:"我什么都没做!"

妈妈:"得了吧,老师才不会无缘无故地批评学生呢。你到底做了什么?"

女儿颓废地坐在沙发上,开始怒视妈妈。妈妈继续以指责的口吻说道:"那么,你怎么做才能解决这个问题?"

女儿怒气冲冲地回答道:"没什么可做的。"

这时,妈妈想到了"赢得合作的四个步骤"。她深吸了一口气,换了一种态度,以一种友善的语气说道:"我敢肯定老师当众批评你,你觉得非常丢脸。"(第一步,表达理解)

女儿抬起头,有些狐疑地望着妈妈,妈妈继续说:"我记得上四年级的时候,有一次数学考试,我站起来削铅笔,老师就当着全班的面吼了我,我觉得又丢脸又生气。"(第二步,表达同情,而不是宽恕,也可以告诉孩子自己也有类似经历)

女儿这时感兴趣了。"真的?"她说,"我不过是向别人借笔。我认为老师因

> 女儿这时感兴趣了。"真的?"她说,"我不过是向别人借笔。我认为老师因为这点小事批评我很不公平。"
>
> 妈妈:"嗯,我很理解你肯定会那么想。你看能不能想到一个什么办法,免得以后自己再这么难堪?"(第四步,让孩子关注于解决问题)
>
> 女儿:"我想我可以多准备几支笔,这样就不用找别人借了。"
>
> 妈妈:"这个主意听上去很不错。"

美国儿童心理学家鲁道夫·德雷克斯在《孩子:挑战》这本书里写道:"在人人具有平等意识的社会里,我们不能控制和命令别人。"

很多父母执着于权威,不能容忍孩子说"冒犯"自己的话,也无法接受孩子对自己无话可说,更无法控制自己对孩子"苦口婆心"。

父母一直高高在上地展现自己的表达欲,全然不给孩子表达的权利,久而久之,父母和孩子之间就会横隔出一条无法逾越的鸿沟,所谓的"代沟"就是父母无法了解孩子的心理世界,孩子也不愿意靠近父母。有时候我们听到一些青春期的孩子和父母有矛盾,孩子说:"我为什么要听你的?"父母回应:"因为我是你爸爸(妈妈)。"

记得有一次参加幼儿园的活动,我看到一个孩子对其他小朋友说:我爸爸最好了,他都不管我,我说什么都同意。其他小朋友听了好羡慕。其实也就是在告诉我们,孩子在这个年龄段已经开始思考为什么要管自己这个问题了。

如果孩子在问你为什么要管我的时候?我们能够回应:我感觉你在这件事情上有自己的想法,可以和我说说吗?

每个人都渴望被了解,渴望被爱,孩子也不例外。放下父母的身段和权威,平视孩子的眼睛,主动听他说。听懂了孩子,你和孩子之间的鸿沟才可能有通行的桥梁,也才能赢得和孩子的合作。

问卷调查

1. 答应孩子的事情您能做到吗？（   ）

    A. 从不   B. 偶尔   C. 经常

2. 当您心情不好的时候，您在家会怎么做？（   ）

    A. 闷在心里，谁也不理   B. 找个方式冷静下来   C. 莫名其妙发火

3. 您和孩子的交谈时间是多久一次？（   ）

    A. 每天都有   B．几天一次   C. 几乎没有

4. 当孩子跟您分享学校发生的故事时，您的态度是怎样的？（   ）

    A. 耐心听、细致问   B. 视情况而定   C. 不耐烦

5. 您和孩子在一起的时候，主要做些什么？（   ）

    A. 一起活动（讲故事、阅读、做游戏）

    B. 各自完成自己的任务

    C. 各自看手机或电视

    D. 没什么可干

6. 您和孩子之间会有一种温暖的感觉并且常常拥抱孩子吗？（   ）

    A. 从不   B. 偶尔   C. 经常

7. 当孩子心情不好时，您能给予及时的关心和帮助吗？（   ）

    A. 每次都能及时处理   B. 偶尔   C. 无所谓

8. 对孩子在学校的表现，您了解的程度如何？（   ）

    A. 了如指掌   B、基本了解   C. 不了解，那是老师的事

9. 您了解孩子学习情况的方式是（   ）

    A. 看考试成绩   B. 听孩子汇报   C. 问老师   D. 没了解过

10. 您了解孩子作业情况的途径是（多选）（   ）

    A. 自己辅导或检查中发现

    B. 学校科任老师反馈中发现

    C. 校外托管机构反馈

    D. 不了解

第二章 深情长于陪伴

著名教育家朱永新教授一直在倡议,"教育始于家庭"。家庭教育中,什么最重要?答案是陪伴、阅读、习惯。陪伴居于首位,当今社会是信息时代,是网络时代,作为家长,你们陪伴孩子的时间有多少?

第一节 珍爱生命 远离伤害

> **导语**
>
> 据了解，我国每年中小学生因安全事故、食物中毒、溺水、自杀等死亡的人数为1.6万人，平均每天有40多人，也就是说几乎每天有一个班的学生在"消失"。生活中的各种伤害威胁着孩子们的生命安全，家长朋友们应首先掌握一定的安全自救常识，然后在日常的家庭生活中注意对孩子进行生命教育，让孩子运用智慧远离伤害，珍爱自己的生命。

一、生活中的安全常识

在日常生活中，各种伤害对孩子的生命安全构成了很大的威胁。首先，作为家长有义务掌握一些急救的方法，并教会孩子一些基本的自救知识，使孩子在面临危险时，有能力机智避险，远离伤害。其次，要让孩子了解、熟悉生活中的安全常识。

（一）急救知识知多少

下面是一些基本的安全常识，请家长朋友们自查，看自己在这方面有多大的欠缺。

1. 您和孩子都知道一些常用的救助电话吗？
2. 您是否了解食品安全的一些常识呢？
3. 您是否经常检查家里的电线线路是否安全？
4. 当孩子发生诸如烫伤、扭伤、食物中毒等意外事件时，您知道该如何做吗？
5. 您是否经常向孩子介绍一些自救的常识？

6. 您是否经常与孩子讨论关于生命的话题？

7. 您是否关注孩子的情绪变化？

8. 您对于地震、火灾、雷电等自然灾害的自救方法是否了解？

9. 当孩子独自外出时，您是否会担心呢？

10. 您知道一些旅游必备知识吗？

11. 您给孩子买过安全教育方面的图书吗？

12. 您对于网络安全了解多少呢？

我们只是列举了有关安全教育方面的部分内容，相信广大的家长朋友们阅读思考后，会对自己的家庭教育有个更全面的了解，生命安全教育值得我们投入更大的精力去开展。

（二）生活中的安全常识

1. 饮食卫生

（1）日常饮食卫生。在日常生活中，人们常有一些不卫生的饮食习惯和行为，给自身的健康带来威胁。"病从口入"讲的就是这个道理。

（2）食物中毒的应对。

食物中毒是指人摄入了含有有毒有害物质的食物，或把有毒有害物质当作食物摄入后出现的非传染性疾病，可分为细菌性食物中毒、真菌性食物中毒、化学性食物中毒。

2. 校园安全

（1）在操场上的运动。主要是体育课和集中的体育运动。

（2）课间活动。在每天紧张的学习过程中，课间活动能够起到放松、调节和适当休息的作用。

3. 交通安全

作为参与公共交通的一分子，任何人都要遵守交通法规，遵守公共交通秩序，遵守交通指挥信号灯、人行横道信号灯等。特别是未成年人，更要注意骑车安全、乘车安全，不准开机动车辆等。

4. 遭遇抢劫

（1）遭遇室外抢劫

①遇事要多动脑筋

歹徒会找一些借口把你引到僻静处，再进行威胁。比如，歹徒会谎称你打了他弟弟，找你去让他弟弟辨认。这时候,你会很大意,心想反正我没打,去就去,怕什么,丝毫也不怀疑,就跟着他们走,反而让他们顺利地抢走钱财。

②要懂得报警

青少年正在长身体,力量小,反抗能力弱,遇到危险要懂得报警,以便获得救援。你可以伺机报警,也可以在事后及时报警;在校外,你可以打"110"报警,在校内,你可以向保卫干部和老师报警。这样才可以有效地保护自己免受侵害,违法犯罪分子才会受到应有的惩罚。

③要学会如何脱离险境

大部分学生碰到抢夺财物时往往束手无策,其实,办法还是有的,只是情急之下,往往会自乱阵脚。某初中二年级的学生,放学时碰到两个陌生人,要挟他往偏僻的小巷走,但这个学生很机智,看见远远走来一中年人,就高声叫:"二叔,我在这。"中年人都还没反应过来,那两个歹徒已经跑得没影了。事后,这个学生还报了案,歹徒也被关进了看守所。

④保证自己的安全

在遇到抢劫等不法侵害时,激烈反抗和搏斗并非良策,我们决不赞成在力量悬殊的情况下与罪犯搏斗。见义勇为是一种高尚的品质,但对未成年人来说,一定要注意力所能及,还要采取正确的方式方法。

比如和路过的行人讲话,或是打招呼,让歹徒认为你是碰到什么亲戚或朋友,利用他们怕成人的心理,运用智慧和他们做"斗争"。

看到保安、警察、军人等穿制服的人,就向他们求救,保护人民的生命财产安全是他们的本职工作,他们一定会帮你的。

(2)遭遇入室抢劫

入室盗窃、抢劫与街头盗窃、抢劫相比更具有隐蔽性,更容易造成较大的财物损失,对我们的生命安全也构成了严重威胁。

①夜间遭遇入室盗窃,应沉着应对,切忌立即起身查看或开灯。可以咳嗽几声,故意大声说"谁呀"之类的话,或用手机悄悄拨打"110"报警,千万不可一时冲动,造成不必要的人身伤害。

②家中无人时遭遇盗窃,发现后应立即报警,不要破坏现场。

③遭遇入室抢劫时,受害人应放弃财物,以确保人身安全为要。

5. 发生触电事故时

一旦发现有人触电，应立即拉下电源开关或拔掉电源插头，若无法及时找到电源开关时，可用干燥的竹竿、木棒等绝缘物挑开电线，使触电者迅速脱离电源。切勿用潮湿的工具或金属物质拨电线，切勿用手触及带电者。将脱离电源的触电者迅速移至通风干燥处仰卧，将其上衣和裤带放松，观察触电者有无呼吸，摸一摸颈动脉有无搏动。若触电者呼吸及心跳均停止，应在做人工呼吸的同时实施心肺复苏抢救，并及时拨打"120"电话呼叫救护车，途中绝对不能停止施救。

6. 遭遇火灾

酒店、影剧院、超市、体育馆、大型娱乐场所等人员密集场所一旦发生火灾，常因人员慌乱、拥挤而阻塞通道，发生互相踩踏的惨剧，或由于逃生方法不当，造成人员伤亡。

（1）发现初起火灾，应及时报警并利用楼内的消防器材及时扑灭。

（2）要保持头脑清醒，千万不要惊慌失措、盲目乱跑。

（3）火势蔓延时，应用湿毛巾或湿衣服遮掩口鼻，放低身体姿势，浅呼吸并快速、有序地从安全出口撤离。尽量避免大声呼喊，防止有毒烟雾吸入呼吸道。

（4）离开房间后，应关紧房门，将火焰和浓烟控制在一定的空间内。

（5）利用建筑物阳台、避难层等室内布置和缓降器、救生袋、应急逃生绳等逃生，也可将被单、台布结成牢固的绳索，牢系在窗栏上，顺绳滑至安全楼层。

（6）逃生无路时，应靠近窗户或阳台，关紧迎火门窗，向外呼救。

7. 网络安全

长期在电脑屏幕前工作，不仅会影响人的视力，还会改变脑电波，给身体带来不利影响。

（1）日常上网

每次在计算机屏幕前工作不要超过1小时。

眼睛不要离屏幕太近，坐姿要端正。

屏幕设置不要太亮或太暗。

适当到户外呼吸新鲜空气。

不要随意在网上购物。

（2）网上交友

不要说出自己的真实姓名和地址、电话号码、学校名称、密友等信息。

不与网友会面，如非见面不可，最好去人多的地方。

对网上求爱者应不予理睬。

对谈话低俗的网友，不要反驳或回答，以沉默的方式对待。

8. 偶遇自然灾害

中国幅员辽阔，地理气候条件复杂，自然灾害种类多且发生频繁，是世界上遭受自然灾害损失最严重的国家之一，除现代火山活动导致的灾害外，几乎所有的自然灾害，如水灾、旱灾、地震、台风、雷电、冰雹、雪灾、山体滑坡、泥石流、病虫害、森林火灾等，每年都有发生。面对可能遇到的自然灾害，家长朋友们应该掌握常见的自然灾害自救的基本常识，并经常对孩子进行这方面的教育。

二、让你的孩子远离伤害

孩子在成长过程中，常常有遭遇危险的可能性。父母要在危险发生之前，给孩子做好预警，教育孩子规避各种危险，安全、顺利地成长。

（一）做一个负责任的、有智慧的家长

【亲子现场】

案例1：

姜亮是在爸爸30多岁的时候出生的，所以爸爸对他很宠爱。在他家的附近有条小河，孩子们经常在夏天的时候去玩，姜亮的爸爸怕孩子有危险，从来都不让他下河。即使孩子再三要求，他也不肯让孩子去。

有一天，爸爸在电视上看到一则报道：某个地方，有的孩子因为不会游泳，在洪水来临的时候不幸被淹死了。这时，爸爸才意识到要帮助孩子学会游泳，也要让孩子掌握基本的自救常识。

爸爸亲自带他去河里，手把手地教他游泳，还给他讲了如何应付水中的各种突发情况。在爸爸的教育下，姜亮很快学会了游泳，并且过了一段时间，他就可以和伙伴们一起玩耍了，在安全问题上从来没有出现过差错。

案例 2：

> 欢欢今年刚上幼儿园，是个很喜欢帮妈妈做家务的孩子，但因为不懂得安全常识，出现过不少安全问题，可是欢欢的妈妈没有意识到这个问题。
>
> 这天欢欢要帮妈妈洗衣服，妈妈当时忙着做其他的事情，也就没有顾上她，让她自己去做了。欢欢之前看过妈妈洗衣服，但是没有注意到很多细节的处理。
>
> 她把衣服放进洗衣机，放好洗衣粉，就用湿手去按开关，突然被电到了，吓得她摸着自己麻麻的手，不知道该怎么做。
>
> 还有一次，她用手去接热水器上的热水洗手，结果把手给烫红了。其实，如果妈妈事先教给她怎么注意安全，就不会发生这些事情了。

【专家剖析】

据统计，因窒息、溺水、车祸、跌落、中毒等意外伤害引起的死亡，占我国孩子总死亡人数的 50% 左右。因此，加强对孩子的安全教育，提高未成年人的自我保护意识和能力，减少意外伤害，是非常必要的。父母要教给孩子正确的安全知识，让孩子学会自我保护，这是父母义不容辞的责任和义务。

当今社会，安全事故频繁，安全隐患众多，父母教给孩子安全知识，既让他保证了自己的安全，也保证了别人的安全。但很多父母却采取了不当的方式。

有的父母对自己的独生子女疼爱有加，时刻担心他们的安全问题，不但上学放学要亲自去接送，放学后还不允许孩子出门和小伙伴玩，家用电器、炉具等一律不让孩子接触。父母这样的做法，只是保证了孩子在自己视线范围之内的安全，无法保证孩子不在父母身边时的安全，所以从根本上来说，父母的这些举措不会起到理想的教育效果。

要想让孩子安全地成长，最重要的还是要教孩子学会保护自己，自觉树立安全意识。教会孩子处理各种突发事件，学会珍惜自己的生命。懂得自我保护的孩子，即使父母不在身边，也可以很好地使自己不受伤害。他们可以分辨社会上哪些现象是安全的，哪些是不安全的，遇到对自己不利的情况，也会及时想办法解决。

现在社会中有很多不适合孩子接触的东西，会影响孩子的价值观和世界观。孩子要在父母的教育下，明白什么是好的，什么是危险的，提高辨别是非的能力。

此外，对于时有发生的拐卖儿童案件，父母应该提前告诉孩子这些社会现象的存在，

让孩子学会判断，孩子知道了骗子、坏人常用的方法和技巧，就可以提高警惕，遇到类似情况可以正确应对或是及时寻求他人的帮助。

（二）"五招"让你的孩子远离伤害

第一招：让孩子掌握基本的安全知识

有一个8岁的孩子，看到灯泡会亮，就自己找来了一个灯泡，用金属丝去接电源，结果触电而死。如果这个孩子事先懂得了用电安全，就不会出现这样的悲剧了。

因而，父母应该把基本的安全知识教给孩子，如家用电器的使用和安全注意事项；煤气炉具的安全使用方法；化学物品、药品的正确使用；上学和放学路上要和同学结伴走；不要随便吃陌生人给的食物；注意保护身体，不能让危害的情况使身体受伤等。

孩子天生好奇、好动，心智处于发展阶段，对意外伤害事件缺乏足够的警惕性和预见性，父母帮助孩子掌握基本的安全知识，就是从根本上保护孩子。

第二招：教给孩子发生意外时的应急措施

让孩子懂得应急措施是非常必要的，如遇到意外，要学会打报警电话，如110、119、120等；懂得一些基本的医学常识，如急救的方法；万一被坏人强行带走，要懂得找机会逃脱等。危险和意外是时时存在的，如果不给孩子讲清楚，那么孩子在遇到危险和意外的时候就会束手无策，不能及时化解危险。父母要从身边的小事入手，教孩子掌握基本的应急措施。

案例：

舟舟是个勇敢的孩子，放学后经常自己回家。回家的路上要经过一个胡同，以前从来没有出现过什么状况，所以父母也没有意识到会有危险存在。但是舟舟平时看书时，学到了一些回家路上应该注意的安全知识。

这天在回家的路上，他被几个小混混勒索，让他交出自己的钱，但是看舟舟身上的钱很少，就要求他给家里打电话拿钱，才能放他走。舟舟灵机一动，说自己有银行卡，可以去银行取钱，那些人相信了舟舟。舟舟在窗口办理业务的时候，抓住机会给工作人员写了张纸条："那几个人是坏人，帮我打110。"舟舟对他们说要等待办理，于是他们在一边等着。没过多久，几个警察进来了，舟舟顺利地脱险了。

孩子自幼生活在父母的保护之中，很少接触外界的各种危险，但孩子总是会长大的，总有一天会离开父母的怀抱，自己生活和学习，独自面对各种意外，并且，有些意外父母也是措手不及的，父母应该教孩子一些发生意外时的应急措施，这比时时刻刻在孩子身边呵护更能有效地帮助孩子。

父母也可以教给孩子简单的医疗常识，如身体受伤时的处理。受伤的种类很多，有划伤、烫伤、骨折、脱臼等。划伤一定要先止血；烫伤一定要注意用冷水降温，并保证伤口的清洁。对于骨折和脱臼的情况，不要随便动，而要等专业医生进行处理。

第三招：让孩子掌握交通安全知识

据报道，每年英国都有40000多个孩子在交通事故中受伤，其中，17%的小孩不足5岁，此外还有35%的孩子年龄为5～9岁。其实，如果父母及时教给孩子交通安全知识，很多交通事故都是可以避免的。

在孩子小时候进行室外活动时，父母就要让孩子知道躲避汽车，不要在马路中间玩，不要任意横穿马路，要告诉孩子面对前面和后面的车辆时如何躲避。比如，当汽车从后面开来的时候，妈妈不要表现出惊慌，而要沉着地牵着孩子的手，避到近侧的路边。

家长应指导孩子牢记以下安全常识：

1. 遵守交通指挥灯信号：绿灯亮时，准许行人通行；黄灯亮时，不准行人通行，但已进入人行道的行人，可以继续通行；红灯亮时，不准行人通过；黄灯亮时，行人须在确保安全的原则下通行。

2. 遵守人行横道信号灯：绿灯亮时，准许行人通过人行横道；绿灯闪烁时，不准行人进入人行横道，但已进入人行横道的可以继续通行；红灯亮时，不准行人进入人行横道。

3. 行人必须遵守的规定：行人须在人行道内行走，没有人行道时就靠右边行走；穿越马路须走人行横道；通过有交通信号控制的人行横道，须遵守信号的规定；通过没有交通信号控制的人行道时，要注意车辆来往，不准追逐、奔跑；没有人行横道的，须直行通过，不准在车辆临近时突然横穿；有过街天桥或地下通道的，须走过街天桥或地下通道；不准爬马路边和路中的护栏、隔离栏，不准在道路上推扒车、追车、强行拦车或抛物击车。

案例：

秦斌今年上初二，是个很调皮的孩子。他上学放学都要骑自行车，喜欢和很多同学一

起排一个很宽的自行车队,形成很壮观的场面,路上的车辆给他们让路,从来没有出现过意外。

可是这天,前面一个孩子的自行车碰到了一块石头,车子不慎倒地,后面的自行车就像多米诺骨牌一样,都被带倒了。每个孩子身上都受了伤,秦斌的门牙竟然被磕掉了,左手也不幸骨折。

爸爸了解情况后,虽然很心疼,但他抓住机会教育孩子,让秦斌真正意识到遵守交通规则的重要性。

父母还可以利用图片和儿歌等形式,教给孩子最基本的交通标志和规则。孩子看动画片时出现一些关于交通方面的画面,一定要特意跟孩子强调交通安全的重要性。要对孩子反复强调,培养孩子遵守交通规则的安全意识,这样才会尽量避免出现交通事故。

据统计,中国每年发生在自行车上的交通事故高达27000次以上,其中三分之一发生在15岁以下的孩子身上,而实际人数可能会超过这个比例。所以,父母还要教育骑自行车的孩子,应该与其他车辆保持适当的间距,这样即使出现事故,也不会很严重。父母还要提醒孩子经常检查车况。

第四招:让孩子掌握家庭安全知识

家庭生活是美好的,但是生活中也处处隐藏着危险。孩子60%的安全事故是发生在家庭周围,如有的孩子从楼梯上摔下来,还有的孩子触电身亡等,如果父母有安全意识,就不会发生这样的事情了。

父母如果有家庭安全意识,能够预想到家庭生活中经常出现的问题,告诉孩子如何避免这些问题,那么孩子遇到的危险和意外就会减少。一般家庭中都有很多家用电器,有很多开关、插座,这都潜伏着一定的危险,所以父母要经常教育孩子,在不了解使用方法前,不要乱动电器。父母还要教孩子学会使用天然气,以防天然气中毒和爆炸等危险。

案例:

周日的早晨,晨晨的妈妈在电脑上查资料,突然记起厨房里煤气上面的水壶。她让晨晨去看看,估计快开了。孩子听话地去了,可是没几分钟就着急地跑过来,让妈妈去看看。妈

> 妈跑过去一看,只见厨房的窗户已经打开了,煤气的火已经灭了,阀门也已经被关上了。
>
> 晨晨说自己进来的时候,水壶里溢出的水已经把火浇灭了,她马上将阀门关闭,打开窗户。妈妈不禁对她竖起了大拇指。晨晨脸上露出了骄傲的笑容,妈妈也暗自庆幸,多亏平时在安全方面对孩子教育到位,否则孩子也不会从容地面对了。

此外,父母要经常给孩子讲解家庭安全用电常识,增强孩子的自我保护能力。父母要保证家用电器的接线正确,将电源插头、插座布置在孩子接触不到的地方,不要让孩子用湿手去触摸带电的家用电器,不要用湿布擦拭使用中的家用电器,修理家电时必须先切断电源,发现家用电器出现问题,不要私自拆卸,而要请专业人士修理。

父母平时做家务时,要一点一滴地教给孩子有关水、火、电的安全知识,让孩子对安全有所了解,遇到紧急情况,孩子同样能发出警告,及时解决;也可以通过对孩子讲故事、和孩子一起做游戏等方式,让孩子在父母形象的教育中掌握家庭安全知识,更好地保护自己。

另外,还要让孩子保证饮食安全。变质、腐烂的食物不要吃,注意各种食物之间的不同搭配,根据孩子不同的年龄段,制定有针对性的安全饮食措施等。

第五招:让孩子掌握公共场所安全知识

父母还要让孩子学会在公共场所的自我保护。父母要教给孩子,在公共场合遇到陌生人送给他玩具或是给他食物时,要保持警惕,予以拒绝,不要轻易相信陌生人的话。

父母要告诉孩子,在公共场合遇到外来威胁、受到伤害时,要首先找警察。假如附近找不到警察,在公园、商场、电影院等都会有保安,可以向他们求助,并且要记住犯罪者的性别、面貌特征等,说明事情发生时的具体情况。

如果在商场和父母走丢时,要让孩子原地等待,不要自己没有目的地去找父母,更不应该离开商场;如果等一段时间,父母还没有回来,就要向商场工作人员求救,千万不要跟着陌生人离开商场。

父母要教给孩子性保护知识。据调查,对孩子进行性犯罪的嫌疑人中,90%是孩子之前认识的。父母要特别教育女孩,提高警惕,防范坏人:

1. 不要一个人或几个女同学到校外(如公园、河边、树林)等偏僻的地方看书和游玩。

2. 不要一个人或少数几个女同学招手搭乘便车，防止落入坏人的圈套。

3. 不要去各种酒吧或歌舞厅，那是成年人去的地方，也是坏人最多、案发最多的地方。

4. 与父母或老师闹别扭时，切不可赌气离家或离校出走。

5. 不要过分打扮，不要穿过分暴露的衣衫和裙子，防止产生性诱惑，也不要穿行动不便的高跟鞋。

6. 晚上外出尽量结伴而行，在人多、有灯光的路上行走。要告知家长同行人的电话号码、自己回家的时间及方式。

7. 不要贪图小便宜，对别人过分殷勤，要小心警惕。要学会识别并且抵制那些不良的诱惑，有些女学生就是因为别人请她吃了一顿饭，陪她去玩，送了她一些小礼品，就觉得是自己最好的朋友，结果却中了别有用心的人的圈套。

父母还要告诫孩子，一些危险的公共场合是不能去的，如铁路、公路旁、高压塔下、变压器下、水深的河（湖）、工厂废弃的仓库、建筑工地等。

三、珍爱生命

生命的教育是家庭教育中最重要的教育。我们经常看到、听到社会上许多青少年死于各种事故或自杀，数量之多令人惊叹。

新华网消息：据统计我国每年有 25 万人自杀，200 万人自杀未遂。据北京心理危机研究所与干预中心的调查分析，自杀已成为 15～34 岁人群的首位死因。血淋淋的事实触目惊心，不能不引发我们深刻的思考。家长有责任照顾好孩子，要对他们进行珍爱生命的教育，并教给他们自我保护的方法，让他们健康成长。

（一）加强生命教育

针对大量青少年不爱惜生命的问题，家长要对症下药，在家庭教育中把珍爱生命的教育摆在重中之重的位置。

一位前人说过：死，是生者的痛苦。要充满爱意深情地告诉你的孩子，生命不仅仅属于你个人，它还连着亲朋和社会。父母养你不容易，大家都在关爱着你，对你寄予希望。你突然离开，是不负责任的，你还没有体验美好的丰富多彩的人生，没有报答父母养育之

恩、没有报效国家、服务社会，怎么能选择轻易离去呢？并要反复强调，选择轻生是懦夫，是愚蠢的行为。

（二）树立正确的人生观

在家庭生活中，要多用鼓励的方法，增强孩子的自信心，使他奋发向上，百折不挠。关注孩子的微小变化，及时在思想上"防微杜渐"，避免悲剧的发生。要营造和谐温馨的家庭氛围，家长要用乐观向上、充满正能量的人生观影响教育下一代，提高他们的思想境界。

少年儿童是祖国的花朵，孩子是每一个家庭的未来和希望。人生路漫漫，为了您孩子的健康成长，请将对孩子可能遇到危险的担心，变成扎扎实实的行动。

问卷调查

1. 您和孩子都知道一些常用的救助电话吗？（ ）

    A. 都知道

    B. 基本知道

    C. 只知道公安、消防报警电话

2. 您是否经常向孩子介绍一些自救的常识？（ ）

    A. 经常介绍，并与孩子一起学习

    B. 偶尔向孩子提过

    C. 基本没提过，靠孩子在学校学习

3. 当孩子发生诸如烫伤、扭伤、食物中毒等意外事件时，您知道该如何做吗？（ ）

    A. 很熟练处理

    B. 对较轻微的情况，能做简单的处理

    C. 不知道如何处理

4. 您是否关注孩子的情绪变化？（ ）

    A. 经常关注，并常与孩子聊天

    B. 有时会注意孩子情绪变化

    C. 因为忙，很少关注

5. 当孩子独自外出时，您是否会担心呢？（ ）

    A. 不担心，也很少过问

    B. 担心，但会仔细询问

    C. 很担心焦虑，不准孩子外出

6. 您是否经常与孩子讨论关于生命的话题？（ ）

    A. 经常讨论，孩子很乐观、很珍惜

    B. 偶尔会与孩子讨论

    C. 很少讨论

7. 您给孩子买过安全教育方面的图书吗？（ ）

    A. 经常买

B. 曾经买过

C. 没买过

8. 您能了解网络安全，并指导孩子正确上网吗？（   ）

   A. 能

   B. 偶尔给孩子做一些指引

   C. 不能

9. 您对于地震、火灾、雷电等自然灾害的自救方法是否了解？（   ）

   A. 很了解

   B. 基本了解

   C. 不了解

10. 您对孩子的安全教育、生命教育有什么好的做法？效果如何？

_____

_____

第二节 有效陪伴 共同成长

> **导语**
>
> 我常听班里的孩子说：我妈下班晚，九点多才到家；我妈上夜班；我爸妈在市里上班；等等。在当今社会环境下，由孩子引发的家庭问题不是家庭贫穷的问题，也不是作业辅导的问题，而是家长忽视了一个大问题——对孩子的有效陪伴。
>
> "培养"就是"陪着养"。我们整日忙于找寻培养孩子这种能力、那种品质的方法，可对孩子却常常连陪伴的耐心都没有，滋养的过程都想省略，只想用说教、打骂等简单粗暴速效的方式教育好孩子，而无视良好家庭关系的构建。本文就"陪伴孩子"的现状、重要性、误区、陪伴的方式等方面的内容进行探讨，让家长有效陪伴孩子，伴孩子健康成长！

著名教育家朱永新教授一直在倡议，"教育始于家庭"。家庭教育中，什么最重要？答案是陪伴、阅读、习惯。陪伴居于首位，当今社会是信息时代，是网络时代，作为家长，你们陪伴孩子的时间有多少？（调查）

1. 你一天陪伴孩子有多少时间？
2. 周末陪伴孩子有多少时间？
3. 是爸爸妈妈参加家长会，还是祖辈参加家长会？

很多家长认为，孩子上学了，对孩子的关注应该从生活转到学习，孩子的学业成绩应该成为自己关注的重点，所以很多家长就把监督孩子做作业、辅导学习作为家庭教育的全部，甚至不惜花大价钱把孩子送到各种辅导班，这实际上是把应试教育从学校延续到了家庭，就像是成年人把繁重的工作长期延续到下班以后的时间，必然会导致人的厌倦和懈怠。

一、陪伴的现状

（一）缺席的爸爸

古语说"养不教，父之过"，而这个时代似乎越来越缺乏"父亲的教育"。原始社会中，爸爸会带孩子出门打猎，孩子就被爸爸带着去探索世界。而现在却完全不是这样，爸爸没能成为家庭的重要角色，在家庭关系中成为一个影子式的爸爸。对妈妈和孩子来说爸爸缺席了，对爸爸而言，家庭像是沦为了旅馆。80%的父亲认为自己工作忙，没有时间与孩子交往；一半以上的家庭存在子女教育父亲"缺位"的情况，母亲是子女教育的绝对主角。无论在情感、陪伴、尊重、亲密还是在问题解决方面，父亲为孩子提供的支持都不多，这说明父亲在孩子成长中并没有承担应尽的责任。

（二）焦虑的妈妈

一个缺席的父亲，同时会伴随一个焦虑的妈妈。父亲主动或被动地成了家庭中的隐形人，妈妈便慢慢地把感情和注意力从丈夫身上抽离出来，而放在孩子身上。但，孤军奋战的女人会难以避免地陷入孤独感和不安全感中，又会不自觉地把家转化为她痛苦的工作场所，用让人窒息的爱和焦虑将孩子包裹起来，造成孩子和妈妈之间的过度依赖。孩子更多地生活在一个母亲的世界里，而不是家庭的世界。可妈妈那本应由爸爸承担的焦虑和需要，都被投射到孩子身上，或者，孩子在各种情绪中如困兽一般压抑、挣扎、暴虐、伪装。孩子会"永远做妈妈的好孩子"，而进入那种拒绝成长、依赖性强的状态，没办法探索社会，融入社会。

（三）失控的孩子

孩子有多少教育问题，父母就有多少问题。一个家庭中，缺席父亲的背后，必然有一个焦虑的母亲和失控的孩子。在缺失父爱或母爱中长大的孩子因没有亲情体验，早期的情绪情感发育受到损伤，会导致负面情绪较多、积极情感偏少，甚至出现情绪困扰、人格障碍、行为问题。这些失控行为通常表现为害羞、情绪沮丧、自暴自弃、不求上进、少言寡语、不爱集体、厌恶交友、急躁冲动、喜怒无常、害怕失败、感情冷漠，严重的还可能上学逃课、早恋、离家出走、偷盗，甚至喜好使用暴力，成人后更容易成为一个危险的人。

（四）孩子陪伴太少或质量不高的信号

孩子闹情绪，缠磨人，求抱求陪伴时，是一种提醒。说明家长已经太长时间沉浸工作、琐事，忘记关注孩子了。不一定有很多语言，也不一定要买玩具或去游乐场，每天哪怕有一小段时间专心陪孩子，只是陪着，由孩子牵引着安排时光，可能得到的结果就会不一样。

当孩子抱怨你从不带他去公园或总是夸奖邻家的孩子时，你可能会说："不对啊，两周前刚带你去过公园！""你忘了上周我也表扬过你！"然而对于孩子而言，感觉就是一种事实，你要做的是去发觉背后深层的含义。"你希望我陪你多些户外活动，我知道了。""你认为我对你的鼓励太少了，谢谢你告诉我你的感受。"

二、陪伴的重要

专家曾做过一项调查，每天有8%的父母没和孩子说一句话，一周时间里孩子和父母一起用餐的次数达到7次以上的不到一半，孩子有烦恼找父母交流的不到15%。专家呼吁："无论去哪里谋生，你一定要带上孩子。"孩子在童年时，你不和他生活在一起，你不和他一起用餐，不陪他说话，随着孩子渐渐长大，你就不知道如何与孩子交流。

美国斯坦福大学一名心理学家在1969年曾做过一项实验，他找来两辆一模一样的汽车，一辆停在中产阶级社区，而另一辆停在相对杂乱的街区。停在杂乱街区的那一辆车，当天就被偷走了。而停在中产阶级社区的那一辆，一个星期都无人问津，而当心理学家用锤子将这辆车的玻璃敲了个大洞，仅仅过了几个小时，车就不见了。

这就是著名的"破窗理论"。如果沿用到教育学上，就好比一个房间里很脏，就会有很多的人把脏的东西扔在这里，而一个地方很整洁，大家都会有意识地去维护它的整洁。"破窗理论"提醒父母，应该时刻注意自己的行为举止。同时，注意培养孩子的劳动习惯，保持家庭的整洁，提醒孩子要勤于打理自己的生活起居。一个爱好劳动的孩子，对孩子形成良好的金钱观也有很大影响。在当今社会环境下，父母压力大，工作忙，往往会疏忽了对孩子的陪伴。除了本身的压力大和忙，最主要的还是不清楚父母陪伴孩子的重要性。当你知道亲子陪伴的重要性后，你或许会抽出时间好好陪陪孩子。

（一）影响孩子性别角色认同

父亲给予男孩子以榜样的力量，给女孩以安全感。很多研究都发现，男孩子在4岁以前，父亲角色缺失会使他缺乏男性力量，易于女性化；女孩子在5岁以前缺乏父爱，在青春期与男孩交往时会焦虑、羞怯或无所适从。

（二）影响孩子个性品质的形成

父亲和孩子玩游戏，时常用令人刺激和激动的方式进行，孩子喜欢这样的方式，喜欢这样的交往，会逐渐表现出自信和快乐。父亲正是这样在潜移默化中影响孩子品质的形成。

（三）影响孩子智力水平

相对于母亲，父亲的动手能力更强，如修理车辆、电器、修整园林等，使孩子对动手操作充满兴趣。孩子在动手操作的过程中，能够激发探索欲、想象力和创造性。动手实践能力越强，越能促进智力水平的发展。

（四）影响孩子社会化行为

这是因为在与孩子游戏的过程中，爸爸帮孩子建立游戏规则，培养规则意识。这种规则意识能提高孩子的自我控制能力。研究表明，自我控制水平越低，孩子的问题行为越多；自我控制水平越高，其社会化行为水平会更高。

三、陪伴的误区

不能否认，所有的父母都爱孩子，都渴望尽己所能给孩子更多的爱与支持。有些父母选择了与"失陪"和"缺席"父母完全不同的做法：爸爸、妈妈对孩子的教育诚惶诚恐、小心翼翼，妈妈甚至做出辞职做全职妈妈的"牺牲"决定，给孩子完全的照顾，以为这就是最好的陪伴。父母育子观念中有很多关于陪伴的误区，概括下来有以下几种：

（一）陪同 = 陪伴

常看到父母亦步亦趋地跟在孩子左右，散步、逛商场、写作业……孩子在哪里，父母

的身影就跟在哪里。但是，孩子仍然是一个人自言自语或者自己玩，父母好像没听到孩子说话，而是想自己的心事，人在心不在，更没心情体验陪伴孩子的快乐，这样的陪同不算陪伴。

（二）看管＝陪伴

父母紧紧跟在旁边不断地提醒孩子这个不可以，那个不行，替孩子做这做那，害怕孩子摔着，怕孩子受委屈，怕孩子走弯路……没有看到孩子不同年龄阶段的需要，更没随着孩子长大，不断扩展他的独立成长空间，一天下来，父母疲惫，孩子辛苦，这样的陪伴，充其量是保姆的照顾，不是陪伴。

（三）物质满足＝陪伴

很多父母为弥补忽略孩子的内疚，偶尔有时间陪孩子，就用豪爽花钱代替陪伴，不管孩子要的、不要的，都买给他，最流行的名牌、最贵的学校、最贵的老师，可以让父母自己内心平衡，却无法填补孩子内心缺少爱的虚空。

（四）说教＝陪伴

很多父母难得与孩子在一起，借机不停地讲各种道理，讲很多自己的辛苦，说这一切都是为孩子，说自己都是对的，用最具伤害性的两句话来激发孩子积极的生活状态，却不知被"内疚和负罪"培养大的孩子最无力，他们只有自我否定，只有自我纠结和挣扎，没力气改变，孩子害怕这样的"陪伴"。

（五）妈妈的守护＝陪伴

很多家庭认为守护孩子是母亲的天职，爸爸负责主外养家赚钱，成了"不回家的人"。妈妈只能给予孩子母性的爱，而自信、力量、与世界的关系和联结，这些需要爸爸的引导和示范，怎么可能是妈妈的守护可以代替的呢？中国是个内敛的民族，父亲尤其沉默、不善表达爱，如果再加上日常生活中的边缘化，会让更多孩子在渴望父爱的痛中长大。

当然种种现象无不与骨感的现实联系在一起。面对教育的大环境、物质的大环境，越来越多的父母，除了对现实的抱怨、恐惧之外，似乎无能为力。但这并不是成熟父母的智慧所为。父母永远不能等到社会改善到足够理想时再去教育、陪伴孩子，父母也永远不能把责任推给社会之后，再看着自己的孩子孤单长大，毕竟，养育孩子是每个父母义不容辞、百分之百的责任！父母要做的永远是——如何在这个高压力的社会环境中给予孩子"高质量"的陪伴？

四、陪伴的方式

（一）榜样

孩子学习父母是一种天性或者本能。而孩子模仿的，除了父母的言行举止，还包括面对挫折的态度、排遣情绪的方式及处理问题的技巧。而一旦父母在细节上做到慎之又慎，秉承恰当合理的原则……受益的不仅是自己，还有孩子。父母修炼自己就是在修炼孩子。父母应以身作则，成为孩子学习的楷模。

家长的不良行为习惯包括懒惰、吸烟、赌博、说大话、说脏话、言而无信、投机取巧、自私、不诚实、不求上进、夫妻吵架、不尊重老人等。

（二）一起动手

很多爸爸都有很强的探索和尝试欲，加上喜欢动手做的特征，会让爸爸成为合格的体验学习导师。陪伴孩子不断试错，才能教会孩子随机应变，更好地适应这个快速改变的世界。

（三）制造美好体验

第一次跟父母去看球赛、看电影……与父母共有的种种第一次，是很多人一辈子也忘不了的事。和父母在一起的时光，能带给孩子安全感与美好回忆，这能给予孩子强大的力量，在孩子遇到困难、挫折时，帮助他坚强。

（四）一起阅读

阅读不是一个简单的获取知识的过程，还包括亲子关系的构建。正是在带孩子读书的过程中，父母帮助孩子阅读、观察、思考，从而构建一种亲密温馨的亲子关系。

亲子阅读的好处：

1.能增进父母与孩子之间的情感交流,及时了解孩子的心理活动,进行有益的正面引导。

2.能有效地培养孩子的注意力,提高孩子的倾听能力和语言理解能力,为以后的听课能力打下良好的基础。

3.亲子阅读可以增强孩子语言能力、发展想象力、提高写作能力与交往能力。

4.亲子阅读可以帮助孩子树立远大理想和熏陶优秀品质。阅读课外书也能让孩子达到修身养性的效果。

5.亲子阅读可以培养孩子阅读的兴趣和习惯,提高阅读能力。

6.亲子阅读可以培养孩子独立思考的能力。

(五)更爱妈妈

要让孩子感受到爸爸和妈妈相互足够的关爱,感受到爸爸对妈妈的温柔情感。要知道,孩子随时都在观察和感受着爸爸对待妈妈的方式,这不仅会影响他们内心的心理和情感发展,也会影响日后和异性的相处。

(六)正确对待孩子的游戏

在喜欢的事物面前,每个孩子都能够做到过目不忘,思维极其活跃。而在此过程中,思维的火花四处发散、精彩的观点脱颖而出,儿童因而成为哲学家。

在和同伴一起游戏的时候,成人最好不要打扰他们,让他们自己玩。即使发生矛盾,也要让他们自己去解决。成人干预过多,破坏了儿童的游戏规则,就使游戏失去了应有的意义。

(七)亲近大自然

大自然不仅在智育中起着巨大的作用,在丰富儿童精神生活方面也起着同样重要的作用。在大自然中,孩子得到的不仅是快乐,更重要的是得到了发展,大自然是孩子天然的受教育场所。

(八)良好的沟通

亲子关系,取决于沟通质量。与孩子沟通前,先接纳他的情绪,良好情绪才能引发良好行为。

　　沟通的前提(目的)：双方感觉良好

　　沟通的误区：批评、责备、说教。

　　请看以下例子：

例子：

　　冬冬：我讨厌张老师，他是个大笨蛋！

　　妈妈：你怎么可以这么说老师，没有礼貌。

　　冬冬：他不尊重我，对我大吼大叫，毫无理由！

　　妈妈：一定是你做错事情，否则，他不会对你吼叫！

　　冬冬：我只是借一张纸。

　　妈妈：你连一张纸都没有吗？自己不准备有什么办法，跟你说过多少次了，上学之前，先检查东西都带齐了没有。

　　冬冬：你好烦啊！

　　妈妈：不可以无礼！

　　正确的方法：接纳并回应他的情绪。

　　冬冬：我讨厌张老师，他是个大笨蛋！

　　妈妈：哦！你看起来好像不太高兴哦！

　　冬冬：他不尊重我，对我大吼大叫，毫无理由！

　　妈妈：是这样吗？

　　冬冬：我只是借一张纸。

　　妈妈：你没带纸吗？为什么呢？

　　冬冬：我有时候也会忘了带东西啊！

　　妈妈：对啊，你也不想忘记，你有什么好办法吗？

　　冬冬：对啊，我可以在抽屉里多放几张纸，就算忘记了带笔记簿也没有关系。

　　妈妈：好乖，想出好办法了！

（九）关注孩子身体健康

黄帝内经有云，"身为子女不懂医，是为不孝；身为父母不懂医，是为不慈"。孩子的成长中难免会被一些疾病折磨，这时，如果父母懂点医学知识，就可以减轻孩子的痛苦，为孩子的健康护航！

五、名人陪伴孩子的故事

（一）奥巴马陪孩子的故事

"十年以后，你不会因为今天少做了一个项目而遗憾，但你会因为没有多陪孩子一小时而后悔。所以，你知道答案啦。"在一次与哈佛大学心理学系教授吉尔博特聊天时，杨澜问他手头事情太多，常分不清主次怎么办，吉尔博特教授给了杨澜这样的答复。

第一次当选总统时，奥巴马说竞选中有一件事他很自豪，在长达 21 个月的选战中，他没有错过一次孩子的家长会。米歇尔在演说时谈到做总统的丈夫，至今仍每晚和女儿一起吃晚餐，耐心回答她们的问题，为她们在学校交朋友的事儿出谋划策。想想身边那些天天嚷着没时间陪孩子的父亲，比奥巴马忙很多吗？

（二）林则徐家教的经验

林则徐说："子孙若如我，留钱做什么？贤而多财，则损其志。子孙不如我，留钱做什么？愚而多财，益增其过。"你可以说很少陪孩子，拼命赚钱是为了自我实现，但千万别说是为了孩子。如果孩子成才，他会自食其力，自我实现，不需要你的钱。如果孩子不成才，钱多只会让他游手好闲，反而害了他。

与您共勉，以下这些高质量陪伴的有效理念。

1. 改变孩子，要从改变父母开始。父母改变，孩子才能改变。

2. 在温和、充满善意的家庭中成长起来的孩子，性格不会出现大问题。孩子性格与品行出问题，责任基本出在父母身上。

3. 每一个父母都应该用一生的力量说出："我相信你，孩子！"

4. 无论你到哪里谋生，无论你生活多艰辛，请一定带上你的孩子。孩子不在你身边，就在更多的危险之中。

5. 花更多的时间和孩子在一起比什么都重要。

6. 全家人一起吃晚餐，有助于小孩获得较好营养、较高学业成绩、不容易沾染坏习惯。孩子的未来，往往在餐桌上和客厅里就已经决定了。

7. 鼓励孩子与同伴交往，鼓励孩子参加户外运动，是父母送给孩子最好的礼物。

8. 和孩子交谈，六岁之前适宜面对面，六岁之后要逐渐改为肩并肩。因为六岁之前的孩子在意你的关注，而青少年更希望你做他的朋友。

尊敬的家长朋友，再多的物质与金钱，都无法代替父母的陪伴。别再用工作忙当借口，别再用金钱物质搪塞！孩子的成长只有一次，错过就没有机会重来；我们的孩子需要的是寂寞有人陪伴、迷惑有人指引、成功有人鼓励、失败有人理解。请忙碌的父母们、可敬的祖辈们，陪着孩子慢慢长大吧！

最后，衷心祝愿所有的孩子健康成长！祝愿所有的家庭和谐幸福！

问卷调查

1. 您的性别（ ）

    A. 男　　B. 女

2. 您孩子的性别（ ）

    A. 男　　B. 女

3. 您的年龄（ ）

    A.30 岁以下　　　B.30～45 岁　　　C.35～39 岁　　　D.40～44 岁

    E.45～49 岁　　　F.50～54 岁　　　G.54 岁以上

4. 在您家里承担教育孩子主要工作的是（ ）

    A. 父亲　　B. 母亲　　C. 父母　　D. 其他 (爷爷奶奶外公外婆等)

5. 周末陪伴孩子有多少时间？（ ）

    A.0～1 小时　　B.1～2 小时　　C.2～3 小时　　D.4 小时以上

6. 您陪伴孩子主要在哪些方面？（多选）（ ）

    A. 吃饭　　B. 做作业　　C. 游戏　　D. 看动画片　　E. 购物　　F. 游泳

    G. 旅游　　H. 阅读　　I. 一起看望亲戚

7. 你了解孩子吗？孩子的心愿是什么？（ ）

    A. 不知道　　B. 知道

    孩子的心愿是_____

第三节 智慧引领 小初过渡

> **导语**
> 随着中国社会经济的不断发展,素质教育成了人们极其重视的教育模式,而中小学教育的衔接问题也成了全社会关注的热点。很多家长都说到了自己的孩子在小学的时候都是清一色的优秀,但一到中学之后成绩就急速下滑,其中的差距极其明显,甚至让家长以为是学校教育的问题。至于两极分化,学生的差异原本就存在。为此,我们必须厘清问题,探究方法,力争在有效的时间内将中小衔接存在的问题弱化到最小,早日解决。

转变教育观念

1. 你知道你准备把孩子培养成什么样的人吗?
2. 你研究过家庭教育吗?
3. 你是不是百分百相信你的孩子?
4. 你打算如何给孩子选学校?

当今,最该改变的是父母,是父母的教育观念。那么,正确的家庭教育应该是什么?是父母应该帮助孩子建造一个良好的人生平台,让孩子有很好的人格修养,懂得做人,懂得成功的真正含义。只有父母的教育观念发生了转变,我们的孩子才能接受良好的家庭教育,才能终身受益。

故事一：世界上只有您最能欣赏我

第一次参加家长会，幼儿园的老师说："你的儿子有多动症，在板凳上连三分钟都坐不了，你最好带他去医院看一看。"回家的路上，儿子问妈妈，老师都说了些什么，她鼻子一酸，差点流下泪来。因为全班30位小朋友，只有她的儿子表现最差；唯有对他，老师表现出不屑。然而她还是告诉她的儿子："老师表扬你了，说宝宝原来在板凳上坐不了一分钟，现在能坐三分钟。其他的妈妈都非常羡慕你的妈妈，因为全班只有宝宝进步了。"那天晚上，儿子破天荒吃了两碗米饭，并且没让她喂。

儿子上小学了。家长会上，老师说："全班50名同学，这次数学考试，你儿子排在第40名，我们怀疑他智力上有些障碍，你最好能带他去医院查一查。"走出教室，她流下了泪。然而，当她回到家里，却对坐在桌前的儿子说："老师对你充满了信心。他说了，你并不是个笨孩子，只要能细心些，会超过你的同桌，这次你的同桌排在第21名。"说这话时，她发现，儿子黯淡的眼神一下子充满了光亮，沮丧的脸也一下子舒展开来。她甚至发现，从这以后，儿子温顺得让她吃惊，好像长大了许多。第二天上学时，去得比平时都要早。

孩子上了初中，又一次家长会。她坐在儿子的座位上，等着老师点她儿子的名字，因为每次家长会，她儿子的名字总是在差生的行列中被点到。然而，这次却出乎她的预料，直到家长会结束，都没听到儿子的名字。她有些不习惯，临别去问老师，老师告诉她："按你儿子现在的成绩，考重点高中有点危险。"听了这话，她惊喜地走出校门。此时，她发现儿子在等她。走在路上，她扶着儿子的肩膀，心里有一种说不出的甜蜜，她告诉儿子："班主任对你非常满意，他说了，只要你努力，很有希望考上重点高中。"

高中毕业了。第一批大学录取通知书下达时，学校打电话让她儿子到学校去一趟。她有一种预感，她儿子被第一批重点大学录取了，因为在报考时，她对儿子说过，相信他能考取重点大学。儿子从学校回来，把一封印有清华大学招生办公室的特快专递交到她的手里，突然，就转身跑到自己的房间里大哭起来，儿子边哭边说："妈妈，我知道我不是个聪明的孩子，可是，这个世界上只有您能欣赏我……尽管那是骗我的话。"听了这话，妈妈悲喜交加，再也控制不住十几年来凝聚在心中的泪水，任它流下，打在手中的信封上……

第二章 深情长于陪伴

故事二：20美金的价值

一位父亲下班回家已经很晚了，发现他5岁的儿子靠在门旁等他。"我可以问一个问题吗？爸爸，你1小时可以赚多少钱？""假如你一定想知道的话，我1小时赚20美金。""爸爸，可以借我10美金吗？"父亲非常生气。约1小时后，他平静下来，开始想着自己可能对孩子太凶了——或许孩子真的很想买什么，再说他平时很少要过钱。于是，父亲走进儿子的房间，给了孩子10美金。"爸爸，谢谢您。"儿子欢笑着从枕头底下拿出一些被弄皱的钞票，慢慢地数着。"为什么你已经有钱还要？""因为这之前还不够，但我现在够了。"孩子回答，"爸爸，我现在有20美金了，我可以向您买1个小时吗？明天请您早一点回家——我想和您一起吃晚餐。"

时间可以换取金钱，也可以换取家庭的亲情和快乐。给家庭挤出些时间吧，因为有些东西是金钱买不来的。忙，不是理由，是借口。希望各位家长"挤"出时间多陪陪自己的孩子！孩子和我们在一起的时间将会越来越少（高中、大学、工作、结婚）。任何事业上的成功都弥补不了教育上的失败。

时代在前进，社会在进步，家长要与时俱进，学习一些家庭教育的方法和策略，与学校、社会的教育形成合力。作为家长要看到，家庭教育和社会教育及学校教育在主体关系上有着本质上的不同。社会教育的主体是国家与国民，学校教育的主体是教师和学生。它们的关系永远是个体利益服从群体利益、个人利益服从国家利益。但在家庭教育中的主体——父母和孩子之间，这种游戏规则却完全不同。家庭教育的核心不再围绕"力量最强大"的那一方，而是完全倾斜到"力量最弱小"的那一方，孩子成了家庭教育的"核心"。某一个孩子是不是接受了良好的教育，最终成不成"材"或"才"，对国家而言只是百分之几、千分之几的抽象数字；而对于一个家庭、对于孩子的父母来说，却是百分之百的具体存在。

如果我们希望儿女有一个前途光明的未来，如果我们希望他们长大后能够成"材"或者最终成"才"，那么我们就不得不依靠自身的力量，拿起"家庭教育"这个工具。那种对于孩子的成长教育全部交给学校和社会的人来说，他们作为父母不过刚刚"幼儿园"毕业，把学校教育作为教育的主体，把家庭教育作为补充的也仅仅是"小学生"水平。对于一个孩子而言，学校教育和社会教育是家庭教育的辅助或补充，因为不会有谁比我们做父

母的更了解自己的孩子,也不会有谁比我们做父母的更爱自己的孩子,更不会有谁能够像我们做父母的一样,甘愿为儿女付出一切。对于一个人来说,只有父母这个老师会从他一出生就陪伴着他,走过他的幼年、少年、青年……直至父母生命的终结。这种教育几乎是贯穿一个人一生的教育。这种教育无论学校教育还是社会教育都无法替代。如果我们是真心地爱我们的孩子,那就从这一刻开始,对家庭教育引起足够的重视。

一、初中和小学的变化

(一)学习内容的变化

在小学,学习科目少,学习任务不太重。进入中学,课程增多,学习任务加重。语文、数学、政治、英语、历史、地理、生物、体育、计算机等,一下子增加了好几门,而且难度增大,(关键是都算中考分)学科内容的普通常识性越来越少,反映客观事物的规律性与知识的严密性、逻辑性却越来越强,因此刚进中学的学生,既感到新鲜又感到不适应。

(二)学习方法的变化

随着学科多样化和深刻化,中学生比小学生被要求更有自觉性、独立性和主动性。中学的任课老师多,每位老师教的学生多,一会儿一门课,一会儿一个老师,而且各个老师的教法不一样。他们不可能采取像打篮球那样"人盯人"的方法。中学老师比较重视启发学生获得知识的能力,强调"预习—听课—复习—作业—总结"五个环节。孩子读小学时,家长下班回家第一句话就是问孩子作业做好了吗,如果孩子回答"做好了",家长也就放心了。这种课后只完成作业的学习方法,就不能满足中学学习的要求了。(初中生将逐渐形成两个思想:1.作业是永远也做不完的。2.自学是提高成绩的最有效方法。)

(三)学习心理反应的变化

小学生多数能顺利地完成老师布置的作业,对老师讲课深信不疑,而中学生一方面对老师重视和信赖,另一方面,他们的自信心和自主性加强了,也有了一定的评价能力。但初中阶段是学生的生理和心理急剧变化的关键时期,少男少女们由依附服从变成独立反叛、由温顺平和变成倔强好胜、由喜欢父母变成喜欢同伴、由喜欢幼稚变成渴望成长、由忽视性别变成重视性别、由排斥异性变成亲近异性、由追随美德变成嘲笑美德……

（四）初中阶段孩子的生理也发生变化

小学时，孩子身体发育一般。进中学后，绝大多数孩子身体发育日趋成熟，处在人生的第二个生长发育高峰期。他们的认识能力、兴趣、爱好，以及个性特征发生急剧变化，这个时候男女交往将是我们异常关心的问题。

（五）集体关系的变化

与小学相比，中学生的集体关系及其在集体中的地位也有许多不同。在学校和班级集体里，班主任不再像小学阶段那样照顾得具体而细致，实施方法不再是"包班制"，班主任也不一定是主课老师。这样，让孩子自己料理的事情、支配的时间多了。学生干部的作用越来越明显。提醒各位家长，千万不要因为担心影响学习而愚蠢到打电话告诉老师"我的孩子不当班干部"。

二、初一新生常出现的几个问题

一项针对初一新生的调查发现，很多学生由于缺乏过渡时期的指导，特别是心理、情感和知识的准备，进入中学后不能很快适应中学生活。总结起来，学生常出现以下问题：

一是入学不适应(恐惧)。从小学熟悉的学习环境，到全新而陌生的初中环境，学生容易产生入学恐惧，出现入学不适应症。（包括家长都不适应，私立学校的孩子好一些）私立学校的孩子到公立学校去，去了就能适应；公立学校孩子到私立学校来，就不一定了。

二是学习要求不适应。初中阶段科目增多，阅读信息量大，要求理解的知识增多，数学也逐步过渡到抽象思维为主，难度增大。

三是小学伙伴的分离与新群体的适应。由于升学，小学认识的好朋友分散到不同学校，而新环境下，新的伙伴短期内难以形成，一些学生出现内向寡言的现象。

四是与教师的融合有一个适应过程。师生相处方式发生变化，学生对新教师的教学要求和方式有一个适应的过程。

五是人际关系更加广泛。进入初中后，学生与老师、同学交往的范围扩大，获取的信

息大大增加,生活的地域范围也更广了,如何正确处理人际关系成为学生面临的新课题。

六是自我意识的觉醒。这一阶段的孩子心理年龄特征仍处于半幼稚、半成熟、半独立、半依赖,自觉性和幼稚性错综交织的状态,容易产生叛逆情绪,让家长和老师觉得"不好管"。

七是从小学一个优秀生到初中一个普通生思想的接受转变。很多孩子在小学时都是班级的佼佼者,一上初中,由于小学学校之间的差距,这么多佼佼者中注定有些变得平凡。小学差距不大,初中相差很大的例子数不胜数。

三、家长的教育误区

误区一:物质投入多,时间投入少

改革开放的经济大潮,让很多人富裕了起来。一些人以为所谓的家庭教育就是为孩子报读各种课外辅导班,给他们请最好的老师,让他们接受各种素质培训,培养他们的各种特长。但他们自己却没有什么时间陪孩子一起聊聊天,一起做做游戏。殊不知家庭教育的一个重要原则就是"亲子"互动,没有了爸爸妈妈亲身参与的家庭教育,实际上已经变得名存实亡。

误区二:重智商培养,轻情商培养

智商、情商、财商,这些对于一个人而言,都是很重要的。但家庭教育主要是针对孩子的情商培养。情商(EQ)是近年来心理学家们提出的与智商相对应的概念。它主要是指人在情绪、情感、意志、耐受挫折等方面的品质与能力。父母是孩子最早接触的人,也是和孩子接触时间最长、和孩子关系最亲密的人。父母在日常生活中的一言一行、一举一动,都会首先成为孩子模仿的对象。而模仿是孩子最初的,也是最熟练的学习手段。因此,父母要以身作则,与其告诉孩子怎么做,不如做给孩子看。

误区三:只关注结果,不关注过程

大部分人在 18 岁之前并不确定自己真正喜欢和适合做什么。在这之前我们学习的知识,除了奠定我们的知识基础、打开我们的学习思路,还有一个重要的作用就是用实践探索适合我们的学习方法,并养成良好的学习习惯。分数的高低无法准确检验出我们是否学会了正确的学习方法。比如，有的孩子在小学时学习很努力，但学习方法陈旧，主要靠的是"死记硬背"，小学知识量少，尚可以通过这种方式取得好成绩。但一旦上了中学，就会立刻感到学习很吃力。

误区四：注重己愿，违背他愿

很多父母会把自己的人生梦想或人生意愿强加给自己的孩子。如果孩子一旦违背了或是达不到，就会万分失望，甚至痛不欲生。这其实违背了家庭教育的另外一个原则"以人为本"。孩子是家庭教育的核心，父母应该尊重孩子的意愿，并合理地引导他们。父母的人生过往不是儿女的人生，儿女的人生也不应该成为父母人生的延续。

误区五：守株待兔或揠苗助长

现代社会竞争激烈，每个父母都不希望自己的孩子输在"起跑线"上。于是常有不顾孩子的生理和心理的发育规律，盲目实施超前教育的"揠苗助长"行为。当然也有一部分相信"水到渠成"，对孩子采取放养态度而错过了最佳教育契机的"守株待兔"行为。上述做法要么像法国教育家卢梭说的"大自然希望儿童在成人以前就要像儿童的样子。如果我们打乱这个次序，就会造成一些果实早熟，它们长得既不丰满也不甜美，而且很快就会腐烂"，要么像他说的相反的那样"果实晚熟，错过了人生的最好季节"，都是不可取的。

四、小升初家长如何做

作为家长，我们有义务帮助孩子缓解压力感，让他们尽快适应这种生活。

（一）放松自己

很多家长，孩子一上初中他们就会如临大敌，没等孩子紧张，他们就先紧张起来。我们都知道，人在紧张状态下容易出错，做事情效率会低很多，容易手忙脚乱。而这种情绪往往会影响到孩子，使得他也如临大敌，所以，想让孩子轻松学习，家长自己首先要放松。其实想想，一个初中的学习任务总不会比高中还重吧，高中的学习只要有好的方法也不会有太大问题，这样一想我们就会安静很多。很多时候，我们只要看到孩子用正确的方

法努力做正确的事情就好了,太着急反而会事倍功半。

(二)接受孩子长大

接受孩子长大的事实并不容易,因为作为家长,我们往往从孩子一出生就给他拴了绳子,孩子使劲往外挣脱,我们使劲拉住不放。最终绳子断了,孩子还是独立了,家长和孩子都为此付出了很大的代价。所以我们牵住绳子是为了放开绳子,别让孩子长成第二个我们。我们引导好了,他(她)就是风筝,我们握着线,他(她)自由飞翔。引导不好,要么他(她)成了断了线的风筝,要么我们把他(她)攥在手里。我们在心理上接受孩子慢慢长大,从身体到心理上都在长大,我们慢慢放开绳子,给他(她)自由的天空去飞翔,但是绳子的另一头,我们还得把握。

(三)学习方法指导

1. 有序学习

很多孩子学习吃力的原因不是智力问题,而是学习没有次序,拿起语文想数学,拿起数学想英语,结果弄得自己心里乱糟糟的,最后都不能按时完成。所谓的有序学习,就是把所有需要完成的学习任务在心里列一个清单,然后从易到难逐个完成,每天都按照一定的顺序来做,特别是初一学生,刚开始最好拿一个小本子,每天把学习任务列一下,做完一项划掉一项,这样就把大的任务切割成一个个小任务。很多孩子上了初中以后感觉作业多了,会养成应付作业的习惯,包括家长在内,也觉得孩子完成作业就行了。其实不然,我们最好教会孩子给自己的作业列一张清单,给自己的预习列一张清单,每天按照计划有序地进行学习。

2. 学会复习和预习

上初中后,如果孩子还不能学会独立进行预习和复习,而是仍像小学生一样由老师去引领,那么,在给老师增加工作量的同时,其实孩子自己也无法掌握自学的要领。实际上,指导孩子自学并不难,自学,就是用自己的方式掌握知识,学会运用知识来解决问题。例如,每天晚上,孩子都需要完成家庭作业,那么就拿出时间先对当天所学内容有个大体的复习,语文、英语、历史、政治等文科类最好是以出声朗读的方式进行复习,理科类最好是安静默读来复习。花十几分钟全部浏览一遍,做起作业来可能会顺畅得多,而且听课、复习、完成作业,这等于学习了三遍。事实证明,这种习惯一旦养成,会起到事半功倍的作用。倘若不复习的话，做作业时遇到一些搞不清楚的知识点要么需要翻课本，要么就只能糊弄过去，弄得自己身心疲惫。

预习，也是初一学生应该掌握的一个基本功。对第二天要学习的内容大致有个了解，明白自己的优势和劣势，第二天带着问题进入课堂，这是最好的学习方法。如果实在没有时间，也要坚持把语数英三科预习一下，把薄弱科目预习一下。这样坚持下去，孩子的学习就等于经历了四遍：预习、听课、复习、完成作业。到了期末复习时，我们能明显看出，这样的孩子比不会复习预习的孩子对知识的掌握程度要好得多。等到综合运用时，效果更加明显。艾宾浩斯的遗忘曲线就是这个道理，重复多了，遗忘的速度和数量就会大大减少。

3. 统筹安排

刚刚进入初中的学生，一进校门往往有一种焦虑感，感觉这一天要面对的事情有很多，而且是千篇一律。所以，教会孩子统筹安排自己的时间是非常重要的。作为家长，我们最好帮助孩子列一个学习娱乐计划，计划里面，每天的日常学习、做作业、娱乐的时间很详细。特别是刚上初一，孩子总是觉得时间不够用，那是因为分配不合理，时间久了孩子就会养成懒散的习惯。我们可以与孩子一起商量一个合理的24小时行动方案，甚至包括周末节假日的安排，如早上几点起床、几点洗刷、几点吃早饭、几点开始去学校、中午几点午休、晚上几点完成哪个科目的作业、几点洗漱、几点看书等。列出来后，我们会发现，一天24小时当中，去掉保证睡眠的8小时，孩子有16个小时供自己去支配，孩子也能知道，如果按计划学习，是有时间娱乐和休息的。

4. 错题整理

关于学习方法，主要就是想搞清楚初中阶段应该教会学生什么样的好方法才能有助于他们今后的学习。结果研究发现，凡是考上清华北大等名校的学生，他们都特别注重错题本的建立和使用。对于他们来说，错题本就是一个法宝，平时记录、翻阅，考试前再次翻阅查看，对考试起到很大的作用。

建立错题本，可以让孩子不分学科。我经常做的就是，一开学就让学生买一个纸质很好横格很宽且厚厚的笔记本，这样的本子有助于他们坚持下去。刚开始先规范格式，如果孩子嫌抄题麻烦，家长可以帮助他们抄题或者干脆把题目剪下来，让他们自己把答案重新整理到这个错题本上。如果有时间，最好把涉及的知识点也记录上，这样就真的成了复习的法宝。错题本能让孩子明白自己的短板是什么，哪一类题还不太熟练。等他们尝到甜头

就会主动去整理并养成整理错题的习惯。

（四）生活习惯养成

良好的生活习惯是帮助孩子尽快适应初一生活的保障。早晨赖床、歪着趴着写作业看书、晚上贪玩、吃饭不正点挑食等，都是小学生常见的问题。为了让孩子能够快速进入中学状态，我们必须狠下心来让他们养成良好的生活作息习惯。关于这一点，一开始就要跟孩子沟通好。同时，多跟班主任沟通，让班主任经常提一些类似的问题，孩子们互相促进，尽快改正。

我有个侄女上初中后学习成绩逐步下降，孩子智商没啥问题，学习态度也可以。后来，嫂子跟我聊起孩子在家的表现，我才发现，小姑娘早晨习惯赖床，也不好好吃饭，晚上趴在床上写作业，有时不小心就睡着了。这些不好的生活习惯导致她在学习上没有意志力，不能吃苦，不能自律，懒散。后来，我跟嫂子商量，列好时间计划，给她一个闹钟，早晨、中午都不管她，晚上监督她在学习桌上完成作业。结果，她在初三那一年成绩上去了，中考时考了一个很好的高中。

（五）帮助孩子建立自信

无论孩子在小学阶段表现如何，升入中学都是一个新的开始，我们要抓住刚开学这个时机，给孩子创造机会，让他建立自信。孩子的自信来自家长和老师合理的评价和正确的引导。举一个简单的例子，我们都知道，数学题阅卷，特别是那些复杂的应用题、解答题和证明题，都是按步骤给分的，很多孩子会做题但是步骤写得不完整，就会丢分。如果能够及时给予指导，让孩子完整地写出过程，这样就能建立他的自信，让他知道如何让自己更完美。再比如和孩子讨论各学科老师的特点，帮助孩子尽快认识并了解各学科老师，明白他们的特点，孩子了解了老师之后就容易和老师达成默契，这样能增加他们上课时的自信。

（六）换种方式与孩子沟通

小学阶段，我们一般是用命令式的语气与孩子沟通，我们用说教的方式教给他们如何去做一件事情。到了中学阶段，孩子青春期叛逆严重，你说东，他往往非要去西，但是同学同伴的话他们却言听计从，为什么？因为我们没有站在朋友的角度，真正平等地与他们沟通。对于这个时期的孩子，尽量少用"你"，多用"我们"；少用"应该"，多用"我的意见是"。我们需要静下心来，接受他们一些看起来非正常的思想和举动，在坚持原则的情况下放宽我们的容忍度。特别是遇到一个比较大的棘手的问题时，先别慌，而是先从孩子的角度理解一下问题，然后顺着他的思路往下分析，慢慢渗透，直到把正确的处理方法找出来。

总的来说，就是把自己变成孩子，用他的思想考虑问题，最终找出解决的方法。比如，他看见了同学的一辆自行车也想买一辆，而你家距离学校很近，根本没有必要骑自行车上学。这时，你不要跟孩子产生矛盾，也不要答应，更不要承诺他考了多少分第几名你就给他买。你们可以一起分析一下，这辆自行车需要花多少钱，它的作用、价值、给孩子或者这个家庭带来多少快乐等，然后不妨提出另外的建议，如把这些钱投到学习上，买一套什么书带来的价值是多少，参加一次夏令营活动带来的价值是多少。分析完了，如果孩子还是坚持买自行车那就说明他有点虚荣了，大概是觉得这样他很有面子，那么就要提出自己的条件，这时候提条件，孩子是会努力去做到的。但是条件千万不要是考多少分第几名等，而是他坚持多长时间有良好的生活习惯、作业书写规范整齐、上课表现得到老师多少次表扬等，买了自行车还要保证这些条件继续坚持下去，否则将被没收等。

（七）关注身体变化

小升初的这段时间，正是孩子青春期初期，孩子身体上会有一些变化，如男孩长出喉结开始变声，女孩开始来例假，饭量增加，这些身体上的变化，会引起他们的情绪波动，很多孩子会出现周期性的情绪失落，有的会有阶段性亢奋，这些都能影响他们的学习。为了缓解这种状况，作为家长，一定要仔细观察孩子的身体变化和情绪变化，摸清规律，在他们情绪容易波动期间合理调整饮食，多和孩子沟通，关心孩子身体上的感受，抚慰孩子的心灵。

问卷调查

1. 假如只能选择下列选项，您期待孩子成为一个什么样的人？（   ）

   A. 成绩优秀，品德一般

   B. 成绩平平，品德优秀

   C. 成绩优秀，没有梦想

   D. 成绩平平，拥有理想

2. 您对孩子提出的学习成绩的要求是什么？（   ）

   A. 努力就好，重在过程

   B. 一定要达到预期分数，不达到会有惩罚

   C. 顺其自然，只要听话，好好做人

   D. 考取好分数，就进行奖励

3. 您认为孩子目前带给您最大的挑战来自哪方面？（   ）

   A. 学习成绩方面

   B. 学习习惯方面

   C. 生活习惯方面

   D. 思想品德方面

4. 您认为您的孩子有读书的潜质吗？（   ）

   A. 不知道

   B. 没有

   C. 有

5. 您平时重视孩子的阅读吗？（   ）

   A. 有引导，有要求

   B. 无引导，有要求

   C. 只是说，没落实

   D. 无要求，没有管

6. 假如您的孩子成绩差，对于能否逆袭，您的看法是（   ）

   A. 能够逆袭

   B. 没有希望

C. 无所谓

7. 您经常和孩子认真地沟通吗？（   ）

  A. 经常沟通

  B. 偶尔说几句

  C. 很少

  D. 不知道怎么沟通

8. 您觉得您自己对孩子有影响吗？（   ）

  A. 没有

  B. 较小

  C. 一般

  D. 较大

9. 您知道孩子今年最大的愿望是什么吗？（   ）

  A. 清楚地知道

  B. 大概知道

  C. 不知道

  D. 不知道，但很想知道

10. 在您看来，家庭教育是（   ）

  A. 完全自发的，顺其自然

  B. 有很多学问，需要深入学习才能掌握

  C. 参考自己或其他父母的做法即可，无须专门学习

  D. 完全不需要，孩子交给学校就行了

第四节 护航中考 亮剑六月

——做一名智慧的初三家长也不难

导语

最近热播的电视剧《都挺好》，老大苏明哲为学霸留学美国，老二苏明成游手好闲成"啃老族"，老三苏明玉为家庭所迫独立成才。孩子的成长阶段，尤其是关键时刻的把握，对将来的影响相当重要。

家长在孩子的成长过程中，担任的不仅仅是父母的角色，还有朋友的角色、老师的角色。作为父母，需要不断学习，在合适的时间担任合适的角色，尤其是青春期的孩子在毕业班时期。

这两年新接手初三班级，常碰到一些这样的情况：

家长似乎很有教育意识，经常跟我聊他一直以来尊崇的教育方式：放养的，宽松的，尊重孩子自主权利的，从不为他补习，也不看重他的学习成绩……

嗯，这听起来是一位很好、很有教育理念的家长。

然后我问：那孩子的初三学习遇到什么问题了吗？

"他课堂上完全听不懂老师说什么，回家的作业也基本上不会，现在不光他自己谈到学习会情绪波动，我们的亲子关系也因为他学数学的问题产生很多问题了，而且，很快就初升高了，我们的户口不在这里没有很好的教育资源，我们还面临择校，他现在这个成绩，我都不知道怎么搞了……"

在和孩子交流的时候，我发现，初三的他连基本的学习方法都没有。

很多时候，尊重孩子自主权利，尊重他的爱好，不在意成绩，因为过程比结果重要，这种尊崇宽松的、自由的教育环境是没错的，但时间不等人，初三过后无初三。

最后一个学期，作为父母，我们该怎么办，才能为孩子的中考保驾护航呢？

首先，我们了解初三下学期的特点。

一、学期特点

（一）时间紧

初三下学期时间一般有 18 个星期共 126 天，扣除 17 个周末 34 天，学校组织三次模拟考试 6 天，节日（清明节、劳动节、端午节）3 天，学生在校上课时间 83 天。

（二）节奏快

初三下学期，同学们犹如疾驰的快马，重要日程安排如下表：

表 1　东莞市初三下学期重要日程安排表（以 2018—2019 学年为例）

时间	工作内容	备注
4 月上旬	初三第 1 次模拟考试	学校
4 月上旬	网上报名	全市
4 月下旬	体育与健康考试	全市
5 月上旬	初三第 2 次模拟考试	学校
5 月上旬	英语听说考试	全市
5 月中旬	回原籍升学的非本市户籍毕业生毕业考试	全市
5 月下旬	特长生考试 信息技术考查	全市
5 月下旬	初三第 3 次模拟考试	学校
6 月上旬	填报志愿	全市
6 月 20—22 日	学业考试	全市
7 月	各批次录取	全市

（三）任务重

初三下学期是中考复习的重要时刻，内容繁多，任务重。语文、数学、英语、政治和历史三年各 6 本教科书，物理两年 4 本，化学 2 本，知识内容覆盖面广，每个学科都分别进行三个阶段的系统复习，知识纵深度大。有同学曾经把初中复习后的书籍摞起来足足有自己身高那么高！

二、初三困惑

（一）初三学生的特点

1. 身体发育特点：青少年心理问题研究专家、中国人民公安大学李玫瑾教授[1]曾指出初中学生进入初三后，身体发育较快，14—16 岁的初三学生正处于青春发育期，这一时期也是人生长发育的第二高峰期。在生理发育上，这一时期不但是人的身高、体重等身体外形的第二次突增阶段，而且，生理机能逐步健全，思维能力快速发育。

2. 心理发展特点：许多父母都发现孩子进入初三后，出现新变化："以前我女儿什么事都对我说，喜欢和我在一起，现在，我们母女反而疏远了许多，她很少向我诉说什么了，似乎不愿和我待在一起。""我孩子不听话，我苦口婆心地教育他，他总是嫌我烦。"其实，孩子进入初三后，心理发展也出现了显著的变化，他们已开始认识到自己长大了，产生一种"成人感"，在家里和学校都希望自己能独立去解决问题，从而得到更多的"认同感"。

3. 学习的特点：由于时间紧、节奏快、任务重的客观特点，成绩优秀的同学越来越自信，成绩薄弱的同学容易热情锐减，从而注意力转移，如在学习上因退步得不到"认同感"时，就会转移到游戏、小说上。

由于初三学习内容增多，难度加深，常识性的东西越来越少，而知识的严密性、逻辑性越来越强，对想象力和逻辑思维能力都提出了较高的要求，学习的能力也进一步提高，导致学生容易出现一些学习困难。

（二）初三学习困惑

日前国内 K12 针对 84 个城市 22264 位学生家长进行调查研究，《中国教育培训调查报告》[2]发现"考前不知如何复习"和"成绩不稳定"在初三学习困难中分别占 27% 和

24%；对于班级不同水平层次的同学调查发现，"没有自主学习动力"和"注意力不集中"分别占 60% 和 63%；学习靠后的同学则更需要关注学习方法和学习效率的提高。

在 2018 年 5 月 18 日针对我校初三学生学习困惑调查分析发现：有 29% 的学生升学目标模糊，17% 的学生复习信心不足，30% 的学生学习效率不高，24% 的学生精力无法集中。

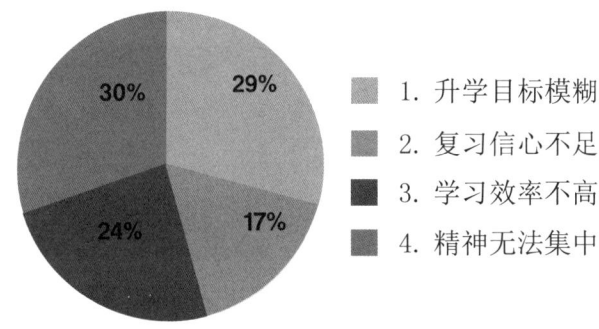

图 1 我校初三学生学习困惑调查分析

（三）初三家长困惑

有的家长感觉孩子周末回到家"心事"重重，但孩子不愿意多与父母沟通，这心结怎么解开？

有的家长迷茫：东莞市公（民）办高中 36 所、职业学校 22 所，孩子升学，志愿学校怎么报？

有的家长发现孩子目前成绩与目标名校有分差，孩子就是无法提高，这分怎么提？

有的家长在辅导孩子学习时，虽花费了不少心血和许多口舌，但收效甚微，有的甚至事与愿违，这毕业生家长怎么做？

究其原因，主要是这些家长虽有教子之志，但无教子之方，他们既不了解初中学生学习的特点，也不太懂对孩子进行家庭辅导的方法。

三、家长指引

香港记者屈颖妍写了一本名为《怪兽家长》的书。在成为全职太太之前，她是《壹周刊》的副总编。辞职后，她感叹管好三个孩子，比做好一本杂志难 100 倍。为了孩子的学

业，亲子关系越来越差。有一次大女儿问她："妈妈，为什么你不笑的？"她才明白，原来做了学龄儿童的家长，她都不会笑了。

作为初三毕业班的家长，压力就更大啦！

智慧的初三毕业生家长，可以从这几方面入手。

（一）如何为升学目标模糊的孩子"定位"

缺乏目标，飞机将迷失航向，游轮会漂泊大海，人生旅途易迷惘。初三是迈向更高一级学校的跳板，面前常有两个选择——普通高中与中等职业技术学校。

根据东莞市2019年普通高中招生计划，全市公办高中24所、民办高中13所，提供2.7万个高中学位。根据东莞市2019年中等职业技术学校招生计划，全市公办中等职业技术学校12所、民办中等职业技术学校9所，将提供约2.5万个学位。所以，可以根据东莞市上一年即2018年普通高中录取分数线，结合孩子当前成绩初步给孩子进行定位。

（二）如何给信心遭挫的孩子"加油"

信心缺失有哪些表现？作为家长应如何鼓励？

案例1：小学的时候，成绩不错，初一也很好，然而到了初三，慢慢被超越了，很着急，怎么办？

分析：不少人有同样的情况，同时也有不少人小学成绩很好，初中就跟不上了。这是由于教育脱节造成的，就是上一个阶段的教育没有给下一个阶段提供充足的准备，让孩子一下子无所适从。

说白了就是"吃老本"的问题。初一吃小学的老本，初二学习方法没有跟上，还在用小学"死记硬背"来对待逻辑能力的数学物理化学，肯定痛苦。

策略：家长首先鼓励孩子相信，初中阶段初三一百天是可以大有作为的。因为复习不是按课本，而是按知识版块，因此知识脉络需要先打通，上课认真理解，辅助强化练习。其次，指导孩子善于利用身边资源，遇到困惑之处，第一时间与老师交流，做到问题"堂堂清周周清月月清"。

案例2：马上就要一模/二模了，有些心急。考不好就要被骂，怎样才能考好？

分析：孩子考前产生焦虑是很普遍的，适当的焦虑还可以促进孩子主动思考。"考得不好"，我们用什么态度面对呢？有人会"真倒霉！又不好！"悲观、失落的情绪容易导致自我放弃；有人会"还好！在中考来临前又有一次梳理不足的机会了！"积极乐观的态度能促使孩子砥砺前进。

策略：家长适时引导孩子用积极的态度面对问题，相信"方法总比困难多"。世界上能够到达金字塔顶端的只有两种动物，一是雄鹰，靠自己的天赋和翅膀飞上去，另外一种动物就是蜗牛。蜗牛到达金字塔顶，主观上是凭它永不停息的执着精神，客观上应归功于它厚重的壳。要明白和珍惜考试的深层含义，考试的意义不是为了让人难堪，而是帮助学生找到不足，认真分析各学科具体情况，继续努力。例如，陈同学和李同学之前学习不分伯仲，但在某次测试中，两位同学呈现较大差距，通过建立图表对比分析，可以直观和快捷地帮助李同学找到其学习中存在的问题和指明下阶段努力的方向。

（三）如何为欠缺复习方法的孩子"充电"

复习方法欠缺的孩子容易出现上课走神、学习效率低下，投入了很多时间但成绩进步不明显等情况。此外，平时欠缺时间的规划，每天忙忙碌碌却毫无条理性。

案例3：最近发现自己上课听不懂就走神，学习无法提高，是不是基础知识太差了？

分析：听课是为了学习新东西，然而为了听懂，是十分需要在听课之前就预先懂些东西，这就是预习的学习方法。否则，一旦课堂上一处卡住，就满盘皆输了。学习无法提高，很多人都坚信自己基础不牢。老师和家长不断的如是评价，更是助长了这种心理暗示，使得自己相信了自己基础不牢。其实，在中学生发展纲要中，学生有不同维度的能力要求，即记忆、理解、应用、分析、评价和创新 6 个梯度。

策略：通常来说，学科成绩 40 分层的同学一般阅读课本的耐心欠缺，基础知识记忆不足，理解和归纳能力相对薄弱，建议多进行阅读训练和表达训练，夯实基础并运用知识解析问题，提高应用能力；60 分层的同学有较好的记忆和理解能力，但知识的应用和分析能力不足，通常表达不完整，建议课堂内外通过交流提升训练表达能力，侧重书面表达的规范性；80 分层的同学应用及分析能力较好，但推理及评价能力不足，面对新的题型失分较多，建议多刷题；正所谓"见多识广"，找出关键错误点，及时与老师沟通；90 分层的同学基本属于"高手"，但所谓高处不胜寒，《中考考纲》约有 20% 为分析、

评价及创新能力题,这就要求学科知识联系生活、用于生活,有质疑权威的意识,有创新精神。

案例4:挺喜欢数学物理化学,也很努力,但是成绩提不上去。是不是天赋不够,智力问题?

分析:天赋指的是创造出高斯、欧拉、陶哲轩这样的人。中学教育既然是大家都要接受的,作为初三的孩子,就不用担心智力问题。通常担心其实只是教育脱节问题导致的一时半会儿的不适应。如果只是你个人面临这个问题,也许确实需要反省自己,比如说阶段学习,其他同学都比较理想,但你感觉很困惑,这就说明你在这部分知识学习欠缺了适当的方法。但是往往这种学习方法的"欠缺",会导致很多同学演变为怀疑自己的能力,这种现象还挺普遍。

策略:家长可以引导孩子阅读学科学习方法类的文章,知识在于积累,方法在于沉淀。2018年4月初,班上尹同学的家长咨询如何让孩子提高学习方法的问题,在老师的建议下,她购买了初中、高中学生学习方法相关杂志和书籍,如《初中三年复习哪有那么难》、高中的《高效学习方法全集》,并利用周末家庭阅读时间和孩子一起研究学习。经过短短两个月的努力,尹同学顺利考上东莞一中。虽然学无定法,但他山之石可以攻玉。

(四)如何为"鸭梨山大"的孩子"减压"

分析:2019年3月18日,针对初三学生随机调查发现:有53.7%的学生感到目前压力适当,47.3%的学生感觉压力过大。

其实压力是客观存在的,压力往往来源于竞争。

竞争会让你产生危机感,迫使你努力奔跑!美国野生动物园曾经为了保护当地的鹿群而把它们的天敌狼群杀光。但是,几年之后,人们发现,鹿群数量的确是渐渐多了,但鹿群的体质却越来越差,经常生病,而且动作缓慢、呆滞,完全丧失了鹿所特有的机警和敏捷。人们只好再次引进了几匹狼,为了生存,鹿群再次奔跑起来,恢复了往日的生气。

竞争可以激发你的潜力,让你变得更强!男子100米短跑的世界纪录为博尔特创造的9秒58的纪录。2015年5月10日,国际田联世界挑战赛川崎站男子100米比赛中我国苏炳添以10秒10排名第三,苏炳添觉得博尔特就是远方的一座大山。但是随着苏炳添成绩的渐渐提高,越来越多机会和国际高手较量,可惜苏炳添每次都只能在10秒外,但是他知道自己已经站在山脚下,接下来要做的就是翻越它!终于在2018年6月23日凌晨,国际田联世界挑战赛马德里站,苏炳添以9秒91的成绩获得男子100米的冠军!从苏炳添的进步中我们可以看出,博尔特起着很重要的作用,苏炳添自己也多次说到之所以有这样的成绩,完全是由于在前方有个强劲的竞争对手!

竞争产生压力,压力能帮助懒惰的人奔跑,能激发个人潜能!

策略:这里有个亲子小游戏有助于认识压力和化解压力:准备三个篮球,一个气压不足,另一个气压足够,最后一个气压过大,让孩子分别用不同力气拍打10下篮球,会发现拍打气压足够的篮球最轻松,气压不足的篮球根本拍打不起来,气压过大拍打时手很疼。

不要把自己过高的期望强加给孩子,天天唠叨你必须考多少分、必须考上什么大学。要尊重孩子自己的选择,减轻孩子的心理负担,让孩子心态放松。

有的孩子说,卷子一发,就想到压力,想到考不好就会挨骂,会的题也不会做了,总是考不出好成绩。

四、十招护航

三年的辛苦学习即将面临检验的时刻,稍有疏忽和考虑不周,都可能会让孩子的付出得不到应有的回报。

所以,别再拿事业当借口,说自己没有时间体会孩子的心情,不知怎么安慰孩子的焦虑。有些关键时期一旦错过,将来可能需要花费很多精力来改正,甚至根本无法纠正。

最后三个多月,父母可以从以下十个方面努力。

(一)言传身教,激励孩子热爱学习

2017届考上东莞中学的康同学,品学兼优,喜欢读书、看新闻,家里藏书很多。家长从来不会逼着她学习,只是潜移默化地引导她。小学三年级时,妈妈就带着她一起阅读《飘》。她说在复习期间偶尔也会厌学,不想看书。爸妈注意到了,也不说什么,就把电视关掉,坐下来看书。"看到他们在看书,我也就慢慢地投入进去了。"

有一句话很经典,"对孩子说点什么,不如去做点什么"。

如果家长抱怨孩子在家不是玩网络游戏,就是微信QQ聊天、听音乐,整个周末"机

不离手"，那么父母就要做到在家尽量少玩甚至不玩手机。

（二）细化目标，化解孩子学习压力

学生的压力来源很多，最主要的往往是由于自身的能力不足难以达到家人或者自己的期望值。家长目标模糊不清"只要努力就好"，导致学生内压过小，学习欠缺动力；家长目标过大"非东莞中学不读""某某中学这么差啦，最起码和隔壁谁谁一样考取名校啦"，学生内压过大，会因难以达到而气馁。

家长应实事求是，根据孩子的身体状况、中考总分、相关科目成绩、兴趣特长等来正确评价，量体裁衣、扬长避短。

（三）科学分析，搭建阶梯促进提升

孩子们周一至周五都是在校住宿，家长一周难得见上一次。对孩子在学校的成绩如何，家长根本就不清楚，更不懂如何帮孩子分析不足。作为父母应该多向老师了解孩子的在校生活和学习动态，尽量做到能科学分析自己孩子近三次学业考试情况，列表对照，找出不足，从而及时给孩子"加油"。

（四）充分准备，体育中考夺满分

进入初三下学期，在4月下旬将迎来第一科考试——体育健康测试。

由于测试项目多选一，家长要提前引导孩子充分准备，养成每天都小跑、每周两次长跑，运动贵在坚持，力争顺利夺满分。

（五）提高效率，二模复习出成效

4月底至五月中旬，是初中中考复习核心环节，均衡各科目的复习，每门科目必须紧跟学校里的复习进度，不能一味复习喜欢且相对容易的科目，觉得有难度的就放弃。现在的考试注重科目的均衡发展，所有科目必须齐头并进。

在家合理安排作息时间，晚上不要熬夜复习。只要白天时间抓紧了，晚上可以早睡一个小时，第二天精神百倍。

（六）家长充电，中考信息勤关注

孩子进入初三倒计时 100 天后，家长对有些事情必须早做安排、早打算，宜早不宜迟。

政策依据早掌握。比如今年招生有哪些新变化、高中的政策如何、各所高中近年的录取分数情况，又如报名资格、报名时间、招生程序、学校一模、二模、三模时间等。

进入角色早行动。进入初中后的家长提前阅读我校家庭教育《一起走过孩子的春天》、初中复习方法指引、准高中学生学习方法等。了解青春期的孩子生理和心理特点，学习初中生学科特点和学习方法，培养孩子对抗挫折的能力。

（七）锁定志愿，熟知往年录取线

进入 5 月份，提前分析孩子的水平，初步锁定一两所学校作为中考目标。结合近三年中考的录取分数线，家长和孩子共同制订科学的中考目标，并分析孩子当前的学习差距和问题所在，这样，孩子才会有明确的学习目标和学习方向。

然后，仔细分析各高中学校在我市的录取分数线和录取人数，为孩子的中考积累第一手志愿资料。可以说，相关资料越多，志愿填报时，才不会慌了手脚，从而把主动权牢牢地掌握在自己手中，成功率也会大大提高。

（八）强化目标，提前到学校参观

提前锁定升学目标后，利用周末和假期时间，和孩子一起到目标学校参观，通过让孩子亲身感受"未来学校"的面貌，体验饭堂美食，了解课室布置，与老师交流等方式，把长远目标提前清晰化。

例如，每年 5 月 6 日东莞中学都面向全市开放。有一位同学参观后说："能在这个拥有百年历史的学校里走上一圈真是激动啊，接下来，我要给自己定一个目标，破釜沉舟，逼自己一把。如果我能考上东莞中学的话，就意味着实现了自己的一个梦想。"

（九）家校合作，营造温馨中考

5 月底至 6 月中旬，是中考冲刺的关键时刻，这个阶段孩子身心疲惫，心灵需要滋养，身体需要营养，环境需要温馨，要多疏导孩子，多给孩子做可口的饭菜，多买一些水果，多营造温馨气氛。

不要总说，我天天为你做什么都没有怨言，还花钱给你补课，你为什么还不高兴，还不好好学习。这样的道理孩子都懂，但一遍一遍地说出来，孩子听了心里真的会很烦。

（十）多鼓励，多陪伴，少啰唆

如果一个孩子劳累了一天回家，看到的是家长无趣的一张脸，听到的是唠唠叨叨、怨天怨地的牢骚和责怪，以及命令式的"快点吃，吃了马上去做作业。成绩那么差，还不知道认真！你什么时候可以让我省点心啊！"

"祥林嫂式"的唠叨，如果你是孩子，受得了吗？

家庭里多一些和谐，少一些吵闹；多一些鼓励，少一些打击；多一些平静，少一些烦躁；多一些陪伴，少一些唠叨。

总之，在最后的冲刺阶段，家长和学校一定要密切配合，既要紧张起来，又要创造宽松和谐的环境，让孩子心情舒畅地做好最后的复习，发挥最大潜能，考出理想的成绩。

卡巴金说，你阻止不了波涛汹涌，但你能学会踏浪而行。

参考文献：

[1] http://www.iqiyi.com/w_19rwnquml1.html

[2]《中国教育培训调查报告》http://www.ftchinese.com/interactive/7876?Exclusive

[3] 东莞市 2019 年普通高中招生计划表 http://zwgk.dg.gov.cn/007330133/0706/201903/6a8040a9eed34500aeacb7b5f2dfc8b9/files/fea7dba0ddf14baa864cc84c76f6e5ac.pdf

[4] 东莞市 2019 年中等职业技术学校招生计划表 http://zwgk.dg.gov.cn/007330133/0706/201903/6a8040a9eed34500aeacb7b5f2dfc8b9/files/1c1510361a9b4e8e9ff979a9a8067f78.pdf

问卷调查

1. 您家里大厅有多少本书？（   ）

    A. 没有

    B. 5 本以内

    C. 6～10 本

    D. 10 本及以上

2. 作为家长，您周末会在家里看书多长时间？（   ）

    A. 没有

    B. 1 小时

    C. 2 小时

    D. 3 小时及以上

3. 作为初三毕业生家长，您平时会关注中考方面的政策吗？（   ）

    A. 太忙，没有关注

    B. 很少关注

    C. 很想了解这方面信息，但不知道从哪里了解

    D. 经常通过学校微信、网络等关注初三中考信息

4. 作为初三毕业生家长，您了解自己孩子理想学校近两年录取分数线吗？（   ）

    A. 不了解孩子理想学校和录取分数

    B. 了解孩子的理想学校，但不清楚学校近两年的录取分数

    C. 了解孩子的理想学校，也清楚学校近两年的录取分数

    D. 了解孩子的理想学校，也清楚学校近两年的录取分数，还清楚孩子现在的学习差距

5. 以下帮助孩子提升学习效率的方法中，你想得到哪方面的资料？（多选）（   ）

    A. 关于帮助孩子分析成绩的方法和思路

    B. 关于帮助孩子提高学习专注度的方法

    C. 关于帮助孩子提高各学科成绩的方法

    D. 关于如何与科任老师沟通的方法

第三章 成长源于欣赏

父母的注意力就像太阳的光芒一样，而孩子的优缺点就像种在土里的种子，父母注意力的"光芒"照在优点的种子上，优点种子就会生根发芽，相反，父母的"阳光"照射到缺点种子上，那么缺点种子也同样会破土而出。

第三章 成长源于欣赏

第一节 微笑教育　播撒阳光

> **导语**
>
> 　　微笑是一种表情，是一个动作，更是一种态度、一种力量、一份真诚、一份美好！高尔基曾说，微笑不仅是宣泄感情的方式，更是一种人生态度，一种荡涤灵魂，让人"笑"对人生的态度。文人们常这样形容它："微笑是一抹阳光，给我带来光明和希望。微笑是春雨，滋润着我干涸的心房。微笑是一把大伞，为我把人生路上的风雨遮挡。微笑是烈火，融化我满脸的冰霜。微笑是良药，给我受创的心灵疗伤。微笑是花开的茉莉，让我时刻感受她那悠远绵长的清香。微笑，一个多么简单的动作，只需将嘴角轻轻地上扬，却能让人从中获取到无限的力量。"多么贴切而优美的礼赞啊！微笑的确是一种美好！
>
> 　　而令人费解的是，这么美好的东西在家庭生活中常常被忽视甚至被遗忘！相信大家都有一个共识：在家里，最贵的不是房子车子银子，而是我们的孩子。期待孩子优秀，家长要付出更多的爱和保持积极的心态，为孩子的成长之路播撒阳光。

　　我们先来做一个互动游戏：请从坐在左边第一列的家长做起，隔一个位置的家长举起您的左手并握紧拳头，请没握拳头的家长想办法打开右边家长的拳头，计时 10 秒。让打开成功的家长分享心得。提问：假如你面对的是你孩子的拳头呢？你会用什么方法打开？

　　这个游戏告诉我们，简单粗暴地对待孩子或许会让你"赢了孩子"，但这都不是我们期许的。我们要做的是用爱和智慧化解问题从而"赢得孩子"！也请家长们思考一下，"赢了孩子"和"赢得孩子"的区别在哪里？

　　有的家长会说理想很丰满但现实很骨感。我们的孩子啊，太多毛病把我们折腾得不

行。起床上学天天催,完成作业晚晚陪,吃喝拉撒样样管,哪样不把心操碎?睁眼闭眼问题还是一大堆!不对孩子吼叫,老爸老妈做不到啊!可越是这样,孩子问题就越多甚至恶化。我们曾为家长们播放一个案例视频,通过视频向社会呼吁:不要对孩子实施语言暴力,这种有声的伤害他们受不住!甚至会让他们走向犯罪的深渊。所以"吼叫"是低效的,不可取的!

孩子有问题,大多原因还是在家长身上可以找到的。孩子是家长的一面镜子,孩子一直在模仿我们做什么。长此以往,在你的影响下,你想把孩子塑造成什么样子,你自己就必须先成为什么样子。

有时候我们只会无奈地感慨"可怜天下父母心",可在现实生活的压力中,我们早已让烦躁蒙蔽了自己那颗能感受温度的心,您可知道孩子其实也是爱我们的。让我们换种方式看看:微笑面对孩子。父母的微笑能够带给孩子力量与信心。无言的微笑传达着一份信任与理解,蕴含着一种真诚与关爱,代表了一份支持与赞许,可谓此时无声胜有声!在耳濡目染中,孩子也会带着微笑面对现实多彩的生活,无论感到愉悦或失意,无论人生之路平坦或坎坷,无论学业(事业)成功或失败,相信孩子们只要心怀微笑,便能平和地直面生活。

父母的微笑、平和的心态是培养孩子阳光般性格和心灵的重要保障。0～3岁的婴儿,可能由于父母的微笑而奠定开朗乐观的性格,并从小养成一种良好的习惯;3～6岁的幼儿,可能因为父母微笑的关爱而懂得珍惜生活、关爱他人;入学后的孩子,更会因获得父母的微笑而快乐、坚强、自信,带着微笑一步步地走出精彩、走向成功。

那么,怎样实施呢?我主要从这几个方面讲述。

一、用微笑关注、倾听

(一)

孩子:"爸,老师要求要在家校联系本上签个名。"

爸爸:"爸正忙着呢,你让妈妈签……"说完拿着手机打电话去了。

孩子:"妈,签个名呗。"

妈妈:"签什么签!做作业从来都不认真,偷工减料的,不签也罢!"

……

（二）

孩子："爸，签个名。"

爸爸乐呵地答应："好嘞，我签名之前得先检查作业。"

妈妈笑着问："孩子啊，你觉得哪科作业最难做？"

孩子："作文啊，我写了八百多字，单修改开头就修改了三遍。妈，我念给你听哈，以你的眼光看能给我多少分……"

父亲的缺席和母亲的焦虑不屑必定是孩子成长成才的最大阻力！父母用爱的情感关注和倾听却刚好相反，正如第二则对话的效果。

孩子是需要倾诉的，我们父母就应该充当倾听者。

可有些家长说我的孩子从不把学校的表现告诉我，就是说也只是报喜不报忧。到底是谁堵住了孩子的嘴巴？一位著名的心理学家认为，父母让孩子通过语言把所有积极的和消极的感情都表达出来，是送给孩子最好的礼物。孩子常常希望父母能分享他的快乐、分担他的烦恼，而我们这些当父母的，却往往只爱听"好消息"，不爱听"坏消息"。长此以往，孩子失望了，觉得有什么事情对父母说了也是白说，不如埋在心里。久而久之，消极情绪找不到发泄和化解的渠道，积累到一定程度就可能爆发，变成一种对抗情绪，给孩子和家庭带来伤害。

倾听，是一门艺术。如何听孩子说话呢？我提几点：第一，姿势要正确。与孩子平视，不可居高临下，身体稍稍向前倾，这是表示有兴趣的姿势。不要制造"墙壁"：如两手抱着胳膊或边听边翻着书，这些举动对孩子来说，都是一种障碍。用眼睛"听"。睁大眼睛看着说话的孩子，很自然地用眼睛来表达你的兴趣和愉悦。第二，态度宜真诚。要专注，要有耐心。我认为送给孩子最好的赞美就是让孩子知道，他所说的每一句话，你都认真听了，而不是敷衍了事。第三，表情富变化。比如，保持微笑，并常常做出吃惊的样子。第四，语言简表达。听孩子说话时，用简单的话语来表示你的兴趣，诸如"真是这样吗？""你的想法太好了，请继续说！"等。

我认为让谈话者最扫兴的是听到对方说："我早就知道了。"记得有一次，我婶婶津津有味地向我叔叔讲一部电影的故事情节。这部电影叔叔已经看过了，可他竟然听得非常入迷，还不时地问："后来怎么样了？"我觉得好笑，暗地里问他："你不是看过了吗？"叔叔笑着说："如果我说看过了，你婶婶该多扫兴！"我对叔叔的敬佩之情油然而

生：他是多么懂得尊重人啊！有些父母，对孩子就缺少这种尊重。孩子才说两句，大人就不耐烦了："知道了！知道了！别烦我！""该干嘛干嘛去吧，谁有工夫听你神侃！"于是，孩子十分扫兴。我们当父母的关心孩子，不应只是关心他的冷暖、吃住，还要关心他感兴趣的事。对孩子关心的话题产生了兴趣，你同孩子谈话的兴趣便也具备了。有时候也许你会发现，不论孩子的话题多么简单，如果你想要表现出有兴趣的姿态，那么兴趣就会自然而然地产生出来。如果你总是沉着脸，一言不发，一副漫不经心的样子，就会令孩子十分失望。俄国伟大的作家契诃夫说过这样一句话：母亲之所以在教育子女方面不能由外人代替，就是因为她能够跟孩子同感觉、同哭、同笑……单靠理论和教训是无济于事的。

二、用微笑理解、包容

孩子是需要被理解和尊重的。特别是对处于情绪的突发期自我意识正在形成的孩子。我这里重点讲一下孩子也是需要包容的。我孩子今年六岁，幼儿园大班。有一个周末，早上我俩都醒了，就是还不愿起床。她百无聊赖地在比画着她的小手指。突然说："妈妈，你考考我吧！考考我 4+4+4+4=？"我心里想：幼儿园根本就不会教这么难的数学题，这小家伙应该是比画手指比出来的。于是我就换了个方式答应她："那妈妈问你：池塘里有青蛙一家四口，请问青蛙爸爸加妈妈加哥哥加妹妹一共多少条腿啊？"她马上反应说那不是跟我说的题目一样吗？一共 15 条腿，哈哈，原以为她满盘胜算了没想到居然说错答案了。此时我并没有否定她的答案，而是侧头微笑又故作惊讶地问她："你是怎么知道的？你连青蛙爸爸不小心摔断一条腿都算出来了。"她听后马上意识到自己算错了，可还是咯咯咯地笑了起来说："不是青蛙爸爸摔断了一条腿，是青蛙哥哥，因为他太调皮了，整天活蹦乱跳……不过他还年轻，很快就能重新长出一条腿了，那他们一家加起来就有 16 条腿了。"小孩有时无意识地犯错很正常，我们要包容他们，运用智慧给他们一个台阶下，顾及一下他们的自尊，尊重他们的成长规律。否则就会打击他们的积极性甚至逼他们走向另一个极端。

当孩子淘气、不听话、犯错误时，父母试着微笑面对孩子，相信这一微笑教育的效果胜于严厉的训斥。我们曾录制过孩子的几段视频，从多数孩子的话中不难体会到孩子希望被包容，有时候一笑而过地包容会使孩子觉得自己都不好意思了，逆反心理自然也无从谈起，自觉理亏的孩子也很容易听进父母的教诲。此刻温馨提示，切忌碎碎念。我班有个同学连续三次考试都退步了。一次在班会上他神侃其家长："妈妈是陈独秀，爸爸是李大钊，陈独秀刚坐下，李大钊就站起来。我哪受得住这一场又一场的革命洗礼啊？分数就这样被刷走了……"

在和孩子沟通时，家长要将自己的偏见、指责及不合理的期望等都放下，要以一种平和的心态，接纳孩子的所为。当孩子自我意识正处在形成期，他们对事物有了自己的观点和看法，并且总是固执地认为自己才是对的。但由于生活和社会经验的不足，孩子的观点和看法往往是不全面的，或是错误的，因此，理想与现实的差距也会让孩子的情绪、情感发生很大的变化。家长应给予孩子的情绪以关注、尊重和理解，而不是立刻反对他的情绪，应该真心地接纳，我们可以先顺着孩子的意思，然后再想办法把自己的意思说出来。这种接纳是发自我们内心的，让孩子通过我们的眼神、表情，通过我们的言行，体会到我们对他真心的接纳，从而让孩子感到踏实、感到贴心。要知道，人通常喜欢的是他自己，其次是喜欢像自己的人。当我们接纳了孩子的情绪，孩子就会喜欢并信任我们，从而愿意听我们的建议或看法。让孩子感到自己被尊重，感到家长是在真正地为他们好，是心疼他们，想帮助他们，这样孩子就能向家长敞开心扉，向家长诉说他们的喜怒哀乐，就会在有困难、有困惑时寻求家长的帮助与指导。

三、用微笑引导、说理

当我孩子还小的时候，有个家长曾经给我发信息说："陈老师啊，孩子小要你操心，学生那么多也要你操心，您受累了！"我说："还行，我早把同学们当作自己的孩子了，一个和一群没什么区别，放心！我顾得过来。"我之所以这么说是因为我觉得我的心态很平和，我了解他们的心理特点和成长规律，多一份信任与理解、一份真诚与关爱、一份支持与赞许足矣。所以到目前为止，我每堂课都是面带微笑的，不知道孩子们感受如何，反正我自己如沐春风。

孩子刚上初一，看得出来很多家长都很焦虑，关注孩子学习、环境适应等之类的问题。其实，孩子们内心里更在乎的是新老师和同学们对他们的印象和看法。我班上有一个小女生由于自身条件和卫生习惯不好等原因受到排挤，有一天，她找到我并讲述了她的问题和倾诉了她的不快，我听后微笑着对她说："孩子，每个同学刚来到新学校都会有自己

的烦恼,看来你也不例外。谢谢你信任我跟我倾诉……"我话还没说完,她就补了一句:"我觉得您很亲切,所以我找您说。""再次感谢。老师就先送你一句话'你若盛开,清香自来。'生活中要学会自尊自强自爱,才能让别人尊你服你爱你。先从改变自己做起好吗?"她听后非常用力地点点头跑开了。毕竟是孩子,改变是需要过程的。有一天,她在操场上遇见我遛娃,可能看到我跟孩子玩得开心吧,就情不自禁地走过来对我说:"老师,我今天没出汗干干爽爽的,我想不洗澡。"我一看时间才六点二十分,于是笑着对她说:"咱是女孩子,女孩子就应该美美的、香香的,对自己认真细腻点不仅是对自己负责也是对别人的尊重!趁现在来得及赶快去洗洗!"她欣然接受。今天我觉得她已经有了很大的改变了,整个人神清气爽,笑意盈盈的,也经常在下课期间看到她跟同学们聊天玩耍了。

其实我们老师大多都是非常敬业和专业的教育工作者。比如我们陈景副校长在这方面就做得很好。他也经常在我们的班主任工作中强调:"要做好学生的工作一定要走进孩子的心里!"我非常认可。记得有位孩子在作文中就提到他的化学老师总是对他们以"孩子"相称,拉近了师生的距离,温暖了他们的心灵。师如父母,父母如师。而父母是孩子一生中永不会下岗的老师。

四、用微笑肯定、激励

韩国传媒曾经直播一个视崖实验,实验证明父母的乐观情绪影响孩子跨越悬崖和火海,微笑的激励作用无限强大。

一个学生在自己奋斗目标座右铭那栏重重地写了一句:"为父亲的微笑而努力!"当我收上来看到因好奇问他时,他跟我谈到了自己的成长故事:在他小学二年级的时候,父亲出了一次车祸导致全身瘫痪,后来随着伤势的恶化导致说话也不利索。原本高大强壮的父亲就这样倒下了。母亲只好放下工作全力照顾父亲,医疗费生活费的压力早让他们家一贫如洗了,借着村里一些微薄的分红和低保勉强维持生计。这种光景对于床榻上的父亲来说简直生不如死,父亲万念俱灰,终日郁郁寡欢面无表情。他读四年级时,有一天放学回家见母亲躲一旁悄悄抹泪,说今年天气特别冷,父亲又长年累月躺着血气不流通,担心他受不了,想买一个暖炉让他不挨冻,可就是没钱。孩子很懂事,天天放学回家第一件事就是帮父亲搓手搓身子让他通通血气暖暖身。大约一周之后,父亲突然对他笑了,还含着泪……孩子说："那是父亲出事以来第一次笑，我永生难忘！"再后来，他听我说"读书可能不是唯一的出路但却是最好的出路"后，决心好好学习，改变命运。回家后把想法告诉父亲，父亲又笑了。所以我想义无反顾拼一把……说到这里，我忍不住打断他并鼓励他好好为父亲的微笑而努力。后来，这孩子不负众望考到了自己理想的学府。父亲的笑虽然是在那样特殊的背景下展现的，可我们看到了这对孩子产生了巨大的激励作用。

对我们正常家庭而言，对孩子的肯定鼓励应该是我们主动的行为过程。要多发现多鼓励少表扬。

"宝贝，你真棒！"这是表扬，而且是比较空泛的表扬，实际上只能博孩子几次欢喜，并无多大作用。大多数的家长只会表扬却不会鼓励，表扬和鼓励都是对孩子的正面肯定，但二者有实际上的区别。

斯坦福大学著名发展心理学家卡罗尔·德韦克（Carol Dweck）和她的团队花了10年时间，一直研究表扬对孩子的影响。他们对纽约20所学校400名五年级学生做了长期的研究，这项研究结果令学术界震惊。

在实验中，他们让孩子们独立完成一系列智力拼图任务。

首先，研究人员每次只从教室里叫出一个孩子，进行第一轮智商测试。测试题目是非常简单的智力拼图，几乎所有孩子都能相当出色地完成任务。每个孩子完成测试后，研究人员会把分数告诉他，并附一句鼓励或表扬的话。研究人员随机地把孩子们分成两组，一组孩子得到的是一句关于智商的夸奖，即表扬，如"你在拼图方面很有天分，你很聪明"。另外一组孩子得到的是一句关于努力的夸奖，即鼓励，比如，"你刚才一定非常努力，所以表现得很出色"。

随后，孩子们参加第二轮拼图测试，有两种不同难度的测试可选，他们可以自由选择参加哪一种测试。一种较难，但会在测试过程中学到新知识。另一种是和上一轮类似的简单测试。结果发现，那些在第一轮中被夸奖努力的孩子中，有90%选择了难度较大的任务。而那些被表扬聪明的孩子，则大部分选择了简单的任务。由此可见，自以为聪明的孩子，不喜欢面对挑战。

为什么会这样呢？德韦克在研究报告中写道："当我们夸孩子聪明时，等于是在告诉他们，为了保持聪明，不要冒可能犯错的险。"这也就是实验中"聪明"的孩子的所作所为：为了保持看起来聪明，而躲避出丑的风险。

接下来又进行了第三轮测试。这一次，所有孩子参加同一种测试，没有选择。这次测

试很难，是初一水平的考题。可想而知，孩子们都失败了。先前得到不同夸奖的孩子们，对失败产生了差异巨大的反应。那些先前被夸奖努力的孩子，认为失败是因为他们不够努力。

而那些被表扬聪明的孩子认为，失败是因为他们不够聪明。他们在测试中一直很紧张，抓耳挠腮，做不出题就觉得沮丧。

第三轮测试中，德韦克团队故意让孩子们遭受挫折。接下来，他们给孩子们做了第四轮测试，这次的题目和第一轮一样简单。那些被夸奖努力的孩子，在这次测试中的分数比第一次提高了 30% 左右；而那些被夸奖聪明的孩子，这次的得分和第一次相比，却退步了大约 20%。

德韦克一直怀疑，表扬对孩子不一定有好作用，但这个实验的结果，还是大大出乎她的意料。她解释说："鼓励，即夸奖孩子努力用功，会给孩子一个可以自己掌控的感觉。孩子会认为，成功与否掌握在他们自己手中。反之，表扬，即夸奖孩子聪明，就等于告诉他们成功不在自己的掌握之中。这样，当他们面对失败时，往往束手无策。"

在后面对孩子们的追踪访谈中，德韦克发现，那些认为天赋是成功关键的孩子，不自觉地看轻努力的重要性。这些孩子会这样推理：我很聪明，所以，我不用那么用功。他们甚至认为，努力很愚蠢，等于向大家承认自己不够聪明。

德韦克的实验重复了很多次。她发现，无论孩子有怎样的家庭背景，都受不了被夸奖聪明后遭受挫折的失败感。男孩女孩都一样，尤其是成绩好的女孩，遭受的打击程度最大。甚至学龄前儿童也一样，这样的表扬都会害了他们。

鼓励是"爸爸看到你这学期的努力，为你骄傲！"鼓励通常是针对过程和态度的，会让孩子专注于事情本身，努力的方向会更明确。表扬是"爸爸看到你成绩提高，为你高兴！"通常是针对结果和成效的，会"寻求认可上瘾"，抗挫能力变差。多鼓励，少表扬；多描述，少评价。

无论鼓励和表扬，家长都要让孩子知道为什么鼓励或者表扬他。孩子成长过程中需要表扬，更需要获得"为什么表扬我"的肯定信息。而鼓励的时候，家长夸他的进步，就像在陈述一件事，双方是平等的关系，孩子更容易接受。

如果孩子已经保持了某个比较好的习惯，那家长基本可以不用再频繁地对此进行表扬，家长一旦在日常生活中发现孩子有进步的地方，或者有需要改进的问题，可以用鼓励的方式再提出更明确的目标，公式大概是，"宝贝，你再（如何做），就会（达到什么效

果）"。这样，从心理学家的角度来分析，你可以促成孩子形成成长式的思维模式而不是固定式的思维模式。

家长对孩子做到了恰当的表扬和鼓励，孩子的成长会给家长带来更多的惊喜。

每个父母都要明白：千万不要把微笑教育等同于对孩子的溺爱、软弱和妥协。你是无条件地爱孩子，但不是不讲原则。

微笑教育不是万能钥匙，把把心锁都能打开，它强调的是做父母的一种态度和心境。

最后我想用一句话跟大家共勉：给孩子一个微笑，您将收获一个春天！

问卷调查

1. 一个星期中，您跟孩子谈过几次话？（ ）

    A. 每天　　　B. 3～4次　　　C. 1～2次　　　D. 没有

2. 您与孩子的谈话主要内容涉及哪些方面？（可多选）（ ）

    A. 学习　　　B. 校园生活　　　C. 班级情况　　　D. 电视剧情　　　E. 家庭生活

    F. 闲话　　　G. 其他

3. 孩子跟您顶嘴，您会怎么办？（ ）

    A. 不予理解

    B. 与他反驳

    C. 等孩子平静后说道理

    D. 当即动手，用武力制止

4. 您的孩子回家时第一件事是做什么？（ ）

    A. 写作业　　　B. 玩手机　　　C. 玩电脑　　　D. 看电视　　　E. 看书

    F. 去外面玩　　　G. 帮父母干家务　　　H. 与父母谈话

5. 当孩子犯错的时候，您的处理方式是什么？（ ）

    A. 打骂孩子

    B. 指出错误并要求自我检讨

    C. 一起沟通错误的原因并协助改正

6. 您是否了解您的孩子（兴趣、爱好、朋友圈等）？（ ）

    A. 了解　　　B. 知道一些　　　C. 不了解

7. 您会经常表扬、鼓励自己的孩子吗？（ ）

    A. 经常　　　B. 偶尔　　　C. 从不

8. 您对孩子的主要期望是什么？（ ）

    A. 升入理想学校　　　B. 不求升学但愿成才　　　C. 身体健康品行好　　　D. 不变坏

9. 您的家庭氛围是什么？（ ）

    A. 和谐愉快　　　B. 不冷不热还算过得去　　　C. 时有矛盾冲突

10. 谈谈您在家庭教育中遇到的问题？您有什么好的教育方法分享？

第二节 善用暗示 有效教育

导语

教育，从孩子一出生就产生了，每个家庭，每个父母都有自己不同的教育方法。让我们来看一下这种教育模式您是否用到过呢？中国传统的教育其实有两方面内容：责罚教育和明示教育。所谓的责罚教育就是以斥责、惩罚为主要手段的教育；所谓的明示教育就是用语言明确地告诉孩子，他应当怎样或不应当怎样。本节，将为大家介绍一种新型的教育模式——暗示教育。

一、什么是暗示教育

《心理学大词典》中的描述是：用含蓄、间接的方式，对别人的心理或者行为产生影响。暗示的作用，往往会使别人不自觉地按照一定的方式行动，或者不加批判地接受一定的意见和信念。

我们一起来参加以下这个小小体验，感受什么是暗示教育。

【试一试：一分钟，你能鼓掌鼓多少次？】

遇到这样的问题，我们开始了尝试，经历第一次之后，我们对自己的拍掌速度有了一定的了解，此时我们心中"有数"。我们可以再次进行尝试，但在开始之前，需要给自己定下一个新目标，就是比你第一次的次数多10次。我相信，此时的你，绝对能够完成这个任务的。我们做一下比较，通过两次体验不难发现，第一次属于盲试，而第二次，给了自己暗示，暗示一定可以实现更多次数的鼓掌。事实证明，这样暗示，能够给予我们更多能量、更多动力。在教育孩子上，也是如此的。

笔者在教育实践中，遇到一个关于手机管理问题的例子。孩子在玩手机，家长通常这样教育："整天都在玩手机，手机有什么好玩的？快点去学习。"我们统计出来的结果是不尽人意的。

从中不难看出，暗示教育有着巨大的积极作用。暗示教育是一种心理影响，暗示者不直接明确地向被暗示者表达自己的意图，而是通过看似很随便得来的事例，或者是很轻松有趣的言谈，让被暗示者无意识地被触动，以至不由自主地接受某种喜好或观点，从而潜意识地用这种喜好或观点来约束自己的行为。特别是幼小的孩子，可塑性强，行为习惯和思想意识还没有形成的时候，暗示教育可以说是一种比较良好的教育方法，能使子女在父母的熏陶下，从小自我积极地养成一些良好的行为习惯，掌握观察问题、处理问题的方法。

对子女某种不妥或错误的言行直接说教，不是说不必要，有时必须直接当面指出并给予适度的批评。但是对于幼小的孩子而言，没有什么错误严重到要当头呵训，严厉指正。当子女十岁以后，经常性的直接说教，不但起不到理想的效果，而且容易使子女厌烦，产生对立、逆反心理。还有，在子女未成家立业前，经常性的、方方面面都可能涉及的家庭教育，有时还可能是一种防患于未然的教育，或者是层次高一点的人格人生观教育，是不宜采用这种简单的明示教育方法的。因为这种方法直接直白，说教性强，使受教育者有一种被迫接受说教的感觉。而含蓄的、没有说教痕迹的暗示教育则不同，在孩子成长中，它似润物细无声的春雨，似明媚温暖的阳光，饱含养分和深情，但又自然而然，能达到良好的无教而教的教育效果。

对于初中生来讲，他们对语言的理解能力已经具有很好的基础，家长所说的话语，他们都可以明白你要表达什么意思。当学生习惯了一种语言教育之后，会形成一定的惰性，我们更换使用一种暗示教育时，他们更容易接受。很多家长都有一种亲身体验，我们说的话，孩子都不怎么爱听了；而老师说的话，孩子却很在意。这里面除了身份因素影响以外，还有老师更加懂得应用心理学知识来辅助教育，其中一种就是暗示教育。

二、暗示教育，能激发内在动力，具有一种神奇的力量

从孩子出生至今，他们正在努力地学着去适应这个复杂的世界，学习如何与周围的人相处，学习如何使自己变得更好。或许，在孩子的内心里，都深深埋藏着一个愿望，这个

愿望就是满足周围的人们，尤其是自己的父母对自己所抱有的一切期待，以获得他们的认可，不辜负他们的爱。孩子的成长，是一个非常复杂的过程，并不像大多数父母所想象的那么简单与直接。孩子是脆弱和敏感的，同时，他们拥有非常强大的学习能力。

心理学家巴甫洛夫认为，暗示是人类最简单、最典型的条件反射。从心理机制上讲，它是一种被主观意愿肯定的假设，不一定有根据，但由于主观上已肯定了它的存在，心理上便竭力趋向于这项内容。我们在生活中无时不在接收着外界的暗示，无时无刻不被自己所处的环境所"同化"，因为环境给我们的心理暗示让我们在不知不觉中学习。这是人的一种本能。很多时候，心理暗示能让一个人发挥出超强的能力。当一个人不断地用积极的信号来暗示自己的时候，他就会受到一定程度的感染，并且会得到一个较好的结果。这就是有名的"罗森塔尔"效应，也叫作"皮格马利翁效应""人际期望效应"。

1960年，哈佛大学的罗森塔尔博士在加州一所学校做过一个著名的实验。

新学期，校长对两位教师说："根据过去三四年来的教学表现，你们是本校最好的教师。为了奖励你们，今年学校特地挑选了一些最聪明的学生给你们教。记住，这些学生的智商比同龄的孩子都要高。"校长再三叮咛："要像平常一样教他们，不要让孩子或家长知道他们是被特意挑选出来的。"这两位教师非常高兴，更加努力地教学。

一年之后，这两个班级的学生成绩是全校中最优秀的，分数值甚至比其他班学生高出好几倍。知道结果后，校长不好意思地将真相告诉两位教师：他们所教的这些学生智商并不比别的学生高，而是随机挑选出来的。这两位教师哪里会料到事情是这样的？只得庆幸是自己教得好了。

随后，校长又告诉他们另一个真相：他们两个也不是本校最好的教师，也是在教师中随机抽出来的。

正是学校对教师的认可，教师对学生的期待，才使教师和学生都产生了动力。这个动力促使教师和学生在各个方面想办法进步、提高自己的能力。这种表现即心理学上的"期待效应"。每一个人都是有潜质的，但是能否将潜质发挥出来，获得成功，取决于周围的人能不能用对待成功人士的态度去鼓励他、教育他、看待他。

这种现象已经不是科学能够解释的了。比如一个经常失眠的人，在吃过医生错给的"失眠药"之后竟然也得以安稳地睡了个好觉。还有一些人，他们在坚决的意志力和某种心理的鼓舞下突破了身体的极限，完成了一项根本不可能完成的任务。种种现象表明，奇迹是存在的，而专家们也一直在寻找心理暗示的科学解释。它被看作一种神秘的力量，通

过对它进行合理恰当的使用,人们能够激发自身潜能。

三、暗示教育之——语言暗示

在暗示教育的类型中,语言暗示和行为暗示是最主要的两种表现方式。

语言暗示是一种最为常见的心理暗示途径。语言是含义明确的,容易理解的,它所能够发挥的效果也是非常明显的。有时一句简单的话、一种微妙的语气都可能给人带来无法形容的心理感受。使用恰到好处的语言暗示,会给孩子的精神和行为增添动力;而一些不合适的、消极的语言暗示则有可能会影响到孩子的情绪及他的人生观和价值观。

由于语言的指示性特征较为强烈,在实际的应用中,尤其是在对孩子的教育过程中,它非常容易以命令的形式出现。而命令是会让人反感的,也很容易让人产生抵触的情绪,相反,"暗示"则会不露声色地作用于人的心灵,不是通过指示,而是通过理解与间接的影响。暗示性的语言可以弱化语言本身的指令性,使人更容易接受,也更容易达到预期的效果。

(一)消极的语言暗示不可取

2018年2月19日,大年初五。大家本该是欢欢喜喜地过春节,可是沈阳市铁西区滑翔小区的居民们却在担惊受怕着,他们一天都在忙着救火。在滑翔五小区、六小区,不到24小时被人为放火8次。当消防员们完全控制了火情,开始调查犯罪嫌疑人时,却发现犯罪嫌疑人独自留在了第八个火灾的现场。这个嫌疑人是个只有16岁的男孩,他对自己多次纵火行为供认不讳。

这个16岁的孩子为什么会犯下纵火罪?原因还是来自孩子的父亲。男孩平日里经常被父亲责备打骂,心中积累了不少怨恨,而且他父亲曾经说过"他早晚要进监狱"。这句话深深地刺激了他,就为了这句话,他策划了这8次纵火,目的就是为了给父亲惹点麻烦,报复一下父亲。

"你说我要进监狱,我就进给你看看。"这种"对着干"是青春期典型的叛逆性格,葬送了多少孩子的未来。父母平时对待孩子教育时,使用的话语,必须是恰当的。极端恶劣的语言暗示,很有可能会成为孩子叛逆的"催化剂"。

在父母口中,孩子是什么样的,他以后很有可能会往你希望的样子成长。和孩子相处对话，并不简单，父母有时候也有必要去学习怎样和孩子和睦沟通。在想改变孩子的前提下，先改变自己。多一些正确的引导，少传达一些负面的语言。多给孩子一些鼓励和尊重，少一些咒骂和抱怨。只有家长语言得当，孩子才能顺利度过青春叛逆期，才能在青春期中健康成长。

当我们懂得了消极的语言暗示有可能带来巨大的破坏力之后，就应该明白，在教育孩子的时候，应该避免另外一种效应——"乌鸦嘴"效应。

所谓"乌鸦嘴"效应指的是对孩子一味地批判、贬低、贴标签等语言指责暗示。"乌鸦嘴"就像是一种咒语一样，对孩子的成长有着巨大的杀伤力。我们应该在教育孩子时避免出现。

1. 就事论事，不给孩子贴标签

孩子的成长，总会遇到各种各样的问题，他们对问题的处理方式出现偏差时，我们需要介入，但一定不能牵连除了问题本身之外更多的东西。比如，孩子考试考差了，你不能这样批判孩子："都在同一个教室上课，同样有老师辅导，你怎么就考得比别人差，你是不是比别人笨啊？"孩子听完，肯定是非常消极的。

身为家长，此时更应该帮助孩子寻找本次考试失败的具体原因，并且提出具体的解决方案，可以对粗心等不良行为进行批评，让孩子懂得知错就改的道理。

2. 感同身受，指责与理解并行

许多时候，孩子做错事肯定有原因，作为家长应该懂得站在孩子的角度去看待问题，从孩子的视觉分析问题、解决问题，会让孩子更加有效的学习解决问题的能力。

3. 尖锐的批评话语少讲

"大人说什么都是对的，你小孩子不懂的，听话就行。""你真是笨！""你总是这样，我不要你了，你爱去哪里去哪里……"这些日常语言，就是典型的"乌鸦嘴"。孩子接收到这样的消极暗示之后，必定会产生一定的心理暗示积累，久而久之，就会成为你口中的那个模样。因此务必要避免。

（二）积极的语言暗示要常用

积极的语言暗示与良好的交流方式息息相关。事实上，已经有许多家长反映，自己和孩子之间根本无法进行有效的语言沟通，孩子不愿意向父母表达他们的想法，或者倾诉他们在生活中遇到的各种问题，而父母也无法针对某些事情与孩子进行必要的交流，表达

自己的意见和看法。这是许多家庭共同面临的一个难题。因此，一定要在孩子小的时候就开始保持良好的交流习惯，这种交流应该是一种友好的、平等的、健康的交流，而不是控制、命令或其他从属性质的交流方式。良好的交流方式既能够帮助孩子建立起自信，使其保持独立的人格，又能够保持自己与孩子之间的信任。

1. 使用恰当的语气，减少孩子抵触

在孩子的教育过程中，哪些是属于恰当的语气呢？比如，信任语气、尊重语气、商量语气、赞赏语气、鼓励语气等，都是我们要经常使用的，毕竟人类在积极的语言之下，更加乐意接受他人的意见，更何况我们面对的是未成年人。"只要努力学，认真学，一定会有进步的。""只要坚持，你就一定会成功的。"在这种语言教育中，孩子的自尊心得到了很好的保护，自信心也能够培养出来。

2. 表扬用喇叭，批评打电话

"表扬用喇叭，批评打电话"是一个经典的教育理念。它被广泛地应用在教育事业和其他社会领域的各项人事管理工作中。这句话的意思很简单：表扬要公开地进行，而批评要私密地进行。

人们说：好孩子是夸出来的。当我们表扬用喇叭时，被表扬的孩子因为受到鼓励，腰杆挺得直直的，声音变得响响的，眼睛变得亮亮的，他对自己信心百倍，在以后的生活和学习中也会变得更加积极。但是要注意，公开的表扬也需要限度。在一群孩子里，对某一个孩子的过分表扬会使其他孩子产生不平衡的心理，进而产生自卑情绪。

与表扬相反，当孩子做错了事情，家长需要批评他的时候，就不能再用"喇叭"了。批评的方式有很多种，最好的结果就是既能起到教育的作用，又维护了孩子的尊严。书信沟通、个别谈话、暗示提醒都是很好的办法。批评要在能够发挥作用的前提下，做到尽可能地"暗"，越是隐而不露的批评越能够保护孩子的自尊心不受伤害。

（三）语言暗示中的"无声"暗示

1. 让环境会说话

我们对环境的良好布置，也是一种无声的语言暗示。如果想让你家的孩子喜欢上阅读，那么家里最最舒服，最最豪华的，就应该是书房。让书房成为孩子最喜欢待的地方，在那里，没有电脑、电视，只有书籍与书桌。历史上各类行业的精英与领袖，无一例外，都是家里拥有一个温馨的书房。

2. 让"第三者"来帮忙

这个第三者指的是除了孩子与父母之外的第三者,他可以是老师、亲戚朋友,也可以是多媒体资料(如视频等)。他们的出现,可以给我们的教育带来许多活力和转机。有时候,老师的一句话顶得上我们千万句,有时候一段有意义的视频,能够帮助解决我们不能解决的问题。特别是当我们的教育进入僵局的时候,第三者的出现,能够让教育有序地维持下去。

四、暗示教育之——行为暗示

行为暗示,简单地说,就是以行为代替语言,向孩子传递出某种信息,以诱导孩子做出相似的行为。"身教大于言传",说的就是施教者自身的行为在对孩子的教育过程中所起到的重要作用。这句名言同样能够在心理暗示的理论中找到依据。相对于指令性很强、目的性过于明确的语言来说,行为更能够起到不易被察觉的、潜移默化的影响。家长与孩子的接触渗透在日常生活中的方方面面,也就是说,家长在每一个生活细节中体现出的行为都能够对孩子产生或多或少的影响,这种影响或许不是立竿见影,却因其日复一日的累积与沉淀而显示出巨大的现实意义。

(一)从自身做起,身教大于言传

苏联教育家马卡连柯说过:"不要以为只有在你们同儿童谈话、教训他、命令他的时候,才是进行教育。你们生活的每时每刻,甚至你们不在家的时候也在教育儿童,你们怎样穿戴、怎样跟别人说话、怎样议论别人、怎样欢乐和发愁、怎样对待敌人和朋友、怎样笑、怎样读报……这一切都对儿童有着重要的意义。"的确,行为往往比语言更有说服力,即使是孩子也会知道,嘴巴会说谎,但做出来的事情却是无比真实的。

(二)主动行为暗示,引导孩子做出相应好行为

当想让孩子看一本我们认为的好书,而孩子又不是很喜欢的书时,我们一般都会通过说教的方式,进行"游说"。可是这样只有一种结局,那就是孩子只是应付性地走马观花。接着,我们开始进行强迫性的要求,显然这种行为做法是缺乏智慧的。如果父母不是直接把书抛给孩子,而是不经意地坐在孩子旁边读这本书;如果父母读得很入迷,甚至有

时情不自禁地发出感叹，或者兴致勃勃地和孩子讲起这本书中奇妙的故事和引人入胜的角色，那孩子也许会问："妈妈（爸爸），你看的是什么书？""它是讲什么的？好看吗？"之后，他会趁你把书放下的时候，自己翻开这本书。

最后，我想让大家明白一个道理：通过有效的暗示教育，孩子有可能在兴趣、信心、情绪、态度、价值观念、自我改造和行为方式等诸多方面，受到家长的各种积极、正面的暗示影响，从而让孩子取得预期的进步。为达此目的，父母需要依据具体情境，选择言语、行为、第三者等不同方式，努力创造一个良好的积极暗示情境，以适当的方式给孩子以合理、有效的暗示教育，用我们阳光般的心灵去照亮每个孩子的心灵。

第三章 成长源于欣赏

问卷调查

1. 您的性别（ ）

    A. 男   B. 女

2. 您的年龄（ ）

    A.30 岁以下   B.30～45 岁   C.35～39 岁   D.40～44 岁   E.45～49 岁

    F.50～54 岁   G.54 岁以上

3. 在您的家里承担教育孩子主要工作的是（ ）

    A. 父亲   B. 母亲   C. 父母   D. 其他(爷爷、奶奶、外公、外婆等)

4. 您认为称职的父母应该是这样的(最多选三项)（ ）

    A. 喜欢而且经常与孩子接近，乐于和孩子在一起解决困难

    B. 善于和孩子交流、沟通思想感情

    C. 尊重孩子的兴趣和爱好

    D. 家中有明确的规矩可循

    E. 致力于创造一个和谐、欢乐的家庭

    F. 按照孩子的实际，给孩子提出合理的目标，决不做过分的要求

5. 您在正式场合公开表扬过自己的孩子吗？（ ）

    A. 从来没有

    B. 做对了也不说

    C. 很少

    D. 心情好的时候会表扬孩子

    E. 经常表扬

    F. 只要他做得对，只要高兴就经常表扬，即使他什么也没做

6. 当您在教育孩子出现困惑时，您会怎么办？（ ）

    A. 和爱人商量

    B. 与亲戚朋友交流

    C. 咨询老师或专家

    D. 看书、上网

    E. 其他

7. "家庭暴力"在中国的传统家教中还有一定市场,您如何看待家长"打孩子"现象?(　　)

　　A. 该打时就打,让孩子长记性

　　B. 不能打孩子

　　C. 适当的处罚,吓唬一下也有必要

　　D. 其他

8. 如果孩子不听话,您一般会这样做(　　)

　　A. 反复说服教育

　　B. 用孩子喜欢的东西引导

　　C. 批评、责骂

　　D. 算了,无所谓

　　E. 没办法,很无奈

9. 在孩子成长过程中,您认为最需要关注的是孩子的(　　)

　　A. 身体健康

　　B. 学习成绩

　　C. 心理健康

　　D. 行为习惯和做事方法

　　E. 其他(请补充)

10. "家庭是孩子的第一个课堂,父母是孩子的第一任老师",这一观点您同意吗?(　　)

　　A. 同意　　B. 不同意　　C. 不知道

11. 有时候孩子出现问题,往往是父母(监护人)出现了问题,例如,离异、争吵、自私自利、心理有问题等。您的观点是(　　)

　　A. 赞同　　B. 不赞同　　C. 其他

12. 您在孩子心目中的理想形象是(　　)

　　A. 裁判　　B. 警察　　C. 严师　　D. 朋友　　E. 保姆　　F. 引领者

13. 孩子做作业的时候,您在做什么?(　　)

　　A. 看电视、上网、玩手机

　　B. 读书、工作

C. 坐在孩子后面监督孩子写作业

D. 其他

14. 您和孩子沟通时采用最多的方法是（   ）

    A. 经常和孩子谈心

    B. 唠叨，孩子不听就反复说

    C. 要求孩子必须怎样做，孩子做不到我就生气

    D. 不管，让孩子自己去管自己

    E. 其他

15. 当孩子给您讲学校、老师、同学的故事时，您的态度是（   ）

    A. 耐心听、细致问

    B. 一只耳进，一只耳出

    C. 不耐烦

16. 当孩子心情不好时，您能给予及时的关心和帮助吗？（   ）

    A. 每次都给

    B. 偶尔

    C. 发现了就管

    D. 没有、小孩的事不需要管

17. 您和家人出现教育分歧时，通常会怎么处理（   ）

    A. 各执己见

    B. 听对方的

    C. 商量后达成共识

    D. 要求对方听自己的

18. 您与自己孩子的关系如何？（   ）

    A. 很亲密

    B. 一般化

    C. 很紧张

第三节 赏识眼光 引向成功

> **导语**
>
> 习近平总书记指出:"家庭是人生的第一所学校,家长是孩子的第一任老师,要给孩子讲好'人生第一课',帮助孩子扣好人生第一粒扣子。"
>
> 赏识教育,是生命的教育,是爱的教育,是充满人情味、富有生命力的教育。人性中本质的需求就有渴望得到赏识、尊重、理解和爱。就精神生命而言,每个孩子都是为得到赏识而来到人世间。赏识教育的特点是注重孩子的优点和长处,发现并表扬,逐步形成燎原之势,让孩子在"我是好孩子"的心态中觉醒;相反,批评教育的特点是注重孩子的弱点和短处——小题大做、无限夸张,使孩子自暴自弃,在"我是坏孩子"的意念中沉沦。不只是好孩子应该赏识,所有的孩子都需要。孩子是脆弱的、敏感的。适当的赏识是一种正确的爱,也是对孩子的一种鼓励和赞赏!赏识教育不是表扬加鼓励,指的是赏识孩子的行为结果,以强化孩子的行为;是赏识孩子的行为过程,以激发孩子的兴趣和动机;创造环境,以指明孩子的发展方向;适当提醒,增强孩子的心理体验,纠正孩子的不良行为。(百度百科)

哈佛大学教授威廉·詹姆斯说:"人性中最本质的期望是要得到赞赏和肯定。"生活中的每一个人都渴望得到肯定和赞赏,人人渴望赏识,初、高中的学生甚至包括成年人也非常渴望赏识,儿童更是如此。

美国心理学家戴维·奥苏贝尔认为,"每个儿童的成就动机都包含认知驱力、自我增强驱力、附属驱力三个部分。在儿童早期,附属驱力最为突出,他们渴望得到家长的认可和赞许"。

童话大王郑渊洁说:"如果我有一天做了老师,就想干一件事,就是拿着花名册转着圈表扬班里的孩子。我认为教育孩子的秘诀就五个字:往死里夸他!"尽管这个表述有些夸张,但却肯定了赏识的作用,虽然"夸奖"并不能完全代表"赏识"。

事实的确如此。试想,在现实生活中,有谁不希望得到别人的尊重呢?又有谁不希望自己应有的地位和荣誉得到巩固和肯定呢?当今社会各行各业,都在大力表彰先进人物,树立先进典型,就是运用了赏识法。我们成人尚且希望得到赏识,更何况孩子!

没有一只狗会在打骂中学会站立,没有一个孩子会在批评中懂得进步,没有一对情侣会在相互指责中增加彼此的爱意,也没有一对朋友会在嘲笑中增进彼此的友谊。

简单来说,赏识是你我都能做到的,包括赞扬、激励的语言;友善、爱抚的动作;欣赏、鼓励的神情。

我们把赏识教育归纳为"六个原则十二个学会"。

尊重(平行关系)—信任(上下关系)—理解(换位思考)

激励(优点长处)—宽容(弱点短处)—提醒(缺点错误)

一、尊重孩子,学会倾听,学会请教

尊重孩子,只有走进孩子的心灵,方有愉快的沟通。

尊重孩子,也要注意方式和方法,以下是注意事项:

(一)父母有正确的认知

从心里劝慰自己,孩子是独立的个体。不把孩子当作附属品,做得不对,就立刻开骂。

(二)在家庭相处中,首先要学会尊重孩子的自主意愿

鼓励孩子说出自己的想法,同时也是在培养孩子有自信有主见。

(三)认真听孩子的想法

不随便敷衍。当孩子提出,要跟父母讲什么事情的时候,放下手里的工作,或者是手机,认真听孩子说,让孩子觉得自己是被尊重的。

（四）不在人前训斥孩子

有效的批评。不在公共场合，或是人多的时候大声斥责孩子。不是大错的时候，可以把孩子拉到一边，单独跟孩子沟通。

（五）可适当让孩子选择

给孩子说话的机会。准备两个，或者是多个选择，让孩子自己去掌握主动权。

（六）尊重要有一定限度

不一味地纵容。大人要懂得拒绝孩子，同时也要鼓励孩子，对事不对人，不上升高度。

总的来说，尊重孩子，站在孩子的角度考虑孩子的问题；遇到问题时梳理自己的情绪；孩子实在倔强时，反思自己平时的言行举止，孩子其实是成人的镜子；理解、宽容孩子的想法，孩子不是成人的缩小版，他们有他们的思维；常暗示孩子，他很棒；闭嘴，不做唠叨妈妈。希望我们的爱都能被孩子愉快地接受。

二、信任孩子，学会自豪，学会欣赏

信任孩子，可以激发孩子的潜能，发展信心和能力。

我们看待孩子的态度，完全效仿了父母和社会的态度，我们效仿了他们的目标，效仿了他们的模式，也效仿了他们的焦虑……你愿意相信孩子吗？或许你会说：我愿意，除非……不过……总有一个理由影响着我们，让我们无法完全相信孩子。

（一）关于信任，关键是让孩子觉得"我能行"，逐渐建立自信

正所谓"儿行千里母担忧"，在孩子的成长过程中，为人父母，实在有太多担心和害怕。这些担心都是出于对孩子的爱。可是更好的爱，应该是对孩子的信任。每个孩子都渴望得到大人的信任，哪怕是一次小小的肯定，都是孩子前进的信心和力量。

信任会让孩子觉得"我能行"，激发他们不断上进。希望父母在与孩子相处的过程中，能把他放在平等的位置，而不是以自己固有的成见去否定他。当我们学会信任和放手的时候，就是孩子展现自己的机智、智慧和才能的时候。

孩子和父母在家庭中的地位是平等的。父母在决定一件事情之前，不妨听听孩子的意见，有时候，孩子的意见也非常重要，甚至能对整个事情产生重大的影响。所谓的尊重，也是信任孩子的一种表现。在教育孩子中，父母一定要做到这四点：

1. 给予平等对待，尊重孩子的独立人格。

2. 切忌打骂，打骂既体现不了尊重，还会适得其反。

3. 不要小看孩子，他们的好奇心和创造性令人吃惊，也值得你鼓励。

4. 放手让他们去做事情，父母只是在旁边引导教育。父母多一点耐心孩子就会多一点成长。

（二）关于欣赏孩子，关键是要发现孩子的优点，认可并赞美孩子

曾看过一本名字叫《赏识你的孩子》的书，很受启发。在序言中我看到了这样的话："一般来说，父母没有不喜欢自己孩子的。对孩子的指责、不满主要是从与别人家的孩子比较且对自己的孩子抱有不切实际的期望开始的。"

1. 孩子并不缺少优点，关键是我们缺少挖掘

欣赏是一种享受，欣赏孩子有利于发现孩子的闪光点。法国雕塑家罗丹说："对我们的眼睛来说，生活中不是缺少美，而是缺少发现。"

对教育者来说，儿童身上不是缺少优点，而是缺少发现。（第194页）

2. 家长应该正面赞扬，以此强化孩子的优点

心理学有种"确认放大原理"，如果你盯着一个人的某个点，这个点就会被放大。而我们的人生中，注意力持续放在哪些事情上，这个事情就会在真实的人生中呈现出来。同样，父母持续把注意力放在孩子的缺点上，就会把孩子的缺点放大。若我们把注意力放在孩子的优点上，孩子的优点同样会被放大。

父母的注意力就像太阳的光芒一样，而孩子的优缺点就像种在土里的种子，父母注意力的"光芒"照在优点的种子上，优点种子就会生根发芽，相反，父母的"阳光"照射到缺点种子上，那么缺点种子也同样会破土而出。当父母把眼光放在孩子的优点上，他会感受到自己存在的价值。当他有了自我价值，其成长的"生命之火"就会熊熊燃烧起来，而孩子还会出现自我完善的欲望，让自身有更出色的表现。

孩子表现优秀时，最想要的就是得到父母的鼓励和肯定，积极正面的肯定，可以让孩子感受到父母的喜悦和爱意，同样，孩子的内心世界也是愉悦的，强化孩子的正面表现，

让孩子努力做到更完美。

要努力做全面肯定、赏识孩子取得的点滴进步。父母要发自内心的赞美，引导孩子有动力一步一个脚印走向真善美。父母若老抓住孩子的缺点不放，就会内心充满焦虑，对孩子的教育缺乏信心和耐心，让孩子走向消极的深渊。在矫正孩子调皮等错误行为时，用心发现孩子身上的优点，用心捕捉孩子的点滴进步，及时给他以鼓励和赞扬，孩子会逐步改掉不良行为习惯，让优秀品质得到强化。

三、理解孩子，学会感激，学会沟通

理解孩子，父母若能换位思考，定能让沟通更有效。

家长始终高高在上，不能"蹲下来"从孩子的角度看世界，就永远无法真正地与孩子换位思考，从而更好地教育孩子。那么，一直高高在上的我们，应该从哪里做起呢？

（一）不要随意给孩子"下定义"

很多家长都喜欢给孩子下定义：熊孩子、惹事精、捣蛋鬼……

然而家长不知道的是，你下定义就是在批判孩子，就是在家长的位置和高度俯视孩子。

你随意对孩子的行为下定义，孩子只能默默承受，这件事本身就缺乏换位思考的精神，是不平等的。所以父母要杜绝自己的这种习惯，不随意给孩子下定义。

（二）优缺点谁都有，慎用比较

经常会有家长这样教训自己的孩子：

"看看隔壁××，人家现在都能认识好多字，你呢？拼音都不熟！"

"别人家的孩子周末都不玩，上好多辅导班呢，就给你报一个你还说不喜欢……"

比较是对比几种同类事物的异同、高下，可以说我们比较的过程就是以高姿态评判的过程。

评判的结果就是：你不如人家的孩子认字快、你不如人家的孩子学得多。而这种消极的评判不仅拉远了你与孩子换位思考的距离，更让孩子消极，对自己失去信心。所以，有智慧的父母都懂得了解孩子的优缺点，拒绝比较。

总结：学会换位思考，学会给予孩子应有的尊重和理解，学会蹲下来，站在孩子的高度看世界。对他们再多些耐心引导，尊重他们的观点，支持他们的喜好和决定，保护孩子的隐私和他们珍视的一切。做他们成长过程中的支持者和陪伴者，不做支配者，孩子们才能恣意地享受其中的幸福并且越来越优秀。

四、激励孩子，学会发掘，学会分享

激励孩子，可以帮助孩子树立自信，在信服中明白道理。

父母激励赏识的话，可以让孩子在消极中树起自信；父母发人深省的话，可以让孩子在启发中得到教诲；父母入情入理的话，可以让孩子在信服中明白道理；父母切中要害的话，可以让孩子在反省中提升觉悟。学会家庭教子的说话艺术，父母的期待将会变成现实；掌握亲子沟通的表达技巧，家长的心血终会化作硕果。

以下是激励孩子的 13 句话，要常说常用。（建议：对孩子影响最大的人说这些话，效果更好，影响更大）

（一）激励孩子积极向上的 6 句话

1. "你将会成为了不起的人！"——激励会在孩子身上产生神奇效应
2. "别怕，你肯定能行！"——鼓励是孩子最大的精神支柱
3. "只要今天比昨天强就好。"——赞美孩子的每一点进步
4. "有个女儿/儿子真好！"——父亲要多多肯定和赏识儿女
5. "你一定是个人生的强者！"——鼓励孩子勇敢地面对困难
6. "你是个聪明孩子，成绩一定会赶上去的。"——鼓励让成绩差的孩子树立信心

（二）激励孩子充满自信的 7 句话

1. "孩子，你仍然很棒。"——积极培养孩子的自信心
2. "孩子，相信你努力了，一定会有进步。"——尊重与信任让孩子变得信心十足
3. "告诉自己：'我能做到'。"——正确诱导帮助孩子树立信心
4. "我很欣赏你在××或××方面的才能。"——放大优点能增强孩子的自信心
5. "我相信你能找回学习的信心。"——帮助孩子重新确立学习上的自信

6. "你将来会成大器的，好好努力吧。"——用语言暗示培养孩子的自信心

7. "孩子，我们也去试一试？"——正确引导孩子克服怕生心理

五、宽容孩子，学会反思、学会等待

宽容孩子，给孩子自己反省的空间，助其在独立思考中成长。

（一）宽容不等于放任

前者营造宽松和谐的环境，利于孩子的生命成长，满足了孩子的精神需求。而后者无条件地满足孩子的物质需求。另外，家长对孩子的期望值不要过于单一，家长对孩子的要求过高、过严，以完美的标准去衡量孩子，容不得孩子身上有一丝缺陷，实际上违反了生命成长规律。

宽容意味着先做"同伙"，后做"头领"。给孩子一个广阔的心理空间，诱发孩子的求知需求，成为自发的内在需要。

曾经有一位家长，儿子打游戏机打得昏天暗地，威逼利诱不管用，最后态度来了个一百八十度的大转弯，请求儿子教他打游戏机，儿子从最初以为他是个狼外婆到最后接纳了他，几经曲折，终于把儿子从对游戏机的疯狂中拉了出来。

（二）学会反思找原因

这既是思维方式的改变，也是教育孩子的重要方法。孩子出了问题，我们大多数家长常常是"你怎么啦"，总是在孩子身上找原因。赏识教育的观念是："没有种不好的庄稼，只有不会种庄稼的农民。"在此，我们要学会反思，遇到问题不是"你怎么了"，而是要问"我怎么了"，孩子出了问题，要在家长身上找原因。学会反思，能将烦恼变成快乐，能将痛苦变成动力，也是成功者必备的一种能力。

教育孩子信守自己的诺言得从家长自己做起。想想看，一个自己做事都出尔反尔、从不信守诺言的父母，怎么能教育出信守诺言的孩子呢？

在日常生活中，有些家长常常为了诱导孩子做某件事，就轻易许诺，而事后就忘记了，孩子的希望落空了，他发觉家长在欺骗自己，在向自己撒谎。比如，妈妈嘱咐儿子，在家要听话，如果表现好，就带他去动物园。结果，孩子努力去做，表现得很好，而妈妈

星期天有许多应酬,就把日期推后,而且一推再推,最后不了了之。孩子因为妈妈的诺言没有实现,感到失望,并因受骗而愤怒。此外,孩子也从中得到了一些经验:

1. 为了达到目的,夸张一点说话、许诺也无妨。
2. 妈妈在对自己撒谎,自己受骗了。
3. 妈妈的言行不一致。
4. 妈妈是会失信的,以后不能完全相信她的话。
5. 撒谎是允许的,是一种策略。

中国古代有"曾参杀猪"的故事。一天,曾参的妻子去赶集,他的小儿子哭闹着要跟着去,曾参的妻子被纠缠得无奈,便对孩子说:"你要听话,留在家里,妈妈回来杀猪给你吃。"孩子被哄住了。曾参妻子从集上回来时,见曾参正准备杀猪,就上前阻止说:"不过是哄孩子玩的,怎么真的杀猪呢?"曾参说:"孩子是不能欺骗的,今天你说话不算数欺骗孩子,就是教育孩子说假话。"于是,曾参杀掉猪,兑现了妻子随口许下的诺言。

家长对孩子必须言而有信,以诚相待。这样,孩子才会信任家长,有什么事、有什么想法都愿意告诉你。

(三)以平常心学会等待

俗话说:"冰冻三尺非一日之寒。"孩子身上的不良习惯也并非一天形成的,而我们家长要求孩子克服缺点时,恨不得全部在一天之内完完全全、干干净净地完成,事实证明这种不切实际的要求只能是"欲速则不达"。我们说"化冰三尺也非一日之暖",这就是要求每位家长以宽容的心态学会等待。孩子改缺点的规律是:在前进中反复,在反复中前进。

等待过程中还应该有一个良好的心态,即"花苞心态"。不是自己的孩子花不开,而是迟开的花可能更鲜艳,只要别的孩子花开了,自己的孩子也快了。这样,你就可能以一颗平常心去耐心等待孩子觉醒。

六、提醒孩子,学会分担、学会批评

提醒孩子,要从错误中吸取教训,吃一堑长一智。

（一）平等朋友式，适当提醒

孩子犯错误，特别有不良的行为习惯后，给予孩子适当的提醒作为补充，让孩子有一定的心理体验，以震撼孩子的心灵，让孩子产生自我改正的意识。对孩子的缺点不仅需要提醒，而且可以更直接地提出批评。但这不是过去居高临下训斥式的批评，而是平等朋友式的提醒，正因为是这样的提醒，孩子会以感激的心态乐于接受这份礼物。

批评的目的是让孩子改掉缺点，而提醒符合孩子的心理需求，为此，我们要求家长做到"学会批评"和"学会分担"。

（二）学会分担，给予鼓励

如果孩子取得了成绩，我们应该分享他的欢乐；孩子遇到了困难和挫折，我们则应该学会分担他的忧伤，继而鼓励他在失败中站起来，再分享他的坚强。

每年三月是学雷锋月，雷锋总是在别人需要帮助的时候出现，总是分担别人的忧愁和痛苦，也便有了雷锋精神。

家长可在哪些方面分担呢？家长应该帮孩子寻找最佳学习方法，如记忆方法、复习方法、应考方法等，引导孩子从沼泽地中走出来，从盲目中走出来。家长应多向老师请教，向邻居请教，向孩子请教，向书本请教去解决这些问题。对孩子各种能力、性格上的弱点，运用"木桶理论"，缺什么补什么，在够朋友的前提下，孩子会接受你对他的各种针对性的训练。比如，孩子粗心，可安排孩子在一定时间内抄多少电话号码并准确无误；孩子自理能力差，可要求孩子自己的事情自己做。成都女孩刘亦婷10岁时就接受过父母针对性的"捏冰一刻钟""扶墙踮脚半小时"的针对性训练，进行这些优秀品质的形成性训练，孩子具备了极强的忍耐力和坚强的意志，父母成功地把女儿引向了哈佛。

（三）理智角度，学会批评

有些家长批评孩子极尽刻薄，只图自己快意发泄，哪管孩子是否受得了。比如说小男孩调皮，老是把衣服弄得脏兮兮的，妈妈批评他："你看你老是这个样子，你真是让我伤心透顶了，我工作累了一天，你能不能省点心！"

这是许多家长最容易犯的一个错误。一批评就是"对人不对事"，用"老是""总是"等字样把孩子"批倒在地"，把矛头直接指到孩子的品性上，加重孩子心中的罪恶感，并觉得父母不喜欢自己了，自己不是好孩子了。家长并没有把真正生气的原因表达出来。

她本来可以这样说:"孩子,你今天又把衣服弄脏了,妈妈很生气,希望你下次不要这样。"

孩子就会明白,妈妈生气了,因为我弄脏了衣服,这件事我做错了,而不会认为自己不是个好孩子。

孩子的成长就是一个不断犯错的过程,孩子就是在不断超越这些错误的过程中长大的,错误的经历不是他的包袱而是他成长的财富。

在我国的课堂上,大概没有听说过老师鼓励学生犯错误的做法吧,否则,会遭到群起而攻之。但在法国,教师鼓励学生犯错误,却是一种常用的教学方法。

恩格斯说过:"无论从哪些方面学习,都不如从自己所犯错误的后果中学习来得快。"

孩子犯错误是难免的,当孩子犯错误家长教育时,作为父母应当不以伤害孩子的自尊为前提。

俗话说:"良药苦口利于病,忠言逆耳利于行。"这告诉人们,要站在理智的角度,站在较高层次思考良药与忠言的价值。事实上,人们达到这一境界不容易,这要求被批评者觉悟非常高,这是站在被批评者一方而言的。

就批评者而言,不能让自己的良药越苦越好,忠言越逆耳越好,而应该想方设法使良药不苦口,甚至甜口,让忠言不逆耳,甚至顺耳。现在苦口粉剂药丸用胶囊包着不就是为了不苦口吗?坏人腐蚀好人喜欢用糖衣裹着的炮弹,这样容易将人打中。我们在使人变好的过程中,为什么不研究一下"糖衣",为什么不想办法使人易于接受一些呢?

制药厂早把一些良药制成了糖衣片,许多过去极苦的、难吃的中药也加上了蜂蜜和香料。我们越来越欢迎甜甜的良药,那么我们教育子女,却还停留在忠言逆耳的观念上,就落伍了,就不受欢迎了。

批评孩子的原则是:不伤害孩子的自尊心。在"给足面子"的前提下有多种批评的方法。比如,故事性批评——通过讲一个故事让孩子领悟其中的对错,自觉克服身上的缺点;幽默性批评——在说笑话的过程中达到提醒孩子的目的。

结束语

激励、宽容、提醒三大原则是关系到教育的行为，集中体现出一个"导"字，对事不对人。

信任、尊重、理解三大原则关系到教育的态度，集中体现出一个"爱"字，对人不对事。

不管是怎样的孩子，信任、尊重、理解，都是他们与生俱来不可剥夺的权利。赏识教育是爱的教育，爱他/她，就让他/她知道。只有把爱具体化，孩子才能切切实实地感受到爱。要经常肯定孩子，让孩子知道你喜欢他。我认为不会赏识孩子的家长是不称职的家长，因为他们没有满足孩子心灵深处最强烈的需求。

在此，我们可将赏识教育的理念做如下概括：

赏识教育是学说话、学走路的教育；是找感觉、尝甜头的教育；是承认差异、允许失败的教育；是热爱生命、善待生命的教育；是开发生命潜能、保护生命资源的教育；是与孩子交朋友、实现心灵相通的教育；是竖大拇指的教育……

我们在教育教学中发现不少"守恒原理"。现在学习不努力，将来努力去学习，这是对孩子学习而言的；对于家长教育孩子也适用，孩子小时候努力去教，孩子一天天长大，家长付出的精力会越来越少，最终把孩子引向成功，好比一个正三角形，若现在教育孩子不努力，孩子一天天长大，积累不少坏毛病、坏习惯，家长将来付出会越来越多，直到孩子变差而无可奈何、摇头叹气，好比一个倒三角形。三字经：多到少，成功了；少到多，失败了。

我真诚地希望各位家长好好把握正三角形原理，关爱孩子，读懂孩子，把孩子引向成功。

第三章 成长源于欣赏

问卷调查

1. 您听说过"赏识教育"吗？（ ）
    A. 有   B. 没有

2. 您是否常用欣赏的眼光看待自己的孩子？（ ）
    A. 是   B. 否

3. 当您发现孩子细微的进步，您会对他进行鼓励吗？（ ）
    A. 会   B. 不会

4. 在您的努力下，孩子的进步不大，您会责备他吗？对他缺乏信心吗？（ ）
    A. 是   B. 否

5. 当孩子取得成绩时，除了物质奖励，您是否采用了一些体态语进行赏识，如摸摸孩子的头、拍拍孩子的肩、拉拉孩子的手、对孩子报以会心的微笑、送去一个赞赏的目光？（ ）
    A. 是   B. 否

6. 当孩子得到赞扬或鼓励后，孩子的表现是？（ ）
    A. 比平时更注意自己的言行举止
    B. 短时间内尽量保持父母对自己的好印象
    C. 跟平时表现没区别
    D. 其他

7. 在日常生活中，当孩子遇到失败或难题时，您会怎么做？（ ）
    A. 批评   B. 鼓励   C. 和孩子沟通原因   D. 和其他孩子比较并训斥

8. 您通常在什么情况下表扬孩子？（ ）
    A. 发现后，马上表扬   B. 以后想起来再表扬
    C. 在全家人面前表扬   D. 觉得没必要表扬

9. 您会在表扬孩子时明确指出为什么表扬他吗？（ ）
    A. 会   B. 有时候会   C. 很少   D. 不会

10. 您会在表扬孩子的同时指出他的不足之处及需要进步的地方吗？（ ）
    A. 经常   B. 偶尔   C. 很少   D. 不会

第四节 不吝夸奖 培养自信

鼓励孩子，树立他们的自信心，使孩子对自己有正确的认识，而不是终日怀疑自己，怀疑自己的能力与价值。

——铃木镇

导语

随着各高校"夸夸群"频上热搜，"夸奖"一词也成为一时的热门话题，不少大学生表示，这些"夸夸群"里令人捧腹的溢美之词，为自己解压增能了；也有说让自己更有信心的，对生活更有希望了。引起笔者注意的应该是"夸奖"，已成年的大学生尚且需要夸奖，工作上也需要得到上级的肯定。还在中小学阶段的孩子们，被夸奖显得更加重要。对孩子而言，被夸奖是他们自我价值被认可的开始，也是拥有自信心的开端。

一、自信的含义及重要意义

自信心是一个人顺利成长并能够有所作为的一种心理品质，是一个人的潜能源源不断得以释放的精神源泉，是一个人克服困难、取得成功的重要保证。自信是由积极自我评价引起的自我肯定，并期望受到他人、集体和社会尊重的一种积极向上的情感倾向，是相信自己的思想、道德、能力的心理状态。对孩子来说，自信是对自己和自己的能力有信心，是对自己整体价值的肯定。美国的爱默生说"自信是成功的第一个秘诀""自信是英雄主义的本质"等，所有的一切都显示自信对个人发展的重要作用。

一个缺乏自信心的人，便缺乏在各种能力发展上的主动积极性，而主动积极性对刺激人的各项感官与功能及其综合能力的发挥起着决定性的作用。一个典型的例子是人的记忆力。据科学研究表明，一般人的记忆功能只利用了人的记忆潜力的千分之一，而大多数人都认为我们的记忆水平已到头了，不可能再记得更多了，主观上的松懈，使得记忆神经缺乏刺激，因而与人类所应有的记忆水平相距甚远。

美国一位教育专家做了一个试验：将一个学习成绩较差班级的学生当作学习优秀班的学生来对待，而将一个优秀学生的班级当作问题班来教，一段时间下来，发现原来成绩距离相差很远的两班学生，在试验结束后的总结测验中平均成绩相差无几。原因就是差班的学生受到不明真相的老师对他们所持信心的鼓励（老师以为他所教的是一个优秀班），学习积极性大涨，而原来的优秀班学生受到老师对他们怀疑态度的影响，自信心被挫伤，以致转变学习态度，影响了学习成绩。

信心就像人的能力催化剂，将人的一切潜能都调动起来，将各部分的功能推动到最佳状态。而高水平的发挥在不断反复的基础上，巩固成为人本性的一部分，将人的功能提高到一个新的水准。一个人的成长路线如果是沿着这样的积极上升式行进，可以想象其积累效果是十分可观的。在许多伟人身上，我们都可以看到这种超凡的自信心，正是在这种自信心的驱动下，他们敢于对自己提出高要求，并在失败中看到成功的希望，鼓励自己不断努力，获得最终的成功。在人才辈出的国家里，在那些伟人、名人身上我们同样可以找到自信的催化作用，而且在我们周围的优秀人才身上，也不断放射出自信的光彩。

曾经的乒坛皇后邓亚萍，每次被问道："比赛时最重要的心理素质是什么？"她都会说："自信！"

莎士比亚说过："自信是走向成功的第一步，缺乏自信是失败的重要原因，有了自信才能充满信心去努力实现自己的目标。"

孩子的自信心是学生心理活动中最为基本的内在品质，孩子自信心的强弱在很大程度上制约着他学习的发展。学生在学习中如果充满自信，那就会充满动力，将学习主动性发挥到最大，进而对生活充满信心，而没有自信的孩子，总是对学习充满了畏难之情，不能主动积极地学习。因此在孩子成长的道路上，自信发挥着不可磨灭的作用。

第一，学习方面：自信心越高，学业成绩越好。

第二，行为方面：自信心越高，自我控制能力越强。

第三，心理健康方面：自信心越高，心理健康程度越高。

第四，自信心越高，成人后社会适应越好。新西兰的一项追踪研究（5～16岁的儿童青少年）显示，拥有积极自我评价的个体在成年后（26岁左右）社会适应状况更好。

　　一个孩子失去自信，就好像花儿失去了水分，地球上没有了阳光。自信对孩子的成长起着举足轻重的作用，可孩子自信心的培养又受到不少因素的影响和制约。

二、孩子自信心培养的影响因素

（一）自身因素

　　1. 先天差异。每个孩子先天之间是有差异的，如趋避性，就是趋利避害。有的孩子对任何事物都很好奇，都爱去尝试；而有的孩子却如绝缘体一般对任何事物都"不感冒"，就算是第一次接触的事物也是毫无兴趣。这些在孩子间原本就存在的先天差异，并不属于不自信的表现。在婴幼儿教育时期，如果父母不了解孩子的先天差异，那么就有可能以自己的标准同时放大孩子的优势与弱势。

　　2. 生理缺陷。孩子先天有缺陷，是他们生活不自信的重要原因，加上受到同龄孩子的嘲笑、不尊重，更会对自己失去信心。班上有个孩子刚转学过来时，对新环境不适应，表现的行为相对怪异。同学们对他很排斥，有的甚至因为该同学的奇怪行为特意去挑衅他、惹怒他。这位受到排斥的同学越来越自卑，还试过以暴还暴，或者反欺负同学。因此不仅孩子间经常出现不和的现象，班级的凝聚力也受到严重阻碍；更重要的是这位转学生在这个班上变得更加自卑孤立，影响了一生的成长。

　　3. 能力缺陷。金无足赤，人无完人。十个手指有长短。每个孩子各方面的能力是不一样的。比如，有的五音不全，唱歌跑调；有的记性不好，老师说的话，老忘掉；有的经常被老师批评身体的协调性差，不会踢毽子，被同学取笑；有的学习力低弱，成绩相对比较差，久而久之对学习失去信心。这种能力差异形成的结果，也是父母对比、责备的参考，家长只关注了事情的结果，而忽视了孩子的付出过程。

　　4. 失败经验影响。比较敏感的孩子，如果有过一些失败的体验，他在这方面就会特别没自信。曾经采访过部分孩子，询问他们为什么不愿意和某些老师打招呼，孩子们不约而同地回答"因为那位老师不回应我们"。孩子后面就不愿意叫了。如果这其中有比较敏感的孩子，就会认为老师不喜欢他，有这些失败的体验就会让他对自己跟老师相处的能力产生怀疑。

（二）家庭因素

1. 家长的期望程度

对孩子期望程度过高，父母就会对孩子产生不切实际的目标，使孩子达到一种不合理的水平。而对孩子期望程度过低，就很容易缺乏一些促进孩子建立自信的技巧。只有家长的期望程度和孩子的最近发展完美协调才能使孩子得到鼓励，从而发展孩子的自信心。家长要针对孩子的实际情况，帮助他们建立适合自身发展水平的合理的预期，教育他们不能好高骛远、眼高手低，这样可以避免孩子因期望过高难以实现从而遭受心理挫折。

2. 家长的教育方式影响着孩子的自信心

专制型的家长强调幼儿的绝对服从，针对幼儿的情况采取的方式不是频繁的纠正就是严重的惩罚，从而大大降低了幼儿探索世界的自信心；纵容型的家长给孩子极大的自由，对孩子基本上没有要求，从而使幼儿依赖性强，对外界的探索失去动机。民主型的家长严格中不失慈爱，在对孩子合理期望的基础上进行科学地引导，适时地帮助孩子做出恰当的选择，鼓励孩子尝试解决自己的问题，从而使孩子们更加相信自己，孩子在感受到父母的重视与信任时，让孩子们从内心中感受到自己的重要性，从而认可自己并增强自信。

（1）家长对待孩子错误和失败的态度。专制型的家长会揪着错误不放，过分强调成绩、排名，孩子压力就会很大，从而害怕去竞争。纵容型的家长以孩子的个人想法为先，让孩子与错误、失败撇清关系。其实很多孩子害怕的不是失败，而是失败后家长对他的评价。民主型的家长则会与孩子分析错误和失败的原因，用鼓励孩子改正错误、寻找成功的方法来代替批评和放纵。让孩子从根源解决问题，找到自信心。

（2）过早地给孩子贴上标签。前几日，亲戚家的孩子在我家背古诗，背了有半个小时了仍是断断续续不流利。我坐下来耐心教她读，她死活不肯跟着读。我试探着说："要不，你试一试，没准一下子就能读顺了。"她还是坚决不愿意："我平时在家背书就是这样的，每次都背得不流利。"我安慰孩子说："没事，我愿意帮助你，你愿意尝试吗？"孩子仍是摇摇头。正巧这会儿，亲戚回来了，让孩子背古诗，一听就开始数落："说了你多少次了，不长记性，这么简单的古诗还要背这么久，又背得不流利，你咋这么笨呢？"

标签是家长不知不觉中给孩子打上的，给孩子带来的负面影响是不可估量的。其实，孩子有无限的可能性，我们所谓的标签，其实只是把孩子的缺点放大了而已。

3. 家长的文化素养影响着孩子的自信心

父母的文化程度、道德修养在一定程度上影响着孩子的一生，因此作为家长要以身

作则，通过言传身教来影响孩子，做孩子良好的榜样。就如我校家长志愿者会长，他的孩子原本是胆小、不善言语，在父亲坚持每日为学校志愿服务参与学校活动的榜样影响下，她逐渐变得开朗、热心、活泼，甚至还加入了学校小志愿者团队。她的成功源自自信，而这种自信正是父亲给她树立的坚定信念，对她及时的鼓励。如果她的父亲选择的是批评、责骂的方式改变孩子，相信这种高惩罚的方式一定会给孩子无力感、挫败感。可也要注意了，并非有文化的家长就不会出现问题。比较有文化的家长，更容易过早传授知识和规范标准答案给孩子。他教授孩子的知识往往是处于比较急躁的状态，超过孩子的接受程度，他无法理解孩子的想法，孩子就更有挫败感。比如，郊游时孩子发现花朵也有绿色的，家长马上纠正树叶才是绿色的，花朵是没有绿色的。孩子那善于观察的能力也随着家长的打击而减弱了，孩子的自信心更是受到了伤害。

4. 家长的语言暴力影响着孩子的自信心

语言暴力，就是使用谩骂、诋毁、蔑视、嘲笑等侮辱歧视性的语言，致使他人精神上和心理上遭到侵犯和损害，属精神伤害的范畴。如果不理解，那么下面几句话你可能很熟悉："你怎么这么笨？""你什么记性，要说几遍才能记清楚！""再哭试试，信不信打死你！"这就是语言暴力，也许大家都听过但是现在觉得也没受什么影响，但是你觉得没事不代表别人没受影响。这样的话一句两句确实不会有什么影响，但反反复复，不分场合的出现，就变成了暴力！孩子的自信心、社交能力，还有性格无疑都会受到巨大的影响。一句无心的话，在孩子心里就投射下深深的阴影，久久挥之不去。

在《语言暴力会给孩子造成多大的影响》教育纪录片中，有一个孩子的观点引起网友共鸣："从小就被妈妈讨厌，不是打就是骂，做错一点事就要被打骂，别人的错也是我的错，哭就叫我去死……别人永远比我好，所以我懂事以来就超级恨她。"是的，孩子的自信心从小受到影响，有的还会影响一生，到后来由于子女导致的家庭不和睦，多少跟子女幼时遭到的语言暴力有关。

一起来看一个感人心扉的故事：

20世纪60年代，一个混血男孩出生在美国夏威夷的檀香山，他的父亲是肯尼亚人，母亲是美国人。男孩因为肤色问题的困扰平时少言寡语。每当老师提问，他就开始紧张，说话也吞吞吐吐的。老师无奈地告诉男孩的母亲，这个孩子连自己都不相信，将来不会有什么出息。

> 男孩的母亲并不认同老师的观点,她为男孩找了一份差事——课余时间在街区里挨家挨户订报纸。
>
> 在母亲的鼓励下,孩子勇敢地迈出了第一步。他敲开了邻居家的门,努力地与他们沟通,征订报纸出人意料的顺利,几个邻居都成了他忠实的订户。有了挣"第一桶金"的经历,男孩从此说话不再结巴了。
>
> 多年以后,男孩才知道,他童年时获得的"第一桶金"浸透了深深的母爱。原来,母亲早就安排好了,她自己出钱请邻居们订报纸,目的就是给儿子一份自信。
>
> 是童年那份宝贵的自信,让他一步步地走下来成为美国首位非洲裔总统。他就是贝拉克·侯赛因·奥巴马。

有研究表明,成绩优良的学生一半以上充满自信,成绩差的学生接近90%缺乏学习自信心。作为父母无法在学校里帮助到孩子,而课堂老师无法照顾到每一个学生,成绩并不突出的孩子不容易受到老师的"关照",进而失去信心和对学习的热情。家长总是在羡慕"别人家的孩子"。那么,大家有没有想过自己家的孩子为什么不行?

其实在一二年级时,班里大多数孩子的水平不会差得太多。考试班里的学生大部分都在90分以上。那是因为启蒙的课程难度是考虑到全局的水平,是为了让孩子打下基础。

但你会发现,三年级是孩子成绩的分水岭,学习好的孩子会更有自信心,因为老师总会夸奖,成为别的同学的偶像,自然学得越来越好;而成绩差的孩子往往越来越难跟上。

无论同学、老师,甚至是父母本人,都会给孩子扣上"差生"的帽子,将孩子的自信心扫地出门,于是,孩子心里会形成一种"反正我是差生,学不好也是应该的"叛逆心理。导致无论是成绩,还是在学校的人缘都越来越差,成为班里的"吊车尾",其实归根结底是"自信心"的丢失!

但也有很多家长有疑惑:"我平时都是无条件接纳孩子的,经常表扬孩子,很少批评孩子,为什么孩子还是不太自信,总觉得自己比不上别人呢?"

有的家长会误解"无条件接纳孩子"这个概念。"无条件接纳孩子"不是一味地表扬,不是一味地让孩子"感觉良好"。那些建立在单纯感觉良好的"虚假自信"不是真实的自信,对孩子发展弊大于利。

小明经过刻苦训练参加学校足球队员选拔赛,可惜表现欠佳,没射中一个球。爸爸看到他难过,一味地说"我相信你是最棒的""我相信你和其他人一样好"。听了爸爸的

话,小明的闷闷不乐并没有缓解。这个父亲本来怀着一番好意,看到孩子内心受到伤害,想去安慰他,想让孩子"感觉良好"。像许多父母一样,他选择以无条件称赞的方法来提高孩子的自信心,但该方法起了反作用。这个父亲忽略了客观事实,一味地称赞孩子的表现,让孩子觉得父亲没有真正理解他,是在欺骗他。父亲毫无根据地称赞,只会使小明更加气馁,也降低了他的自信心。

三、父母夸出孩子的自信心

美国畅销育儿书《孩子,把你的手给我》中写道:"称赞,就像青霉素一样,绝不能随意用,时间、剂量都要谨慎小心,否则可能引起不良反应。"每位父母都知道夸孩子的好处,但如果夸得不好,孩子要么不领情,要么越夸越依赖,甚至滋长"骄傲"心理。那么,到底怎样夸才能出效果呢?请来看看如何夸出自信的孩子——

(一)"认识孩子,认知孩子,懂孩子"是前提

爱孩子就要懂孩子,夸孩子就要先认知孩子,要实事求是地认知孩子,过高、过低地估计孩子的实力,都会挫伤孩子的自尊心、自信心和学习兴趣。要深入了解孩子的智力、能力、习惯、性格、优点、特长、缺点、弱项等,这些是有效夸孩子的基础。不能把夸孩子当成监督孩子、管理孩子、奴役孩子的工具。

常听家长们指责孩子:打架、不懂礼貌、不自信……但我们是否都了解这些行为背后的原因呢?事出有因,这些原因导致了孩子们待人处事的截然不同,我们是否看透了行为背后的原因?是否停留在行为的表象上裹足不前?孩子的行为不是孤立存在的,要结合父母的行为来研究孩子行为背后的原因,分析孩子原因的第一步需要问自己"他为什么这样做?"

(二)"夸具体、夸努力、夸事实"是原则

1.夸具体不夸全部。大哲学家培根说:"即使是真诚的赞美,也必须恰如其分。""真棒""你真漂亮""你最了不起了",这些话常常被我们拿来夸孩子,说得多了,其实孩子就麻木了,也不知道自己具体哪里棒、哪里优秀。夸孩子,不妨夸到具体点上,比如:

"你今天的字写得整齐工整!"孩子就会以今天的字为标杆,努力向它看齐。

"这篇课文读得顺畅流利，感情充沛。"说不定孩子就真的会成为一个小小朗读家。

"这次考试成绩比上次进步了两分呢，不错！"孩子就会为了下一次的两分进步而努力。

有针对性的具体表扬让孩子更容易理解，并且知道今后应该怎么做，如何努力。

2. 夸努力不夸聪明。如果孩子用积木搭了一个很漂亮的作品，夸奖孩子"你真聪明"是不合适的，应该夸孩子用心研究并认真搭建。"你真聪明"，这是家长惯用的评语。家长对孩子的每一个进步如果都用"聪明"来定义，结果只能让孩子觉得好成绩是与聪明画等号，一方面会变得"自负"而非"自信"，另一方面，他们面对挑战会采取回避态度，因为不想出现与聪明不相符的结果。这就是家长说的"一夸就骄傲""一夸就翘尾巴"的原因。

3. 夸事实不夸人格。"好宝宝"这样的话是典型的"夸人格"，家长们会无心地将其挂在嘴边。但"好"是一个很虚无的概念，如果孩子总被扣上这样一个大帽子，对他反而是一种压力。

（三）"细心、真诚"是窍门

1. 留心孩子的努力。为了达到激励孩子的目的，要真正做到"夸具体""夸努力"，就首先要对孩子做事情的整个过程有所了解，亲眼看见孩子的良苦用心和付出的努力。当你在总结孩子的成绩的时候，不妨详详细细把自己的所见所闻描述出来；如果没有看见，可以用心听孩子说，然后再予以肯定。

2. 夸孩子要真诚，别嫌"啰唆"。"你真棒"是家长最省心、最随便、最廉价的第一反应，当然也是最没有效果的无用功。所以当了解了"夸具体"原则时，家长很难适应，不知道除了"你真棒"之外还能说些什么。这时，一定要用更多的话语描述孩子的努力，这会引起孩子的共鸣，夸奖的目的也就达到了。

同事分享一则故事：有一次放学回家后，儿子急忙拿出在学校的美术作品给她看。她忙着洗菜，瞭了一眼儿子的画："嗯，真好，很棒！"只见儿子小嘴立刻噘了起来，不满地说："妈妈，你根本没仔细看就说棒，一点也不尊重我。"孩子用了尊重这个词，显然觉得我的随口夸更像敷衍。孩子用他敏感的小表情告诉我，他不喜欢这种虚无缥缈的夸奖、这种缺乏真诚的夸赞。对待孩子，父母需要拿出十二分的真诚来，既然要夸奖，就要源于欣赏，发自肺腑。

3. 把夸奖当"预防针"。夸奖不仅仅是事后对孩子的肯定，有时候在预见到孩子对某些事情可能有抵触时，可以事先夸夸孩子，用表扬来打"预防针"，可能会有意想不到的"疗效"。

4. 夸奖不一定伴随物质奖励。为什么物质奖励效果不好？孩子努力的目的原本是完成某项任务，但如果加了物质奖励，孩子的兴趣就会转移到奖励上，而对被奖励的行为本身失去了兴趣。

（四）按部就班，循序渐进

1. 陈述事实。就是把孩子做的事情重复陈述一遍，完全按照原型，不能添油加醋。这是对孩子付出的认同和肯定。

2. 确认事实的可贵性和值得赞扬的部分，提升到一个品行塑造的高度。

3. 表达自己的内心感受——很开心、很高兴，因为孩子成长的动因之一是"愉悦父母"。

4. 鼓励、相信孩子，为孩子指明方向，并坚信孩子会为此而不断努力。

就如上文讲述的案例，小明的父亲可以这样做：尊重、理解孩子由失败带来的负面情绪，给予孩子充分的理解，和孩子一起共同接受失败这一事实；待孩子情绪平复后，和孩子一起分析造成失败的原因，帮助孩子下次"表现良好"，从而让孩子真正获得成功带来的"感觉良好"，而非追求空洞的"感觉良好"。父亲的教导与鼓励，正是小明自信心培养的重要"成员"。

夸奖是一门学问，夸到实处，孩子才会有更清醒的感知。

夸奖是一门学科，父母需花些心思，钻研考究，才能把夸奖用到实处。

夸奖也是一门艺术，父母要融入美感，做好养花护草的花匠，把夸奖做到尽善尽美。

别让孩子因为缺少夸奖而缺失了情感的滋养，迷失了成长的方向。

让孩子自信，就请给他们真心实意的夸奖，别吝惜。

让孩子自信，就请给他们细致入微的夸奖，给他们肯定，给他们温暖，给他们爱。

参考文献：

[1] 自信心对孩子成长的重要性——对比中美教育的不同 [J]. 中国民办教育，2004

(09): 61—62.

[2] 边玉芳.培养低年级孩子自信心的重要性及其相关方法[E].教育在线基础教育研究院,2017—07—10.

[3] 练丽丹.1334夸奖法则,教你夸出优秀孩子[J].爱情婚姻家庭:爱情故事,2017（8）:78—79.

[4] 金琰,刘菊香,扈培杰.自信是成功之基,失败乃成功之母[M].牵手两代幸福路上（五年级）,2017（10）.

附件1:"夸奖要具体"小tips

全A！你会得到一个很大的奖励。	你付出努力了,你该得到它。
我为你而骄傲。	你一定会为自己而感到骄傲。
你这么听话令我很高兴。	你对此感觉如何？
我喜欢你所做的！	你自己就找到了解决问题的方法！
你做的正是我告诉你的。	我相信你的判断。
你真会令妈妈高兴！	你能决定什么对你来说是最好的。
好棒！这就是我所希望的。	我相信你可以从错误中吸取教训。
你真是一个好孩子。	不管怎样我都爱你。

问卷调查

1. 你的年龄？（　　　）

    A.3～6岁　　　B.7～12岁　　　C.13～15岁

2. 父母每天在家表扬你吗？（　　　）

    A. 不批评也不表扬

    B. 很少表扬

    C. 有时表扬，五次左右

    D. 经常表扬，十次左右

3. 父母让你干简单的家务吗，如分碗筷或洗碗？（　　　）

    A. 不让干

    B. 让干，但嫌干得不干净

    C. 不干涉，让我自己干

    D. 让干，干完后表扬

4. 你碰到困难时，父母会怎么做？（　　　）

    A. 直接让我放弃

    B. 立即来帮我

    C. 不直接帮，但告诉我能行

    D. 让我试试

5. 父母和你沟通时会出现以下情况吗？（　　　）

    A. 不问原因就批评式

    B. 居高临下的命令式

    C. 滔滔不绝的唠叨式

    D. 抱怨式

    E. 咬牙切齿、怒发冲冠式

    F. 翻算旧账模式

    G. 武松打虎

    H. 其他

第四章 真爱融于理解

如果人从小就体会过为兴趣而忘我的滋味,就会感到快乐,并一直主动寻找这种乐趣。家庭是孩子栖居最长的地方,也是最容易为孩子接受的场所,因此,家庭氛围的营造最有利于激发孩子自学的动力。

第一节 引导管控 智胜危"机"

> **导语**
>
> 网络时代的高速发展，催生了手机、平板电脑等电子产品的普及。手机等电子产品，不可避免地侵袭我们的学习、生活。游戏、微信、QQ等，已经成为我们生活的一部分。
>
> 越来越多的孩子沉迷其中，机不离手。对于孩子来说，学会使用电子产品的年级越来越小，由于他们的心理、心智都未成熟，好奇心又强，注注会沉溺于其中，从而影响他们的学习、生活和身心健康。许多老师和家长一味反对孩子使用手机等电子产品，反而导致他们的逆反心理越来越严重。一旦手机、电脑给老师、父母收掉，就会魂不守舍。如何引导孩子在互联网时代使用电子产品时做到趋利避害，是老师、家长值得思考的问题。
>
> 本章节将从电子产品的利弊分析开始，帮助家长引导、管控孩子成长期间的电子产品使用及上网行为，平衡现实生活与互联网生活的关系，促成家庭健康、合理地使用电子产品；引导家庭结合孩子的健康、教育及娱乐的需求，创建个性化的电子产品使用计划。

网络时代对于电子产品的需求

网络时代，我们已经被绑架了，打开手机，就关上了自己的门，手机已经慢慢侵占我们正常的生活世界！也许这就是生活，人工智能——聪明过人，网络信息——知识过人，电脑反应——敏捷过人。

一、为什么必须要有电子产品

时代发展，孩子难管。一堆堆道理，往往把我们逼得走投无路……很多时候，一部手机、iPad，成了家长与孩子斗争的导火索；但是，我们面对孩子，很是无奈，因为有 N 个需要手机、iPad 的理由。

（一）联系需要

家长因为工作等原因，时间上有限，很多时候无暇顾及孩子，手机可以方便联系、定位等功能，能够实时监控孩子的动向。另外，信息时代，孩子也有自己的社交圈，需要方便地与同学朋友联系。

（二）生活陪伴

手机等电子产品可作为孩子的伙伴。虽然放开了二胎政策，独生子女比例仍占大部分，但独生子女面临一个非常现实的问题——没有玩伴。父母整天忙于工作，没有太多时间陪伴孩子，尤其最近几年离婚率上升，离异家庭的孩子更是孤独寂寞，得不到陪伴，所以手机成了他们的忠实玩伴和保姆。

（三）游戏工具

手机、平板电脑等电子产品在当今社会已成为孩子的玩具。它们功能齐全：聊天、微信、打电话、购物、搜索资料和打游戏，各种好玩的功能都吸引着孩子。

（四）减压工具

电子产品可成为孩子的"减压器"。现在的孩子学习压力太大，生活单调，手机、平板电脑上的各种画面、信息、游戏都能给他们带来轻松愉悦的心情。因为看电视、玩游戏时，没有任何压力，也不用动脑筋，身心处于非常放松的状态。

二、孩子依赖手机的主要原因

（一）社交依赖型

手机通讯录里有几十个好友，微信朋友圈里有几百个好友，QQ 各种群里面还有很多好友，这么强大的人脉关系让孩子难以割舍。

（二）娱乐型依赖

手机里面好友不多，游戏不多，全部都是电影、音乐、电子书，弄得孩子心猿意马，不想写作业总想摸手机。

（三）游戏型依赖

手机里面的网络游戏特别多，在长期的战斗中积累下来的功勋和经验使得孩子成就感爆棚，倍感满足。

当下，信息时代大爆发，孩子每天应对各种扑面而来的资讯，眼界得到了极大的开阔；和以往散养、放养状态完全不同，面对如此多的冲击影响，如果单纯地放养，势必会造成无法管控的局面，但是严格的压制，想要阻断孩子对电子产品的使用，既不现实，也不明智。

电子产品的使用利弊

在互联网高速发展的当今社会，电脑、手机等电子产品几乎渗透到所有人的生活当中，对于出生、成长在互联网时代的孩子们来说，电子产品所带来的积极意义和消极影响并存。许多家长和老师都担心孩子玩手机、电脑会上瘾，但是出于无奈，所以干脆禁止他们使用。对于手机等电子产品的使用应该一分为二来看，对其利弊得失要适度把握。

一、手机等电子产品的积极意义

手机等电子产品的优势不言而喻，获取各类信息，便捷的办公、导航等，俨然已经成了离开手机没法生存的状态。当下，手机如果正确合理的使用，优势还是很明显的。

中学生手机三大用途：收发简讯、玩游戏、上网，有超过 70% 的中学生已经不把手机当成与人通讯的工具，而是一台"迷你"电脑，能收发讯息，能玩游戏，能上网，还可以听歌，收发图片，跟台式电脑或手提电脑比较，手机的优点当然很多。

（一）获取各类信息

信息时代，时间为王，自媒体飞速发展，带来了各种信息，一屋不出，可知天下。

（二）建立各种联系

圈子，需要我们以此来维系。手机等电子产品及其衍生软件，强化了人与人之间的联系。作为学生也需要和同学、老师建立起 QQ 群和微信群，一起讨论班级事务和学科知识等，无论工作生活，我们都已经离不开手机了。

（三）搜集学习资源

各种 APP 为学习需要提供了各种便捷真实的需要，但是却延伸出各种安全作业、翻转课堂、投票选举、微信点赞等。没有这些电子产品，你怎么办？

（四）适当娱乐放松

各种网络游戏，抖音、火山视频，以及电子书籍阅读、影视作品、音乐等已经彻底地颠覆了传统的娱乐，偶尔激动笑一笑，有什么不好？

面对各种影响，手机已然成了当今社会的新式"托管所"。或许很多父母已经习惯了，但是，成年人都把控不了的手机，把它交给自控能力弱、好奇心强、玩心大、正处在学习知识关键时期的孩子，往往就是给了他们一剂精神鸦片，危害是翻倍的。

二、过度依赖手机的危害

科技发展真是日新月异。二十年前孩子们最喜欢看电视，而到了今天各种高科技的电子产品取代了电视，逐渐成为孩子们的"新宠"。玩手机到底好不好呢？答案毋庸置疑，当然是"不好"。玩手机对孩子有什么样的危害呢？

（一）阻碍身体发育

孩子们经常玩手机，很多电磁辐射对生长发育不利，甚至导致哮喘和其他疾病。另外，孩子经常玩手机，活动少，容易造成身体发育迟缓，运动机能低下，发育不好。

长时间拿着手机并握住同样的姿势也会影响手指的发育。如果孩子们喜欢玩低头的游戏，也会对颈椎造成很大的伤害，这很可能导致脊柱畸形。

（二）导致视力下降

孩子们经常玩手机，也会影响视力。数据显示，孩子们连续玩手机 20 分钟，平均每分钟闪烁 7.67 次，平均视力降低 43.8 度，接近近视度数。此外，泪膜破裂时间平均为 5.3 秒，而正常值为 15～45 秒，如果小于 10 秒，则病情恶化。

（三）容易诱发自闭症和焦虑

长时间放纵玩手机会让孩子变得越来越孤立，不愿意与外界沟通，变得越来越怪异。他们整天沉迷于互联网的虚拟世界。很容易诱发自闭症、抑郁症等心理疾病。也会对网络过度依赖，并导致注意力和记忆力下降，还会导致情绪问题，如抑郁、焦虑等。

附：中学生使用手机的弊端

1. 抄作业

现在有很多孩子利用手机交流作业，甚至是抄作业，导致作业的作用大大降低，许多孩子在抄作业的过程中忽略了重要知识点，对于学习非常不利。

2. 助长早恋

手机和网络让人与人的沟通成本大大降低，由于家长很难控制孩子用手机，所以现在不少中学生都是通过手机来谈恋爱的。

3. 交友不慎

由于手机的流行，现在的孩子很容易接触到更多的朋友，有些中学生沉溺于手机交友，有时候会结交一些社会闲杂人员，对孩子的成长极为不利。

4. 沉迷游戏

现在，手机游戏越来越流行，大有超越电脑游戏的趋势。手机游戏越来越好玩，让不少学生沉迷手游，不可自拔，严重影响学习。

5. 不良信息

网络环境比较复杂，各种不健康信息、不良信息充斥网络，涉世未深的中学生接触这些信息，对他们的身心发展有不良影响。

6. 诈骗陷阱

很多中学生对于社会没有基本的判断力，所以很容易上当受骗，我们看到今年有不少学生都遭到了电信诈骗的危害。

7. 疏远家庭

手机很容易让人沉迷，在美国的一项调查中，成年人有60%以上沉迷于智能手机，而中学生更容易沉迷。中学生沉迷手机，容易疏远父母，疏远家庭。

8. 挥霍浪费

现在很多孩子通过手机在网上购物，手机在身边，大大激发了他们的购物欲望，这对孩子树立劳动意识及独立意识都是极其不利的。

9. 安全问题

中学生手机被抢的事情几乎每天都会发生，由于中学生年纪尚小，所以他们在路上使用手机时，容易成为不法分子的目标。

10. 攀比炫耀

由于手机本身有很多种类，所以攀比手机性能在一些中学非常流行，孩子吵着要高价手机，很多时候并不是没有手机，而是攀比心理作怪。

有的学生认为，它能方便联络，方便使用，可以通简讯，非常轻便，利用手机传简讯，可说已经成为手机的主要用途，就算用手机来打电话的学生，也以闲聊为主，用来问功课，与家联系的很少。许多学生把时间荒废在发短信上，你来我往，没完没了，时间便在这指间悄然流逝，话费也在不知不觉中渐渐殆尽。有同学甚至在课上发短信，荒废了自己的学业不算，还影响了上课纪律，使得老师不得不暂停讲课。更有甚者，把手机作为考试作弊的工具。

手机是家庭中最为普及同时也是使用频率最高的家用电子产品，大部分孩子都是通过监护人的智能手机登入互联网，手机游戏、教育APP、动画视频成为所有中国儿童的最爱。虽然互联网带给孩子更广阔的视野、更丰富的资讯、更生动的体验，但是，孩子长期使用手机甚至游戏成瘾，都会对身心发育造成伤害。

三、面对电子产品要更具有开放性

电子产品上一些高质量的内容对 18 个月大的孩子非常有教育价值，父母应该陪同孩子一起使用电子产品，帮助孩子更好地理解其中的内容。

当上网行为取代了现实世界中的体力活动、动手探索和面对面的社会互动时，问题就产生了，不仅严重影响到孩子的学习，而且花费过多的时间在电脑和手机上，也会损害视力和睡眠质量。

所以，作为家长应该让孩子意识到沉迷电子产品的危害。家长及老师在和孩子讨论手机问题时，情绪不能过激，要通过平和、自然的沟通方式，摆事实、讲道理，和孩子达成共识。多列举身边典型的正反面案例，让孩子从内心接受手机、电脑等电子产品是方便联系和学习的工具。

家长如何管控使用电子产品

新一代青少年儿童正成长在互联网的快速发展中。包括媒体信息、视频游戏、社交平台等，这些互联网内容可以说是创造性的和引人入胜的，而家长在帮助儿童和青少年正确使用电子产品方面起着重要作用。在日常生活中，家长应该如何正确引导孩子使用电子产品？

一、如何正确使用电子产品，家长的引导是关键

"家长应该积极考虑孩子使用电子产品的需求并且与孩子进行沟通，但是如果孩子过度沉迷于电子产品，那么势必会影响到学习、社交和休息时间。"

（一）做好榜样

父母要带头有节制地使用电子产品，要求孩子玩手机要有节制，父母自然要以身作则。现实生活中，确实有些父母也是机不离手，无论在吃饭、聊天、走在路上，都要翻着手机。许多老师在自习课、课间、集会时都会拿出手机玩，把玩手机作为主要的消遣方

式，将大量的空闲时间花在手机上。

"可以想象，如果家长下班回家后也是经常抱着手机，孩子自然会好奇，手机到底为什么这么吸引人？"家长是孩子最直接的模仿对象。所以，家长应当以身作则，注意自己的言行。这时，孩子会很自然地效仿大人，"你们能看、能玩，我为什么不能看、不能玩？"所以，家长要做到身先垂范，做孩子的榜样。

（二）允许孩子犯错

与孩子的斗争永不停止。把孩子当作孩子，意思是，任何一个孩子都有一个成长的过程，他们不是成人的缩小版，他们会犯各种各样的错误。

错误是孩子成长的勋章。每个孩子都在犯错的不断跌撞中体味到生命的滋味，寻找到生命的方向。哪一个人不是在错误中逐渐长大呢？没有错误会有今天的我们吗？

但是，不要顺从孩子的要挟，要约法三章。为了玩手机、电脑等，孩子们会以各种形式要挟父母和老师，这时作为家长和老师往往不知所措，大多是乖乖投降。面对这种情况，千万不能无原则地迁就孩子。

有梦才有希望，有希望才会成功。试试看，鼓励、支持、给予希望，引导孩子把电子产品作为一个工具来创造、沟通和学习。

二、签订相关的电子产品使用协议

对学龄儿童和青少年来说，重点是平衡电子产品和学习、生活的关系。家长在孩子使用电子产品这一行为中起到至关重要的作用，具有正面和负面的双重影响，父母可以设定期望和界限，确保电子产品给孩子带来的是积极作用，关键是要制订以家庭为单位的电子产品使用计划。

（一）制定规则

毕竟，如果规则执行不好，再多的前期铺垫也都是无用功。选择一个家长和孩子心情都不错的时候，一家人可以一起制订一个共同遵守的规则，家长或孩子一旦违反，要承担违约责任。这种办法与父母强加给自己的命令相比，会让孩子更有参与感，完成约定的积极性也会更高。

约定的规则要做到四点：

1. 要清晰地指出孩子需要改进的行为，如一天玩手机不能超过一小时，玩手机必须在写完作业后。

2. 清晰地说明完成约定后可以得到什么，没有完成约定会失去什么。在此过程中，家长少说"不"多说"可以"。比如，如果你完成约定，周末我们可以去看一场电影等，让孩子朝着积极的方向努力。

3. 把约定书面化，贴在家里显眼的地方，让家长和孩子时时刻刻可以看到。当孩子完成约定，哪怕是阶段性的，家长要及时给予鼓励。没有完成约定，该承担的违约责任一定要承担。

4. "约法三章"，重点突出"约"字，在达成约定的过程中，尽量听取孩子的意见，千万不能把约定变成父母单方面的"命令"。

（二）执行规则

什么时间吃饭、什么时间睡觉、什么时间可以看动画片玩 iPad，给孩子制定好时间表，控制孩子每天玩 iPad 的时间，一开始孩子可能会哭闹，严格执行之后慢慢地就习惯了，就和制定其他规矩一样。

一个很简单的道理，手机是你的，支付宝密码是你设置的，你是一个有着正常智商的成年人，你不给孩子手机，他能沉迷？你不告诉他密码，他能花钱？同时，家长也应当对孩子进行适当、正确的引导。未成年孩子对钱没有具体的概念，他不知道"千""万"代表什么。金钱的支配权不应该在孩子。家长对孩子一定要有适当、正确的价值引导。

基本的原则不能丢，该坚持的死都不能让，初中生就没有带手机的需要，有急事完全可以找班主任；至于支付密码，除非你不在乎钱，要么就严格按照约定来执行。

三、人与人之间的接触可能是对孩子最重要的"APP"

父母以身作则不再依赖手机只是第一步，要根除孩子对手机游戏心理上的瘾，还需要父母多一些有效陪伴，引导孩子做一些有意义的事情。

第四章 真爱融于理解

（一）兴趣培养

培养孩子的兴趣和特长，转移他们的注意力。对于孩子来说，越枯燥空虚的时候，对电子产品的依赖性就越大，所以作为家长和老师，要适时进入孩子的"成长频道"，不要以自己的喜好为标准，而要用令孩子感兴趣的活动来替代。

培养孩子积极健康的兴趣爱好和特长，并把注意力投入其中，既能从中获得乐趣和成就感，又可降低对电子产品的依赖性。所以，在家中家长要善于发现和培养孩子的兴趣爱好和某方面的特长，鼓励孩子多参加家庭和同伴中有意义的户外活动，让他们体验多姿多彩的生活。

请看这样一个故事：

> 一位哲学家培养了一批弟子，毕业时，他将弟子们带到长满杂草的旷野，问弟子们如何除掉杂草。有的说用锄头挖，有的说用柴火烧，有的说撒上石灰……哲学家笑着摇摇头："这都是治标不治本，力气费了，结果却不会理想，唯一的办法就是播种，种上好的庄稼。"
>
> 孩子痴迷上电子游戏，就是心里面长上了杂草，除掉杂草的最好办法，就是在心里面种庄稼。
>
> "庄稼"可以是旅行，可以让孩子增长见识；也可以是兴趣爱好：书法、钢琴、吉他、舞蹈；也可以是各种运动项目：溜冰、游泳、足球……
>
> 根据孩子的兴趣选择他喜欢的长期坚持下去，让孩子从中感受到乐趣。

（二）陪伴引导

高质量的陪伴。不要让孩子觉得，和你在一起，是多么的无聊、多么的压抑、多么的没有生活乐趣。睡觉前想一想，周末可以带孩子去哪里玩，而不是忍不住又点开了朋友圈。

比如，带着孩子一起学做饭。和孩子一起先在网上查所需要的食材，然后再一起做。还可以周末邀请同学来家里玩，一起分享自己做的美食。尽量避免孩子陷入那种"无事可做，只能在游戏中找乐趣的"的境地。可以和他约定：每周他都可以买一件自己喜欢的东西，书可以，玩具可以，盆栽植物也可以，任选。

利用同伴的力量相互督促。现在许多学校禁止学生把手机带入学校，还有些寄宿学校，学生周一到校后，手机先交由班主任保管，到周五放学领回家。但往往有许多不自觉的学生，交上一个身边还有一个，收掉一个又来一个，老师感觉很头疼。这时，不妨在班内设立帮扶小组或监督员，在孩子违规的时候进行适当提醒，或以帮扶小组和有手机瘾的学生组成"一对一"，一起参加社团活动和学校、班级有意义的集体活动，一起讨论手机的利弊，让其共同参与到戒除手机瘾的活动中来，帮助他们健康、科学地使用手机等电子产品。互联网时代，电子产品是把双刃剑，作为老师和家长应用其利而避其弊，引导孩子科学理智地使用电子产品，培养他们积极进取的人生态度，成为网络时代的真正主人。

慢慢地，你就会发现，孩子不再惦记他的游戏了。虽然有时偶尔会玩上一会儿，却不会再沉迷了。

游戏、户外活动、看电影、家庭聚会……都可以有效地分散迁移孩子对于电子产品的迷恋，同时可以很好地增进家庭关系的和谐。

中学生可以使用手机，但要合理适度地使用它，大可不必手机不离身，每天捧着它，而是应该在需要它时使用它，充分利用高科技带给人们的好处，扬长避短，真正发挥一部手机应有的作用，造福于我们的学习与生活！手机本身并没有对错之分，最重要的是我们怎么来使用手机，在哪些地方，在哪些时候使用。

"未觉池塘春草梦，阶前梧叶已秋声。"向前看，时间悠悠无边；猛回首，方知生命瞬间。不要让爱因为手机而错过。错过，就没有后来……陪伴，才是最长情的告白！

放下手机，亲近家人！坚信孩子的成长路上，只要我们真情陪伴，耐心引导，给予梦想、希望，我们一定会收获更多的快乐与幸福时光！让我们静待花开！

附：手机使用协议（参考模板）

与孩子的智能手机使用协议

我希望你能明白，我的职责是把你培养成一个全面发展、身心健康、对社会有益的年轻人，从而能够适应新技术且不被其左右。

如果你没能遵守下列约定，我将终止你对这部手机的所有权。

1. 这是我的手机，我付钱买的。我只是暂时借给你使用！

2. 手机密码必须要让我知道。一旦更改，立即没收。

第四章 真爱融于理解

3. 这是一部电话,所以如果电话铃声响了,就一定要接听。接起电话要说"你好",要有礼貌。永远不要因为来电显示是"妈妈"或者"爸爸",就故意不接。永远不要这样做。

4. 周一至周五晚上8:00、周末晚上10:00,准时把手机交给我或你爸。我们会把手机关机,到第二天早上7:30再开机。

5. 手机不能带到学校。你要学会与那些微信、QQ上的好友面对面地聊聊天,因为这是一种生活技能。如遇到只上半天课、外出参观以及有课外活动等情况,可另行考虑。

6. 如果手机摔到地上或是不翼而飞,你得承担更换零件的费用或负责维修。你可以使用自己的压岁钱,这样的事难免发生,你应当做好准备。

7. 不要利用这个高科技产品说谎、愚弄或者欺骗他人。不要在电话里说一些伤害他人的话,要做一个良友,或者干脆远离争端。

8. 远离不良内容。用手机上网时,只能搜索和浏览那些可以坦然与我分享的信息。如果你对任何事情有疑问,可以找个人问问,最好是问妈妈或者爸爸。

9. 在公共场合要把手机设成静音,并收起来放好,尤其是在餐厅、电影院或者与另一个人交谈的时候。你不是一个无礼的人,不要让手机改变这一点。

10. 不要发送或接收你或者其他任何人身体私密部位的图片。不要笑,不要以为你很聪明,有一天也许会被诱惑去做这样的事,这有很大的风险,可能会毁掉你的生活。

11. 不要无休止地拍照和录像,没有必要把一切都记录下来,要用心体验生活,这些生活经历将会在你的记忆中永存。

12. 有的时候可以不带手机出门,并且决定这么做时要心无旁骛,不要觉得不安。手机不是活物,要学会抛开手机生活。不要总是生怕自己错过了什么,要让自己的内心更强大。

13. 下载一些新潮的、古典的或者与众不同的音乐,不要像你的无数同龄人那样,全都听一模一样的歌。可以接触各种各样的音乐,好好利用这个优势,开阔你的眼界。

14. 不要总盯着手机,抬起头来,留意你周围发生的事情,看看窗外,听听鸟鸣,散散步,和陌生人说说话。保持一颗好奇之心,不要总用百度寻找答案。

15. 假设有一天你把生活搞得一团糟,那时我会收回你的手机。我们会坐下来谈心,然后再从头开始。你和我都在不断学习。我是站在你这边的"队友",让我们共同面对。

以上所列举的大部分告诫,不仅仅适用于这部手机,也适用于你的生活。

问卷调查

1. 您的性别：（单选题）（   ）

   A. 男

   B. 女

2. 处于什么年龄段？（单选题）（   ）

   A. 10 岁以下

   B. 10～18 岁

   C. 19～25 岁

   D. 26～35 岁

   E. 35 岁以上

3. 您使用手机主要是做什么？（单选题）（   ）

   A. 日常工作

   B. 玩游戏

   C. 做直播

   D. 看视频，听音乐

   E. 其他

4. 如果一天不用手机你会感觉难受吗？（单选题）（   ）

   A. 会

   B. 不会

5. 你认为自己有网瘾吗？（单选题）（   ）

   A. 有

   B. 没有

6. 你会戒掉网瘾吗？（单选题）（   ）

   A. 会，正努力尝试

   B. 想戒，但没有自制力

   C. 不会，感觉对生活没有影响

7. 你一天花在手机上的时间有多少？（多选题）（　　）

　　A.1～2小时

　　B.2～4小时

　　C.4～6小时

　　D.6小时以上

8. 你是否有过因手机而和亲人不快的经历？（单选题）（　　）

　　A. 是

　　B. 否

9. 你在什么情况下使用手机的情况比较多？（多选题）（　　）

　　A. 无聊没事干

　　B. 想要查找文献资料

　　C. 想要玩游戏

　　D. 需要学习知识

10. 若使用手机有影响到你的身体健康，你觉得影响程度最大的是？（单选题）（　　）

　　A. 经常触摸屏幕导致手指酸痛

　　B. 长时间上网导致近视

　　C. 经常感到恶心或喉咙干燥

　　D. 迷恋电子产品缺乏运动导致身体肥胖

　　E. 无

第二节 消费有度 受益无穷
——引导青少年树立正确的消费观

导语

随着时代的发展，我国民众的消费水平日益提高，对应的消费心理和消费行为也发生着翻天覆地的变化。消费行为是指消费者在日常生活中认知、认同、选择、购买和使用消费产品的活动。人们的消费行为受收入水平、购买动机、外界环境、消费观等多重因素影响。在这些因素中，消费观作为人们认定事物、辨别是非的根本取向，决定着消费行为的外化和输出。可以说，有什么样的消费观，就有什么样的消费行为。青少年作为特定年龄的群体，他们的消费观具有特殊性。近年来，青少年群体当中出现的诸如攀比消费、炫耀消费甚至低俗消费等不良消费行为成为社会关注的焦点，这就需要用正确的消费观进行引导。

一、什么是消费心理？

消费心理就是指消费者进行消费活动时所表现的心理特征与心理活动的过程。大致有四种消费心理，分别是从众（人家买什么我也买什么）、求异（人家买什么我偏不买什么）、攀比（我要比人家买得更好）、求实（我只买实用、适合自己的）。青少年作为特定年龄的群体，他们的消费心理跟一般消费心理相比又具有特殊性。

二、青少年消费心理及行为特点

青少年群体作为一个特殊的消费群体，其消费心理多表现为炫耀心理、趋同心理、猎奇心理、广泛心理及依赖心理，而与其相对应的行为表现为符号象征性、消费从众性、消费个性化、消费多元化和消费冲突性。

（一）炫耀心理——符号象征性

为了追求自己心理的满足感，不考虑实际需求及经济承受能力而进行的非理性消费，即炫耀心理。符号象征性是炫耀心理在消费过程中的表现行为，即商品的品牌是他们首要考虑的因素，以及通过这样的商品来传达个人与社会的信息。2004年《中国青年报》曾对1150名青少年的消费行为进行调查，发现77.8%的青少年在消费时注重品牌，仅有1.8%的青少年在消费时不在意品牌。为了印证2004年的调查结果，看看现在青少年对于品牌消费的看法，笔者随机对一个班60个学生进行了小规模的调查，数据结果显示，穿名牌衣服的目的在于"有面子""穿给别人看"这两种观念所占比例共75%，为了"自己心理愉快的"占23.3%，基本跟之前的调查报告相符。但是对于品牌的等级，青少年明显有自己的看法。在14年前，耐克、阿迪达斯这些属于高端品牌，青少年知道但是购买的人数不多，青少年对于名牌的了解基本都是国产品牌，如李宁、安踏、佐丹奴之类的。而现在青少年心目中的名牌基本都是耐克、阿迪达斯之类的国际大品牌，对于国产品牌他们是不屑的，也甚少购买。他们购买的金额基本在五百元以上，有的甚至高达两千元。因此对于现在的青少年来说，炫耀名牌是他们购买的最主要原因，他们并不会去了解品牌的起源及它所代表的文化和内涵。

（二）趋同心理——消费从众性

趋同心理是为了使自己与社会群体保持一致性，在消费行为上的具体体现就是看到其他人购买某一商品后，即使明确自己并无相关的需求，也要进行与其他人相同的消费行为，其最大目的是为了融入这个群体。青少年在趋同心理的驱使下，会向家长提出购买超出自己消费水平的物品，如AJ鞋子、苹果手机等，他们购买的理由很简单，就是"我们班谁谁谁都穿了什么鞋子，我也想买""我们班谁谁谁都用什么手机，我的这个手机太落后了，没面子"等，要求家长为其购买同类同一品牌同一款式的商品。

（三）猎奇心理——消费个性化

猎奇心理就是人们的好奇心理，对新兴事物极为敏感，对任何新知识新事物都会感到新奇，敢于尝试新鲜事物。

互动小游戏：考考作为家长的你知道几个名词？

15个青少年常用词语：蔡徐坤、BIGBANG、吃鸡、盘他、佛系、C位、皮一下、B站、十宗罪、斗破苍穹、diss、skr、笔芯、二次元。

设计这个小游戏的缘由：能知道这些词语说明家长经常和青少年互动，比较了解青少年，能够懂得青少年的猎奇心理，那家长对青少年购买的一些小物品就不会觉得太过于出格。

青少年的这些心理特征让他们在消费行为上表现出充分的个性化，他们追求时尚，关注流行，又崇尚独特的风格，喜欢特立独行，喜欢买一些能够彰显个性，与众不同的商品。

当然青少年们的这些小物品，都是一些无伤大雅的东西，它除了愉悦自己之外，也让别人会心一笑，所以我们对青少年的这些行为也就没必要上纲上线去制止他们。当然还有比这种个性文具更加有消费个性化的表现，如之前采访过一个女生，她直言喜欢JK制服。[1]

（四）广泛心理——消费多元性

青少年群体进行购买的商品种类繁多，因其对新产品、新技术非常敏感，接受新事物速度非常迅速，而且随着国人生活水平的提高，购买力也不断增强，以前许多的"奢侈品"变成现在的必备品。

近年来，青少年的消费方向也呈多元化发展，他们的基本物质需求已经完全得到了满足，比如周一的时候，基本上每个同学都是大包小包来学校，包里装着的是家长准备的各种食品，所以他们便开始追求更高的生活质量，如周末的时候约同学去看电影或者去休闲书吧点杯饮品，和同学在那里看书度过悠闲的周末，还有和父母每年都外出旅行等。在八年级的一次作文习作——《寒假记事》中，有超过5成的同学写外出旅游的事情。

因此在休闲、娱乐、旅游、知识文化等方面青少年都成为消费的主力军。

---

[1] JK：JK为日语流行语，意为女高中生（じょしこうこうせい）。取假名音jyoshikoukousei中的J和K。JK制服的种类繁多，细分的话，有非常繁多的款式。包括背心裙、夏服、中间服、马甲、西装、大衣、冬服、开衫、毛衣、衬衫等。（摘自百度百科）

（五）依赖心理与消费个性化冲突

虽然青少年没有独立的经济能力和购买能力，几乎由父母包办他们的购买行为，在购买商品时具有较强的依赖性，父母不但代替他们进行购买行为，而且经常将个人的偏好投入购买决策中，忽略了青少年本身的好恶和他们追求个性化的消费特点，因此常常会有冲突发生。青少年在私底下抱怨家长为其购买的物品不合适，而家长则说孩子挑三拣四，学会攀比，不懂珍惜。

以上就是青少年的消费心理和行为特点，他们的消费行为、消费观念很大程度受到家庭因素的影响，因此识别家庭消费教育误区是关键。

三、家庭消费教育误区——消费无度

什么是消费无度？消费无度就是家长出于溺爱、补偿心理过分地去满足孩子的金钱欲望，让孩子形成一种挥霍浪费的习惯，甚至让孩子在养尊处优的情况下，学会攀比和虚荣，我们称为消费过度。而另一个极端就是过于苛刻地面对孩子的消费需要，经常用"穷"作为借口，拒绝孩子的正常消费，让孩子形成吝啬、自私的性格，我们称之为哭"穷"教育。因此对孩子进行消费观教育对于他们的成长至关重要。

（一）消费过度

消费过度对孩子的危害：觉得父母给自己钱花是天经地义的事情，形成挥霍、浪费、没有节制的消费习惯。

《中国青年报》发表文章称：短短的三个多月里，16岁的中学生偷偷用父母的手机陆续转账支付约40万，用于打赏网络直播主播。据统计，每10个直播用户中，就有一个是青少年。虽然青少年在直播平台上的付费金额整体来看低于100元，但是近日未成年人重金打赏直播主播的新闻屡见不鲜。重金打赏金额2270元到40万元不等，平均金额达到6.8万元。从中可以了解青少年随意花费父母的劳动所得，对于父母赚钱的艰辛没有什么太大的感受。甚至有一项调查结果显示：只有20%的孩子知道钱是父母辛辛苦苦挣来的，而其余80%的孩子认为，钱是父母从钱袋里拿出来的。

消费过度对孩子的危害：自私自利，没有感恩心，不懂得孝顺父母。

去年1月12日，网络上有一条新闻掀起轩然大波，微博上一个名为"一个失业父亲

（第二辑）

"等待女儿归"的账号爆料称，自己含辛茹苦积攒的300万，原本计划供18岁女儿去加拿大留学，结果却被女儿偷偷转走，挥霍无度，并拉黑全家。文章一出，立即引爆网络。

文中的女儿，父亲形容她"整天大手大脚花钱，挥霍无度"，指责她没有感恩之心，而这"挥霍无度"，没有感恩之心的背后，纵容她的何尝不是父亲的补偿和溺爱心理？从小纵容溺爱无度，对孩子的行为和花钱方式不加以控制，却不知孩子始终是要长大的，等到长大以后，她习惯了伸手讨要，缺乏感恩心理，自私自利，最终酿成的苦果，只有父母自己往肚里咽。

（二）哭"穷"教育

长久以来，我们中国人都有穷养教育的习惯，如"寒门出贵子""山沟沟里飞出金凤凰"之类的。父母总是认为给孩子太多的钱孩子就会学坏，就会没有上进心，只有在艰苦的环境中才能培养孩子吃苦耐劳的品质，继而让孩子拥有远大的志向，成为一个有用的、优秀的人。那我们现在的家长是否也还在采用这样的方法呢？

有些爸妈经常会在生活中对孩子哭穷。当孩子提出想买某种东西时，爸妈总是以"太贵了我们很穷，买不起"这类理由来拒绝孩子的要求。殊不知，你的这种"哭穷"教育很容易培养孩子的穷意识，甚至会害了孩子一生！

1. 哭"穷"教育的危害：会压抑正常的需求

如果孩子总是被父母以"没钱，买不起"等理由拒绝，他就会在一次次失望之后，开始变得"懂事"，会常常在心里对自己说："我们很穷，爸妈没钱，我不应该要求任何东西"。在这种心理作用下，孩子的正常需求也会被压抑，该有的东西不敢去争取，想买的学习用具不敢买，想要的玩具更是不敢向父母开口。贫穷意识会使孩子过早成熟，甚至会使孩子产生一辈子的心理阴影。

2. 哭"穷"教育的危害：变得自卑、孤僻

当班级举办集体活动或同学生日请她去时，孩子会因为花钱而不敢去参加："家里穷，我交不起这个钱。""同学生日，都送礼物，我买不起，还是不去丢人了。"爸妈经常哭穷，会让孩子有匮乏感，容易形成自卑心理，觉得自己处处不如人。

3. 哭"穷"教育的危害：可能长大后反而会过度追求金钱和物质

贫穷意识会引发孩子的自卑，同时可能也会引发孩子的奋斗心，发奋要超越别人。但就算超越了，长大后有经济基础了，贫穷意识依然会根深蒂固地影响着他对事物的判断，

以及对金钱的过分追求。小时候物质一直未能被满足的孩子，长大后容易唯利是图、处处追逐金钱，或者过分追求奢侈品，名包名表攀比着买，用以填补童年时期的匮乏感。

4. 哭"穷"教育的危害：变得小气、抠门

父母经常对孩子强调"没钱""买不起"，会让孩子变得小气、抠门，不愿意与人分享零食或者玩具。因为仅有的少量的物质或者玩具，是在爸妈"没钱"的情况下买的，来之不易，孩子会由于过度珍惜而拒绝分享。一旦孩子抠门的不良性格形成后，会对今后的为人处世和人际交往都产生很大的负面影响。

心理学家们还特别对这个现象进行研究，美国著名心理学家罗森塔尔和雅格布森提出"太贵效应"，其理论基础源自著名的心理学定律"皮格马利翁效应"。"皮格马利翁效应"是指你期望什么，你就会得到什么。心理学家们指出如果把"这个太贵了，咱们买不起"这句话说上100遍，在孩子6岁前，爸妈的一个任务完成了，那就是让孩子的一生都在贫穷的意识中无法逃脱，从而决定他一生穷困的命运。

四、四招培养青少年消费观

通过四招简单有效的方法来培养孩子正确的消费观：参与经济、学会记账、学会规划及美感教育。

（一）四招之第一招：参与经济——要让孩子了解自己家庭的经济情况

以某位家长的收入和支出为例（妈妈家庭主妇无收入）

张爸爸每个月工资收入		＋8000元
每个月家庭支出	房贷（住）	－2500元
	一日三餐伙食费（吃）	－1800元
	汽车（行）汽油＋停车费	－600元
	储蓄	－1000元
	股票	－1000元
	家庭保障（保险、医疗）	－500元
结余		600元

这600元是作为家庭机动费用，假如孩子要买一双500多的耐克鞋，那基本就花掉了这个月的结余，家里其他人就没有办法再买其他想要的东西了。所以滥用金钱，会影响其他人的生活。但是每次都拒绝孩子，会让孩子产生挫败感，因此我们可以仿照西方国家，进行民主会议，每个人都说出这个月最想要买什么，然后进行讨论，讨论出哪个人的愿望最应该先被满足，以此类推。

通过这一招，让孩子既能明白家庭的经济收入及支出，也懂得家里的每一分钱都有它固定的用途，这比单纯跟孩子说不要乱花钱，体会父母赚钱艰辛有用得多。

请和您的孩子一起填写家庭经济情况：

收入		
爸爸		
妈妈		
	共	元
每个月家庭支出		
	共	元
结余	共	元

（二）四招之第二招：学会记账——要让孩子学会理财，培养财经素养

以某班王同学为例：每个月妈妈给100块零用钱，他记录了3月份的收支情况

时间	支出	金额	时间	收入	金额
3.2	圆珠笔芯5支	5元	3.2	承包一天家务	5元

续上表

3.6	可乐1罐	3元	3.15	奶奶给20块	20元
3.12	买了一套衣服	125元	3.17	承包一天家务	5元
	（向妈妈贷款了100块，每个月利息1元，每个月分期给21元，共还5个月）	44元			
……	……	……	……	……	……
	结余	23元		结余	50元
三月总额	+73元				

通过一次又一次的记账，建立起孩子正确的消费观。

开始你的记账吧！（也可以用手机APP记账——鲨鱼记账、随手记账、口袋记账等，建议孩子还是用本子进行记账，比较符合他们的实际情况。）

时间	支出	金额	时间	收入	金额
	结余			结余	

（三）四招之第三招：学会规划——让孩子设计一个你家的旅行计划或家庭日活动

以方同学设计的家庭日为例子：

例子：

时间：4月20日周六9:30—16:30

地点：东莞植物园

人员：爸、妈、姐、我

天气：多云，22-28度（提前查当天的大概天气）

活动内容：逛逛植物园、踢足球、放风筝、踩单车、野餐

出行方式：①公交车路线：10路车——806路车 具体坐法如下：厚街工商分局上车，坐4站到达TTI总部下车，换乘806路车，坐15站到达东莞植物园下车。需要时间约为1小时。

费用：$4×2+4×4=24$元

②滴滴打车 费用：约20元（以妈妈手机APP显示为准），需要时间约为30分钟。

经对比选择，滴滴打车性价比最高。

就餐方式：（因为涉及中午吃饭问题，我设计了两个方案）

①餐馆就餐：50～60元每人，200～240元

②自带食物：

自制寿司：20元

自制卤鸡蛋：$8毛×8个=6.4$元

自制卤鸡翅：$4块×4个=16$块

自制卤鸡脚：$1块×16个=16$元

自制凉拌青瓜：5元

自制凉拌木耳：14元

水果：30元

水：白开水0元

面包：20元

小零食：30元

自制卤水用到的香料大概8元（问了老妈市场价格）

共165.4元

经过家人讨论，认为自带食物比较好，除了省钱还可以吃得更丰富，又能增加亲子之间的感情。

另外花费：租自行车1小时20元

需要带的物品（完成请打√）：足球（　　）风筝（　　）野餐垫（　　）食品（　　）充电宝（　　）纸巾（　　）垃圾袋（　　）

> 本次活动预计费用：出行去、回程 20 + 25（回来预计塞车，费用上涨 5 元）=45 元
> 租自行车：20 元　食物：165.4 元　　机动费用：50 元
> 共计：280.4 元

通过这一招可以让孩子了解花钱是需要经过规划，懂得区分想要的、必要的和不需要的，从而合理消费。

（四）四招之第四招：培养美感——增强孩子的审美观

1. 鼓励孩子关注自身形象：提倡与年龄相符合的自身形象，毕竟衣服窟窿多、口袋多、挂件多、头发乱糟糟的、裤子往下掉并不是真正的流行。中学生简洁大方，青春就是最好的时尚。

2. 创设有品质的生活环境：房子的大小和装修好坏并不是评价生活环境品质的标准，只要家里整洁有序，孩子的审美意识就会在这种环境中得到潜移默化的提高。

3. 父母注重自身形象，以身作则：父母衣着整洁，孩子也会跟着整洁，父母衣着邋遢，孩子一般也不注重，总是邋邋遢遢，小则影响人际关系大则影响未来的求职。老板总是愿意录取能力相当、衣着得体的人。

4. 多带孩子去艺术类场馆：让孩子接受美的熏陶。

5. 内在美比外在美更加重要：时尚每时每刻在变，拥有强大的内在美，才能更好地适应这个社会。

家庭教育从来都不是一蹴而就的，孩子的消费观也不是一天就能培养起来的，但是贵在坚持，因为坚持就会有成果，坚持就能使孩子在未来的金钱世界中不会迷失方向。

问卷调查

1. 你是孩子的什么人？（单选题）（   ）

    A. 爸爸

    B. 妈妈

    C. 其他家属

2. 你家每个月家庭经济收入是多少？（单选题）（   ）

    A. 3000～5000 元

    B. 5000～10000 元

    C. 10000 元以上

3. 你接受的教育层次是什么？（单选题）（   ）

    A. 初中及以下

    B. 高中 / 高职

    C. 大专

    D. 本科

    E. 研究生以上

4. 你觉得有必要对孩子进行消费观的教育吗？（单选题）（   ）

    A. 有必要

    B. 没什么必要

5. 你觉得以下哪个方法有助于培养孩子的消费观？（单选题）（   ）

    A. 请孩子参与家庭经济的分配

    B. 假装告诉孩子家庭经济不好，不要乱花钱

    C. 随便让孩子花钱，不能让孩子做金钱的奴隶

6. 你知道孩子近期最想购买什么？（单选题）（   ）

    A. 知道

    B. 不知道

7. 孩子近半年来最想购买什么？（单选题）（   ）

    A. 手机

    B. 衣服

C. 鞋子

D. 零食

E. 文具

F. 书籍

G. 不知道

8. 孩子如果向你提出要购买名牌产品，你会怎么办？（单选题）（　　）

　　A. 他想买就买吧

　　B. 自己省一点咬咬牙给他买

　　C. 拒绝孩子的请求，并批评孩子不懂事

　　D. 让孩子做一个购买这个产品的计划

9. 你给孩子购买过最贵的东西是什么？（单选题）（　　）

　　A. 手机

　　B. 衣服

　　C. 鞋子

　　D. 保险

　　E. 旅游

　　F. 其他

10. 这个东西价值是多少？（单选题）（　　）

　　A.500 元以下

　　B.500～1000 元

　　C.1000～5000 元

　　D.5000 元以上

第三节 教会自学 放飞人生

> **导语**
>
> 好的父母不止是让孩子吃好、穿好、用好、住好，而是教会孩子自己去学，也就是我们常说的"授之以渔"，而非"授之以鱼"。关注孩子生活点滴，教会孩子自己去学，让孩子在成长中不断感悟社会，适应社会，让"自己去学"的能力成为孩子一生受用不尽的财富，最终实现自立自强。

一、立规则，养习惯，促自学

在日常生活中，我们常听到有家长这样说："某某家的孩子就是乖，一放学就自己做作业，从来不用父母操心。"说这样话的家长，他们完全把孩子主动自己去学归根到学生的本性上，认为这是孩子的天赋，是与生俱来的。殊不知，别人在培养孩子自己去学的问题上是下了大功夫的，才有他们眼中的"某某家的孩子就是乖，一放学就自己做作业，从来不用父母操心"。

儿子上大班之后，我们给儿子订了一条规矩——放学回家要马上做作业，作业没做完之前，全家谁也不许开饭，谁也不能看电视。

刚开始，儿子自然有点不适应。从尽情玩乐的幼儿园到整天上课的学校，一放学，就想放松一下。但我毫不让步，动画片嘛，告诉他可以在完成作业后看回放；玩嘛，等做完作业，妈妈可以陪他一起玩。无奈之下，儿子只好照办。当然也有过违规现象：有一次放学后，儿子禁不住小伙伴的劝说，先到楼下公园玩去了。等我下班回家，他才赶紧跑回去做作业。那天，他写作业，我故意在旁边陪着，就是不进厨房做饭，也不让老公动手。晚上七点多，儿子忍不住催我，我心平气和地告诉他，什么事情都没有他的学习来得重要，妈妈要等他做完作业。结果，那天全家人八点才吃上饭。我对狼吞虎咽的儿子说，因为他没及时做作业，耽误了全家人开饭，而且我们饭后的散步、讲故事、看书都不能进行了。那一次，儿子领教了什么事都没有做作业重要。从此，放学一进家门就做作业成了儿子的习惯。

饭前把作业做完，是一个指标，是个规则。我坚持只有做完作业，儿子才能玩，才能看电视，才能散步、看书。因为那些时间是他自己省出来的，是对他抓紧时间的奖励。这样的做法坚持了一年后，我的孩子就养成了"一放学就做作业的习惯"，直到现在（上中学了），他还是把完成作业放在首位。

我的方法看似操作简单，但有一点很重要——贵在坚持，坚守规则，如果没有父母一段较长时间的坚持，没有给孩子立好规则，并严格遵守，孩子也是难以学会"自己去做"的。

二、常陪伴，巧引导，养习惯

古人云"读书破万卷，下笔如有神""书犹药也，善读之可以医愚"。哲人也说"书籍是人类进步的阶梯""书是全世界的营养品"，阅读的重要性就不言而喻了。但在现实生活中，我们往往会听到有家长这样说："我知道阅读好，我家里也买了很多书给孩子看，各种类型都有，可孩子就是不爱看，催急了，他就随手翻几下就过了。"这就是我们所说的"道理我都懂，但无论我怎么说，孩子就是不爱看"的现象。究其原因，还不是因为孩子没有养成良好的读书习惯，没有学会自己去学吗？

那么如何引导孩子养成良好的阅读习惯，使阅读成为孩子一种内在需要，成为一种人生的生活体验，成为他们一种新的自觉学习方式呢？我认为，家长的陪伴引导至关重要。

作为家长，我很早就认识到阅读对孩子成长的重要性，也很有意识地在培养孩子的阅读习惯。从儿子读幼儿园中班开始，我就买了许多绘本放家里供孩子阅读。一开始，孩子也很感兴趣，时常拿绘本翻阅。但慢慢我发现，孩子是热衷翻书这动作，半个小时不到，就已翻遍我买给他的全部书了，至于书中到底画了什么、写了什么，孩子是完全不知道，也不感兴趣的。这让我意识到：家长只买书，孩子只翻书，是不能培养孩子的阅读习惯的。于是我改变了策略：和孩子共同读书。之后，每晚睡前，我和孩子都会看书，只不

过这时的看书是我看自己的书，孩子看孩子的书。很快，我又发现孩子并不热衷自己独立看书，他觉得自己看书很没意思。于是，每看3分钟左右，他就会伸过头来看我手中的书或伸手翻我的书。周而复始，一个晚上我和孩子都没真正看书。这让我知道，各自看书的策略也行不通，毕竟孩子还小，还是没有养成自己看书的习惯。接着，我又做出改变——和孩子共读同一本书。还是每晚睡前1个小时，我拿来儿子的绘本，和他并排坐在一起，一起指着读，还对着书中配的插图和文字进行讲解，遇到有趣的文字或图片，我们母子俩还会互相模仿一番，模仿书中简单而夸张的动作，我还故意引导儿子用不同的语气读书中的文字，进行简单的演绎。有时候，我还会就书中内容对儿子进行简单的提问，儿子都能一一回答。就这样的简单操作，我和儿子两人都感受到阅读带来的乐趣。一个晚上，同一本书，我们母子俩会读、会看、会模仿上两三遍才恋恋不舍地合上书睡觉。这样的睡前阅读，我整整坚持了两年，儿子也在这样的阅读中不知不觉中认识积累了不少字词，也慢慢地喜欢上阅读。每晚一到时间，他自己就会自动拿上书坐到我身边要求一起看书。又过了一段时间，就变成儿子一个人坐在我身边读，在我面前演，而我在旁边只是及时做出相应的反应就行了。再到后来，儿子就自己看自己的书，我在旁边看自己的书。现在，儿子自己看书就像每天吃饭睡觉一样平常了，我在不在身边都没关系了。

由此可见，孩子自己去阅读的能力，并不是与生俱来的，是需要父母陪伴引导养成的。成功的父母不是给孩子留下多少钱、多少财物，而是教会孩子自己去学。

三、抓契机，善放手，促自立

我们人都有一种惰性，能不用做就不做，能不用思考就不思考，能不动就不动，最好是过着"饭来张口，衣来伸手"的皇帝一般的无忧生活。因此，父母越是宠爱孩子，越是为孩子想得周到，越是面面俱到，孩子就越是不能自理，越是不会自己主动去学习，越是不能自立。换句话说，父母的溺爱包办，成就了"四体不勤，五谷不分"的懒孩子。如何让我们的爱成就孩子的自立自强呢？这就需要家长在时时关爱关注孩子生活点滴的基础上，注意抓住契机，善于放手，促使孩子自立自强。

医生兼作家的毕淑敏女士是这样教孩子的：有一次她儿子感冒发烧，她敏锐地意识到这是一个教育、锻炼孩子的好机会。于是，她没有自己帮助儿子治疗，而是向儿子口授了一张看病的路线图之后，让儿子独自上医院。由于没有了父母的依赖，儿子只能根据母亲口授的路线图，自己一路摸索，最终学会了看病。

  毕女士虽是一位医生，但她也跟天下所有的母亲一样深爱自己的孩子。她清楚地知道，孩子终有一天会长大，终有一天会离开父母独立生活，学会生存的本领是很有必要的。因此，她在孩子生病的情况下，并没有像大多数的母亲一样，让孩子单纯当好病人的角色，包办孩子的所有，亲自帮孩子治疗或带孩子到医院。而是向孩子"口授一张看病的路线图"，让儿子独自上医院，从而让儿子学会了看病。"生病看病"是日常中最为平常的事了，可大多数的母亲则很容易母爱泛滥，把孩子很小的病痛看得比天还大，结果事事包办，最终孩子的病是好了，还感受了一把母爱，除此之外，就什么也没学到。毕女士却是用那种看似残忍、不近人情的方式，锻炼儿子独自面对生活的能力。我相信，在今后的人生中，她的儿子如果再遇到类似的困难，他首先做的一定不是寻求援手，而是自己尝试摸索出解决问题的方法，成为生活的主人。所以，父母在关爱关注孩子的同时，要善于抓契机，在恰当的时候懂得放手，帮助孩子学会自己想办法解决问题，学会自立自强。

四、定目标，树自信，助前行

  人生是漫长的征程，目标就是照亮人前进的灯塔。在孩子成长的每个阶段，都要有一个合理目标的引领。孩子小时候的目标不明朗，但当孩子步入学校生活，有计划地开始学习、成长的时候，目标对孩子成长的重要性就不言而喻了。

  彤彤上六年级了，英语课占的时间越来越多，妈妈也不时督促彤彤英语学习千万不能落下。因为妈妈对于彤彤的语文、数学都懂，辅导也没问题，但对英语就不行了，妈妈上学时，学校开设英语课比较迟，妈妈学得并不多，也不好。所以，妈妈就对彤彤的英语学习很重视。

  这天放学，彤彤回家时有些无精打采，吃饭时也一言不发——彤彤的心里有个小鼓敲个不停。因为本次英语考试，她只考了59分，老师让不及格的同学把卷子捎回家，让家长签名后第二天再交给老师。彤彤为难极了，她怕妈妈批评，同时自己也觉得不好意思。

  晚饭后，彤彤把所有的作业写了，然后拿出那张英语卷子来，把卷子平铺在写字台上，对着卷子发呆。鲜红的"59"分，在她的面前跳个不停，一会儿变成"95"，看着"95"，彤彤笑了。揉揉眼睛细看，又是"59"，如何向妈妈开口呢？把前面的"5"去掉，在"9"后面添上个"0"？妈妈是火眼金睛，会一下看穿的。唉，是祸躲不过，还是

从实招了吧。

　　妈妈正在厨房收拾碗筷，彤彤慢吞吞地走到妈妈面前，卷子折成规则的长方形，分数被包在里面。彤彤低着头，小声说："妈妈，老师让你在卷子上签名。""英语考试？考了多少？我看看啊。"对于孩子的英语，爸爸妈妈是永远不会怠慢的。妈妈手脚利索地拿过毛巾，把手擦干了，拿着彤彤的卷子和彤彤一起来到客厅的茶几边。当妈妈把卷子打开的时候，彤彤说："妈妈，我这次英语考试只考了59分，该怎么办啊？"彤彤愁眉苦脸。妈妈没有说话，用心地看着卷子，只见那个"59"的后面，用铅笔模模糊糊地写着"95"，妈妈问："这59分后面写着95是什么意思？""是我努力的目标。""好啊，彤彤有志气。只是从59分到95分，好像步子迈得太大了点啊，就像从山底下一步就迈到山顶，这可能吗？"彤彤不说话。妈妈拿过笔来，工工整整地在彤彤的姓名后边写上自己的名字，然后又在让彤彤千回百转的那个"59"的后边，写上"60"，并对彤彤说："从59到60，一步之遥吧，你能达到吗？""这个当然能了！我只要把所学的单词全部背过，多听听录音，肯定行的。只是老师要我们制订努力的目标，这个目标是不是太简单了？""不简单！只要彤彤下次拿给妈妈看的卷子上是60分，妈妈就知道彤彤努力了！妈妈会为彤彤自豪的！"之后，彤彤因为觉得自己的目标不难实现，可以说是完全没有难度，就没有在心理上产生拒绝、抵触情绪，而是主动地去学习，慢慢变得自信，最终迎头赶上，再也没出现过不及格的情况。

　　由此可见，目标的存在要合适，所谓合适，就是说目标要讲究一定的度。目标太大，人如果付出努力实现不了，就容易迷茫。目标过小，人又因为容易满足而造成动力不足。最好的目标是那种可望又可及，人只要努力一把，只要踮踮脚，就能达到，就能实现的。对于孩子来说，因为心理发展的幼稚和心理承受能力的薄弱，目标合适合理就显得尤为重要。彤彤妈妈为了鼓励彤彤的学习，为彤彤定了一分之差的目标，这样做是明智的。学习好英语是彤彤的目标，这个目标需要一步一步地实现，当彤彤迷茫的时候，踮踮脚就能实现的目标能给她带来成就感，容易重新激发她的学习自信心，激发学习的兴趣和动力，成绩向好发展。彤彤自己定的目标显然太遥远，当付出努力实现不了的时候，心理会承受失败感，容易陷入迷茫当中，学习也很容易走进恶性循环，最终失去信心，失去兴趣。

第四章 真爱融于理解

关于目标，有这样一个经典故事：

1984年，在东京国际马拉松邀请赛中，一名叫山田本一的日本选手夺得了世界冠军，爆出了冷门。在这之前，他成绩平平。当记者问他依靠什么取得如此惊人的成绩时，他说："凭智慧战胜对手。"但很多人内心里都认为这个选手取得冠军纯属偶然。

10年以后，这个选手在他的《自传》中是这么写的："每次比赛之前，我都要乘车把比赛的路线仔细看一遍，并把沿途比较醒目的标志画下来。比如第一个标志是银行，第二个标志是一棵大树，第三个标志是一座红房子……这样一直画到赛程的终点。比赛开始后，我就以跑百米的速度，奋力地向第一个目标冲去。过第一个目标后，我又以同样的速度向第二个目标冲去。初次参加比赛的时候，我并不懂这样的道理，常常把我的目标定在40公里外终点的那面旗帜上，结果我跑到十几公里时就疲惫不堪了。我被前面那段遥远的路程给吓倒了。"

分割抵达目标的距离，将看起来遥不可及的目标拉近，这被称为"合理目标分割法"。越是远大的目标，看起来就越是遥不可及。但如果将目标分解成一个个分目标，就会觉得它们并不遥远。如果能完成每天、每周、每月、每年的目标，就会距离原定的远大目标越来越近，直至最后完全实现。

每个人与自己的目标都有一段漫长的距离，孩子的成长也是这样。当孩子刚刚踏入学校大门的时候，很多年轻的爸爸妈妈牵着孩子的手，恳切地说："孩子，好好学习，将来考个名牌大学。"孩子对于六年以后的事情都根本不感兴趣，那么遥远的十二年之后的事情呢？所以这个目标爸爸妈妈定得太远了，如果把它合理分割，小到一次作业，小到一次测验，小到一次测验的分数提升，一步一步地来享受孩子上学的过程，而不是只要十几年之后的那个结果。事实上，考高分、上重点大学，并不是所有的孩子都能达到的目标，在这个渺远目标的引导下，许多孩子变得心灰意冷、玩世不恭。

大多数孩子之所以在求学的路上半途而废，是因为目标定得过高、目标实现起来难度太大，觉得成功似乎远在天边、遥不可及，是一个不可忽视的原因。一个实现不了的目标，引起的只能是倦怠的心理体验。每一个学有所成的孩子都是在实现无数个小目标之后，留下一条坚实的求学足迹，才实现被世人称道的目标。考取名牌大学就像攀登巍峨的高山，需要一步步用脚去丈量。大成功是由小行动换来的，小目标的实现就会带来一种成就感，而这种成就感会促使孩子一步步脚踏实地继续前行，体验成功和成长、体验快乐与

满足，这种成功将强化孩子的自信心，使孩子始终处于愉悦的成就感之中并激励孩子发挥潜能，如同一辆动力十足的小火车，向下一个目标奔去。

五、家庭渲染　激发动机

美国麻省理工学院媒体实验室文化小组负责人米哈里提到，如果人从小就体验过为兴趣而忘我的滋味，就会感到快乐，并一直主动寻找这种乐趣。家庭是孩子栖居最长的地方，也是最容易为孩子接受的场所，因此，家庭氛围的营造最有利于激发孩子自学的动力。

鲁迅先生曾说："读书人家的孩子熟悉笔墨，木匠的孩子会玩斧凿，兵家儿早识刀枪。"这充分说明家庭氛围能激发孩子的学习动机，更容易教会孩子自己去学。

（一）营造氛围，激发动机

鲁迅先生自己小时候生活的家庭环境，就有一种很好的文学氛围，他从小熟读李白、白居易、陆游等人的诗歌及中国古典名著《西游记》等，为他后来走上文学之路奠定了坚实的基础。如果想培养孩子读书的兴趣，那么父母就应该常带孩子逛书店、买书，在家里读书看报，向孩子讲述书中有意思的故事、娱乐性的内容或科普知识等。经过长期的耳濡目染，孩子自然就会对读书产生兴趣，从而把爸爸妈妈的愿望变成孩子自觉的行动。

有人曾说，属于孩子自觉想干的事情，能力就能轻易地、牢固地为孩子所获得。如果想培养孩子对拉琴或弹琴的兴趣，除了营造一种家庭的艺术氛围，使孩子受到潜移默化的影响外，还应把重点放在激发孩子的学习动机上。

铃木镇是日本著名的小提琴教育家，为了培养孩子学琴的兴趣，他十分注意激发孩子学琴的动机。他先让孩子一边玩，一边看别的孩子练琴。当孩子看到别人都有琴，而自己什么也没有时，就产生了一种想要得到琴的愿望。尽管如此，铃木镇先生并不急于满足孩子的愿望，而是给他一把不出声的琴，让其练习拉琴姿势、指法等。过一段时间后，孩子拉琴的愿望越来越强烈，这时，铃木镇先生才满足其愿望。所以，营造氛围、激发动机是培养孩子兴趣、爱好和特长的准备阶段，是孩子走向自主学习的关键所在，做家长的不可忽视。

（二）潜移默化，激发学习

"龙生龙，凤生凤，老鼠生来会打洞"不仅仅是一种遗传，更是一种耳濡目染的习得。家庭中爸爸妈妈所拥有的正当爱好，通过良好的亲子关系，通过到位的家庭教育，就可以传承给子女，也一并成为他们的爱好特长。当一个孩子还没有成年的时候，他在家里待的时间是最长的，茶余饭后、"晚来天欲雪"的间隙、节假日里的休闲，都是培养学习爱好的最佳时间，且家庭这个温暖的场所本身就已经为学习这种爱好提供了得天独厚的地利条件，"天时、地利、人和"三者皆备，想不学成都难。

一位睿智的中年父亲，酷爱下棋，他年轻时候起，每逢雨天，都会邀上知己杀上两盘，他的棋盘是自己心爱的女儿赫然写的"不要红脸，再杀两盘"。结果他的五个儿子成长的过程中，从老大开始，个个都是棋场高手。每到过年过节，一家人乒乒乓乓忙完了家务，通常是骨头还在锅里咕嘟着呢，父子几个已经驰骋棋场了，马走斜、象走方、炮是瞒人打、车是一杆枪，一招一式、有板有眼、兵来将挡、炮来马踩，凑在一起的父子兵有的下、有的看，也有观棋不语真君子的，还有指点江山、奋袖出臂的，聒噪得比锅里的骨头还热闹。

这样的爱好，既融洽亲密了父子关系，还可以进行开发智力训练，不受时间限制，何乐而不为？当这一门五虎将长大后，不仅是棋场高手，且经管生活有道，个个是生意场上的高手。可见父母好的兴趣爱好是能潜移默化给孩子的，父母当好表率很重要。因为孩子的习惯，从最初的模仿开始，家长日常生活中的一举一动，只要孩子在场，孩子的眼睛就会如摄像机般工作个不停，会把爸爸妈妈的行为内化到自己的内心，并形成自己的生活模式，这就是我们通常说的潜移默化，所以爸爸妈妈要时刻注意自己的言行举止，做好孩子表率。

六、情感牵引　助力自学

"学会学习"是孩子进入知识大门的入场券，而"自主学习"无疑是带领孩子在知识的殿堂里翱翔的翅膀。只有把学习当作享受，才能做到快乐学习、自主学习。融洽的师生关系，浓浓的师生情更是孩子"自主学习"的内驱力。

常言道"亲其师，闻其道"，师生关系融洽，是有利于孩子自主学习的开始。我们发现，只要孩子喜欢上某位老师，那么，他眼中的这位老师无论穿得怎么样，他都愿意亲

近,无论这位老师说什么、做什么,他都觉得是对的,是很有道理的。他就会很愿意去模仿、学习,期望达到老师的要求,得到教师的认可,慢慢下来,孩子自己去学就成了水到渠成的事了。

儿子上三年级的时候换了一位班主任。新班主任很有爱心,很善良,教育孩子很有方法,儿子特别喜欢她。凡是这位老师说的,他觉得都是正确的,很有道理,而且很乐于执行老师布置的任何任务。这时,我意识到教育的机会来了,为了让儿子更快地走向自主学习,我也顺应他的情感——喜欢教师,不时地在儿子面前夸那位老师哪里做得好,哪句话说得特别有意思、有道理,无形中拉近了孩子和那位老师的关系,让他有了"亲其师,闻其道"的情感。为了不让自己喜欢的老师失望,儿子常常会主动去预习,自觉阅读老师推荐的书目,主动要求参加学校的第二课堂书法班,在老师检查前主动背诵好一学期所有要背的古诗词,还主动请教家人如何扫地……

由此可见,我们家长在教育孩子的问题上,要与老师站在同一战线上,在孩子面前多多宣扬老师,多肯定老师,并不断加深孩子对老师的情感,让孩子"爱师、亲师"的情感牵引他们不断向前进。

问卷调查

1. 您培养孩子阅读习惯的方式是（　　　）

    A. 给孩子购买各种书籍让孩子自己看

    B. 常带孩子逛书店、图书馆

    C. 时常和孩子在一起看书

    D. 以上都有

2. 您是如何帮助孩子确立目标的？（　　　）

    A. 家长帮孩子制定目标

    B. 孩子自己制定目标

    C. 父母根据孩子实际情况和孩子讨论商量共同制定目标

3. 您每周陪伴孩子的时间是多少？（　　　）

    A. 半小时　　B. 一小时　　C. 五小时　　D. 一天　　E. 两天

4. 您是如何引导孩子"亲其师，闻其道"的？（　　　）

    A. 耳提面命教育孩子要尊师

    B. 与孩子聊在校学习情况，相机引导

5. 您认为教育应该是（　　　）

    A. 学校的事情，家长不需要管

    B. 学校管学习，家长管生活

    C. 家校共管

第四节 严守规则 有效惩罚

导语

无规矩不成方圆！遵守社会生活的规则，不仅有利于规范人们的道德水准，更是可以促进社会的进步与发展。只有在社会规则的约束下，人们才会更好地工作、生活、学习。近年来，"熊孩子"越来越走进公众视野。在许多公共场所，如电影院、车站、餐厅等，人们对"熊孩子"的出没感到非常头疼，特别是进入青春期的"熊孩子"。究其原因，就是这些孩子没有规则感。青春期的孩子如果没有规则感，由于天性中的好奇或兴趣冲动，他们做起事来通常不会考虑后果，以至于常常闯祸。有一定规则意识但是自控能力较差，家长的教育有时并未起到良好效果，反而引发家庭矛盾。

不少家长发现，孩子进入青春期后变得叛逆、倔强，难以管教。有些家长在管教孩子无效以后甚至出现体罚孩子的情况。可是效果并不明显，孩子反而更加叛逆。问题出在哪里呢？

小东是一名五年级的孩子，因为贪玩，学习成绩逐渐下降。随着知识难度的增大，小东越来越听不懂老师上课的内容，家庭作业也无法按时完成，家长多次严厉管教，都没有很好的效果。这一天，小东又没做家庭作业，家长不让小东上学，罚小东在家里做了一天的家务，还让孩子写了保证书。本想着孩子被罚以后会变好。可是隔天上学后，小东又不认真听课，拿了个锁头在英语课上玩。家长接到老师的电话之后，气愤难当，就让小东跪在校门口大声念保证书。正是中午，校门口人来人往，大家都看着小东，甚至还有人拍了视频，虽然小东只上五年级，但还是感觉羞愧难当……记者找到了小东的母亲，她忍不住哭诉："我也没有办法，打也打了，骂也骂了，我也不知道该怎么教了，一时冲动就罚了他。"

——《烈日下妈妈惩罚孩子跪在校门口念保证书》

小东的家长对小东的做法是典型的体罚。大多数家长都是在孩子一错再错、屡教不改之下，一时冲动体罚孩子，过后又很自责，加倍对孩子好。这种打一巴掌给一堆糖的做法，不仅起不到管教孩子的目的，反而会使孩子形成错误的人生观。那么，滥用体罚对孩子有什么影响呢？

1.滥用体罚危害孩子身体健康

对孩子实行体罚，往往是在家长非常气愤、惊怒、丧失理智、不顾后果的情绪状态下发生的，很容易打孩子太狠，甚至不择手段，以至于致伤、致残甚至致死。

2.滥用体罚危害孩子心理健康

"滥用体罚会造成诸多心理问题"，北京慧源心理与教育研究中心主任肖锋指出，每个孩子都有下列四种需要：首先是父母的爱护和关怀，而不是父母的责怪和打骂；第二是被他人接受，并被他人尊重；第三是要得到别人的赞赏；第四要在家里有地位。而滥用体罚会破坏孩子的这些心理需求，从而导致孩子出现心理问题。

3.滥用体罚危害孩子智力发育

加拿大的一项最新研究发现，体罚可能会导致与智力测试相关区域的大脑灰质减少。

另外，滥用体罚还会破坏家长和孩子的亲子关系，既伤害了孩子的自尊心，也丧失了父母在孩子心中的威信，造成严重的亲子隔阂。另外，滥用体罚会丧失惩戒的效果，因为当体罚成为惯例，孩子习以为常之后，就没有了惧怕，家长更管教不了孩子了。有没有办法改变这种状况呢？有，那就是培养一个守规则的孩子。

守规则的孩子具有以下特点：明辨是非、有责任感。守规则的孩子也会犯错，但是犯错后会产生羞耻感，能自我反省，避免下次犯同样的错误。

培养守规则的孩子的方法：

制定规则、商定执行、给予惩罚

一、制定规则

我们家孩子做作业特别不认真，拖拖拉拉，最近成绩还下降得厉害。为了管好孩子，我和孩子母亲周末推了所有的应酬，不看电视不玩手机，就陪着孩子做作业。可是孩子总是拖拖拉拉，一会儿要喝水一会儿要上厕所，经常一个上午做不到一张试卷，气得我直跳脚。每个周末我们家就因为孩子的作业鸡飞狗跳，孩子也不开心。

——初二年级家长会上一个家长的话

不少孩子周末作业不认真完成，少做漏做，或者上学后忘记带作业，让家长送作业到学校去。像这种孩子经常犯错、引发家庭矛盾的事情，就可以通过制定规则来改善。

关于周末作业的规则：

1. 每个星期五，将所有作业抄在作业记录本上，并将所有周末作业带回来，不管是不是已经完成。（避免了孩子少带漏带、少做漏做作业）

2. 星期六晚上或星期天早上必须完成作业，在几点前将作业本和作业记录本给爸爸妈妈核对签名。（明确检查作业的时间，将家长从陪孩子做作业的困境中解放出来，避免家庭矛盾）

3. 书写工整，会做的题自己做，不会做的题可以找参考，但要标识出来。（专门给成绩一般的孩子设定的规则，避免孩子出现周末作业不会做、无法按时完成作业的情况）

4. 能够按要求完成作业，可以奖励如打篮球一小时、奶茶一杯、累计四次可以奖励看电影一次/吃大餐等。（根据家庭情况和孩子的喜好设定合理的奖励）

我们家的孩子一回家就拿着我的手机不放，说是要用手机做作业，可是一会儿就在我的手机上下游戏，不仅让我的手机卡顿，不给还发脾气。前几天硬是缠着我给他买一个新的。

——初二年级家长会上一个家长的话

青少年的手机使用问题已经是无法避免的，那么，至少，我们可以通过制定规则来规范、约束孩子的使用行为。

关于手机使用的规则：

1. 手机所有权是爸爸妈妈的，爸爸妈妈可以在必要的时候强制收回手机。（规定了手机的所有权）

2. 手机只能用于学习及健康娱乐，不得浏览不健康内容，不能乱发照片视频上网。（引导孩子正确的上网行为）

3. 手机只能在非上学时间使用，绝不能带到学校。上学前必须交给爸爸妈妈保管。（避免孩子带到学校影响学习）

4. 周末使用手机的时间：星期五/六/日×点至×点（约定时间）

5. 能够按照要求使用手机，手机的正常使用费用将由爸爸妈妈支付。（合理的奖励）

制定一致、具有可操作性的规则，并且有合理、及时的奖励措施，正向强化孩子的良好行为，培养孩子的规则感。

二、商定执行

规则是用来束缚孩子的行为的。所有人都不喜欢这种束缚的存在，孩子也不例外。所以孩子会对规则有一定的抵触情绪。制定完规则之后，我们必须详细地解释规则条目，在非原则性的问题上允许孩子进行商讨、修改。商讨的同时也增强了孩子对规则的认同感。当孩子通过商定接受了规则之后，把它打印出来，写上孩子跟自己的名字，并且贴在显眼的位置，作为孩子的行为准则。这种对规则的认同，其实就是对孩子规则感的培养。

三、给予惩罚

孩子在不断地成长，他们会不断违反规则，试探家长的底线。这个时候，就要及时地给予惩罚。只有这样，规则才能继续实施，不会变成"一纸空文"。这里指的惩罚，其前提是家长给孩子做出必要的解释，让孩子明白自己错在哪里、为什么要采取这样的方式惩罚他、目的是什么，让孩子心服口服。惩罚绝不等于体罚，更不是伤害，不是心理虐待、歧视，让你觉得难堪，打击你的自信心。合理的惩罚对于校正孩子的不良行为有很大帮助，有利于培养孩子的规则感。如果孩子在遵守规则时获得赞赏、奖励，违反规则时却没有得到惩罚，那我们的教育将是无效的。适当的惩罚会让孩子感受到规则感的严肃性、权

威性，也有利于培养孩子的受挫能力，让孩子以后在社会上的路越走越宽。

惩罚孩子的目的是为了孩子的良性转化，惩罚的"量刑"必须合乎孩子的行为。惩罚过重容易引起孩子的对抗情绪，轻了又不足以使孩子引以为戒。因此惩罚孩子要以达到目的为原则，既不能轻描淡写，又不能小题大做滥用"刑罚"。大教育家洛克说："儿童第一次应该受到惩罚痛苦的时候，非等完全达到目的之后，不可中止；而且还要逐渐加重。"其中的道理耐人寻味。以下是几种对青少年比较有效的惩罚方式：批评教育、帮做家务、没收所爱、"自食其果"。

（一）惩罚手段之一：批评教育

批评教育指的是家长对于孩子不当行为或思想的否定。批评孩子应力戒讽刺挖苦，更不能自恃"孩子是我生的、是我养的"而随意用恶毒的语言指责、谩骂孩子。实践证明，讽刺挖苦和恶语谩骂已超越了孩子理智能够接受的范围，将会刺伤孩子的自尊心。批评教育应注意的事项有控制情绪、注意场合、就事论事、给予申诉、提出方案几点。

控制情绪：家长在批评孩子的时候要先控制好自己的情绪，先让自己冷静下来，盛怒之下，容易口不择言，更多的是发泄情绪，而不是教育孩子。愤怒之下的你，心情恼得像一堆火，而你说话的声调就像风，风越大火越旺，越是大吼大叫，心情就越糟糕；但是，如果你尝试着忍一忍怒气，压低一下自己跟孩子说话的声调，你会发现自己稍微冷静、理智一些，最起码不会让你更加愤怒。

注意场合：批评孩子需要注意场合和时间。古人总结出了"教子七不责"对今天还是有指导意义。

古人教子"七不责"：

1. 对众不责：大庭广众之下最好不要责备孩子，以免伤害其自尊心。

2. 愧悔不责：如果孩子已经为自己的过失感到惭愧、懊悔，就给孩子留个台阶，你的宽容会让孩子更加真诚改过。

3. 暮夜不责：睡觉前不要批评孩子，带着沮丧失落的情绪入睡，容易导致噩梦、夜惊等。

4. 饮食不责：吃饭的时候责备孩子，容易使消化功能受影响。

5. 欢庆不责：正高兴的时候突然挨批评，年幼的孩子很难承受和调节这种心理落差。

6. 悲忧不责：伤心哭泣时又遭到责备，对孩子来说"雪上加霜"，可能陷入情绪低谷,变得自卑。

7.疾病不责:生病是人体最脆弱的时候,此时孩子更需要关爱和温暖,而不是批评反省。

就事论事:从受罚者的角度来讲,孩子最厌恶家长"倒咸菜梗",一事既出又将陈年老账翻出来。很多家长却不懂得这个道理,教训孩子时总忘不了东拉西扯、横牵竖连,说出孩子的种种不是,甚至将孩子说得一无是处,直至忘记了本次训教的主题。孩子怎样想呢?反正自己没有一处是对的,以前取得的成绩、改正的缺点家长都看不到,自感天生是挨训该罚的料,对改错失去了信心,也就破罐破摔、我行我素,这样的教育效果可想而知。所以,家长教训惩罚孩子务必要一事一议、就事论事,切勿搞牵连、翻陈账。

给予申诉:孩子如果认识到是他们自己犯了错误,那么不管批评还是其他责罚,他们都愿意接受,但是如果冤枉了他们,他们就像炸药一样,瞬间被引爆。所以,批评孩子时要给予孩子申诉的机会,不要说出"我不想听你说任何话""我不想听你的辩解""你根本就是在诡辩"这样的语言。

提出方案:批评教育孩子是为了让孩子改正错误,家长要态度明确,跟孩子讲清楚他应该怎么做、达到什么要求或标准,家长千万不能含糊其词甚至让孩子"自己去想"。家长不给"出路",孩子改错就没有目标,效果就不明显。我们可以这样表达:"这件事情以后可以……解决""妈妈/爸爸希望以后看到你……"

(二)惩罚手段之二:帮做家务

孩子做错事情的时候,可以让他做家务,体会父母的艰辛。小点的孩子可以做一些简单的事情,父母可以陪着孩子做家务,大点儿的可以大扫除之类的,既可以锻炼孩子的动手能力,又能起到教育孩子的作用。

(三)惩罚手段之三:没收所爱

没收所爱指的是没收孩子喜欢的物品或者某个权利。比如,本来已经答应给孩子买一双新出的运动鞋,因为孩子最近表现不好,违反定下的规则,爸爸妈妈可以暂缓给孩子买球鞋。没收孩子喜欢的物品或者权利的时候,我们要设定合理的重获条件。例如,孩子这次语文考了50分,我们没收孩子的手机,那孩子重新获得手机的条件是什么?下次考到90分?孩子根本达不到,这就是不合理的重获条件,会伤害孩子改正错误的积极性。重

获条件要设置成孩子努力一把后能达到的目标，这样孩子才会为了所爱的物品或者权利而努力改正。

（四）惩罚手段之四："自食其果"

教育不是改造人，是唤醒人，唤醒人内心中沉睡的"巨人"。当一个孩子犯了错，要惩罚他，首先要肯定他是一个好孩子，再指出他的错误。比如，对他说你确实很优秀，但是今天这件事你伤害了别人，你是怎么想的，你怎么办？……惩罚的一个基本出发点和目的，应该是让孩子为自己的过失负责，从中吸取经验和教训，并在以后的行为中起到提醒和警示的作用。这样的孩子长大才能不怨天尤人，不推卸责任，成为勇于负责和有担当的人。

有个12岁的少年，在院子里踢足球，把邻居家的玻璃踢碎了。邻居说，我这块玻璃是好玻璃，12.5美元买的，你赔。这是在1920年，12.5美元可以买125只鸡。这个孩子没办法，回家找爸爸。爸爸说，你踢碎的你就赔吧，没有钱，我借给你，一年后还。在接下来的一年里，这个孩子擦皮鞋、送报纸、打工挣钱，挣回了12.5美元还给父亲。正是通过这件事让我懂得了什么是责任，那就是为自己的过失负责。

——美国总统里根在回忆录中写到的一个故事

而我们的父母常常剥夺孩子承担责任的机会。比如，孩子打碎了别人的玻璃，最常见的就是让孩子道个歉，然后说走吧，回家写作业去。都是父母留下来处理，父母掏钱赔。我们总说孩子没有责任心，实际上，很多时候是父母从小就剥夺了孩子为自己承担责任的机会。父母包办得越多，孩子的能力越差，这样的事情现在太多了。学校里，老师也包办代替，像少先队活动，不少都是老师策划组织、写演讲词。这就需要我们转变教育观念，让孩子承担责任，一个能承担责任的人，才是现代人。

孩子是在体验中长大的，不是在说教中长大的。一位教育学家曾经说过，教育有一个原则，孩子进一步，大人就退一步。

（五）我们该不该打孩子？

常常有人问到如何教育孩子，其实平常心很重要。还有一个问题大部分家长都会关心：该不该体罚孩子。答案是肯定的，当然该，而且应该毫无负担。也就是说，孩子犯错，要心平气和适度处罚孩子时，我们绝不要因为眼下的种种"不该打孩子，给孩子留下心理阴影"等理论而停下手中的戒尺。要真罚了，也不要觉得自己对不起孩子。体罚若出于平常之心，那就是堂堂正正之事。不仅没错，而且应该；不仅应该，而且在这以保护孩子之名溺爱孩子的社会，更应该鼓起勇气说出来。

《中华人民共和国未成年人保护法》规定："学校、幼儿园的教职员应当尊重未成年人的人格尊严，不得对未成年学生和儿童实行体罚、变相体罚或者其他侮辱人格尊严的行为……教职员对未成年学生和儿童实施体罚或者变相体罚，情节严重的，由其所在单位或者上级机关给予行政处分。"但没有对父母体罚子女做出禁止。

教育专家总说，体罚会造成人格扭曲。这话不算全错。因为，过度暴力的恶性体罚，确实会伤害孩子心灵。这就好比暴饮暴食，必对身体不利，但人又不能不吃东西。而对于体罚来说，其实也是如此。饮食应有度，至于体罚，问题也只在于如何拿捏分寸、如何适时与适度，若能做到"小惩大戒"，那自然就皆大欢喜。当孩子一再违反规则，触犯底线时，我们可以适度的使用体罚。

体罚、责打孩子要做到以下几点：

1. 不要在盛怒之下责打孩子。因为这时打孩子往往只是发泄自己的愤怒，惩罚时往往会失去分寸，会忽视孩子犯错误的原因，也很难给孩子讲清楚为什么要打他，很容易失手打伤孩子。应等自己怒气平息了，头脑清醒了，再实施惩罚。

2. 说清楚原因。家长和孩子之间存在着教与被教的关系，但教育孩子仍当以理服人。惩罚只是手段而不是目的，家长在责打孩子前要通过说理、剖析的方式使他明白为什么会受罚、知道犯错误的原因，讲清楚如果坚持犯错下去将有什么后果。惩罚只是一种劣性条件刺激，其效能是暂时的，不能持久。受罚的孩子改正了错误并不等于他已明白事理，并不能保证他下次不会再犯。因此，让孩子明白自己受罚的原因才是根除错误的关键，说理是惩罚孩子之后不可或缺的一个重要步骤。

3. 有专用的工具。责打孩子最好找不会严重伤害到孩子身体健康的工具，比如，小藤条、戒尺，"手掴脚踹"绝对不可取，容易伤害到孩子身体健康，造成严重后果。

4. "量刑"要适当。惩罚孩子的目的是为了孩子的良性转化，惩罚的"量刑"必须合乎孩子的行为。惩罚过重容易引起孩子的对抗情绪，轻了又不足以使孩子引以为戒。因此惩罚孩子要以达到目的为原则，既不能轻描淡写，又不能小题大做滥用"刑罚"。

　　如果家长制定并坚决执行清晰、一贯的规则，并向孩子进行详细的解释，即使在违反规则后受到惩罚，孩子也会认为家长是公平的、讲道理的，而不会觉得父母善变和独裁。研究表明，既温暖又有约束性的权威性教育风格是最能培养孩子规则感的教育风格。希望我们的孩子都能成为守规则、辨是非、有担当的孩子。

第四章 真爱融于理解

问卷调查

1. 您是孩子的（　　）

    A. 父亲

    B. 母亲

    C. 祖父母或外祖父母

    D. 其他

2. 您家处于青春期的是（　　）

    A. 男孩

    B. 女孩

    C. 男孩女孩都有

3. 您的孩子出现过以下哪些不良的行为(可多选)（　　）

    A. 叛逆，不听长辈的话

    B. 学习习惯不好

    C. 沉迷手机和电脑游戏

    D. 不诚实

    E. 结交不良的朋友

    F. 偷盗

    G. 欺凌别人

4. 在孩子成长的过程中，您体罚过孩子吗？（　　）

    A. 经常

    B. 偶尔

    C. 小时候有，孩子进入青春期后没有

    D. 一次都没有

5. 您会因为什么原因体罚孩子？（　　）

    A. 违法（偷盗、校园欺凌）

    B. 结交不良朋友

    C. 学习习惯不好

    D. 沉迷手机和电脑游戏

E. 其他不良行为

6. 您认为以下哪种说法比较符合您的教育观念？（　　）

    A. 孩子不打不成器，严格教育有利于孩子成才

    B. 只要不涉及原则性问题，都可以温和地教育孩子

    C. 不管孩子犯了什么错误，孩子始终是孩子，要慢慢教育

7. 在您体罚孩子之后，您感觉您和孩子的亲子关系（　　）

    A. 没有任何影响

    B. 短时间内会有影响

    C. 长时间影响亲子关系

    D. 没体罚过孩子，不知道

8. 您认为体罚孩子这种手段，对教育孩子有效果吗？（　　）

    A. 效果明显，且持续时间很长

    B. 效果明显，但持续时间很短

    C. 有些效果

    D. 没效果

第五节 亲子合约　成长顺畅

导语

手机游戏、学业压力，让亲子之间的鸿沟越来越宽，亲子沟通效果不好，甚至没法沟通；青春期的到来，孩子第二性特征也开始出现并快速发展，孩子经常表现出成人的一些想法，觉得自己长大了，在各方面都能独立自主了，有了摆脱家长的想法。家长们在这一阶段感觉很难管理孩子。

亲子合约是避免父母与子女之间冲突，在双方平等沟通的基础上，相互约定达成的书面的协议合约。亲子合约能有效地培养孩子的规则意识，提升孩子的责任感，避免亲子关系不和谐，达到解决孩子的手机、学业、叛逆等方面的问题，使孩子成长之路更加顺畅。

一、家庭教育现状

初中教育阶段，家庭教育中最难的是初二阶段，家庭教育中存在的问题，大同小异，我们一起来分析家长朋友们填写的问卷结果（我抽出了几个比较典型的问题）。

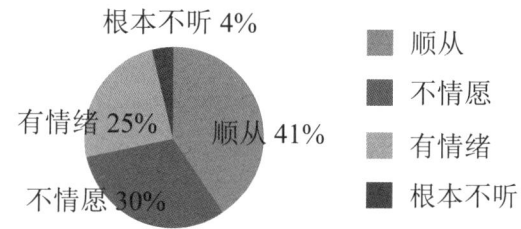

孩子玩手机，家长要回收时

（一）从这些数据可以看出，手机的控制是大多数家庭教育中存在的一大问题！有近60%的孩子使用手机不当，甚至影响到了亲子关系。

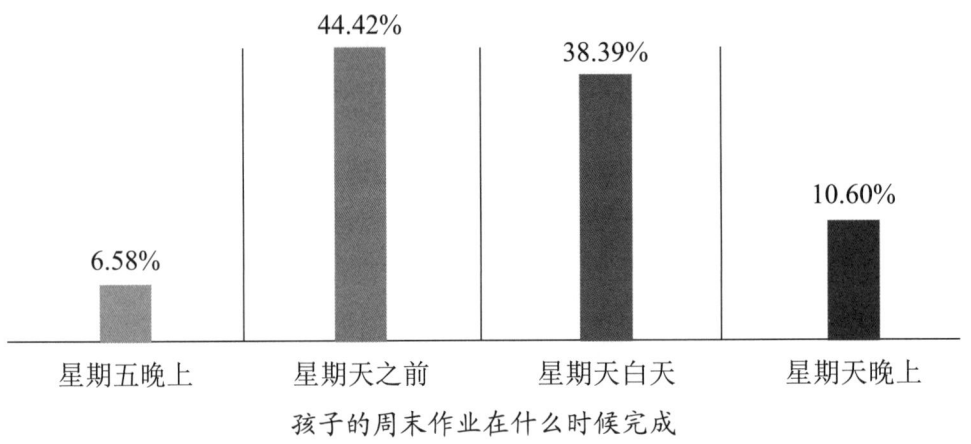

孩子的周末作业在什么时候完成

（二）从这些数据中，可以看出近一半的孩子学习很被动。星期天之前完成作业，是有计划、主动地完成作业，星期天可以参加家庭活动，也可以进行复习和预习；而星期天晚上完成作业的孩子，是为了完成任务而做作业，这个时候完成作业，已变成了纯粹的体力劳动。

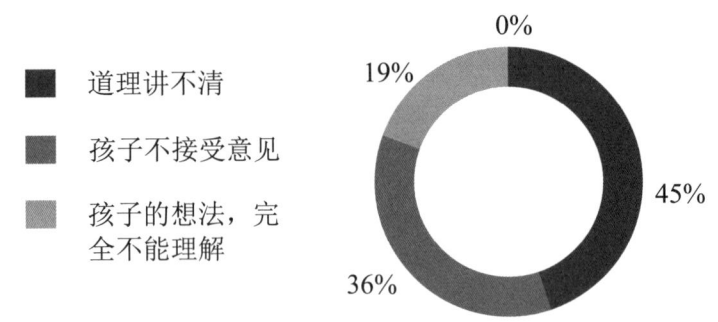

在与孩子的交流中，您觉得最大的困难是

（三）叛逆期的到来，亲子之间的沟通很困难。随着时代的变化，孩子的想法更是无法理解。

二、初二学生特点

我们经常说:"初一差别不大,初二两极分化,初三天上地下!"初二是个非常时期,我们的孩子这个阶段的学习状况又是怎样的?

我给初二的孩子们做了一份问卷,一起来看看几个典型的数据:

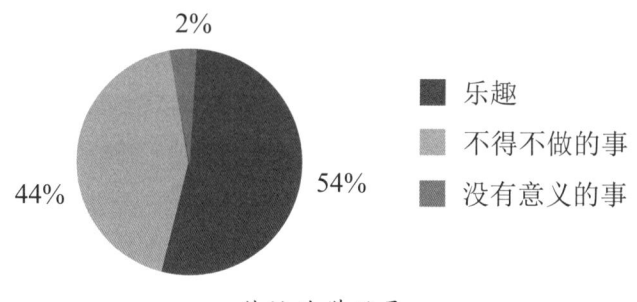

你认为学习是

(一)从以上数据可以看出:孩子们学习被动,出现厌学心理,成绩自然会下降。

目前,你觉得你是哪一类中学生?	
比较迷茫,不知道做什么才有意义,不知道该如何努力	46.68%
有理想、有抱负、积极为自己的目标努力	42.45%
主要是为了拿到毕业证书,以后方便升学	6.65%
没有什么追求,只是因为家长和老师的期待完成学习任务	3.93%

(二)这个阶段,孩子们学习目标不明确,出现懒散心理,处于迷茫时期。

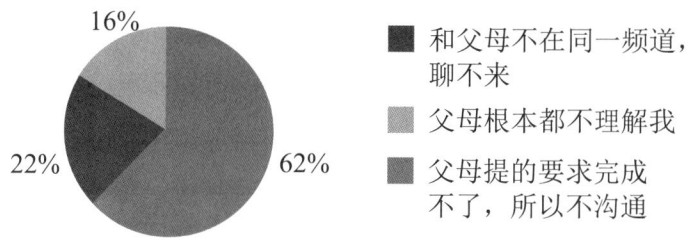

你觉得和父母难沟通的主要原因是

（三）孩子们的自主意识开始变强，出现叛逆心理，难沟通。

从问卷的数据分析，现阶段孩子出现的几种心理可以归纳为：

1. 厌学心理

学生厌学主要表现是：注意力分散，上课不认真听讲，思维迟缓，提不起精神和情绪消极，作业拖拉，敷衍了事，伴随着学习效率降低，作业错误率上升，学习成绩差等后果。

2. 逆反心理

逆反心理是指人们为了维护自尊，而对对方的要求采取相反的态度和言行的一种心理状态。"逆反心理"可以说是上了初中后的孩子比较典型的心理，逆反心理形成的原因是因为生理和心理的发育，他们内心有一种强烈的焦虑倾向，这种倾向使得他们表现出一种无来由的反叛和对抗。

逆反心理产生的原因有三种。一是好奇心；二是对立情绪，任凭你"苦口婆心"，他却认为你是虚情假意、吹毛求疵。三是心理上的需要，越是得不到的东西，越想得到，由于孩子理性程度较差，这种欲求也更强烈。

3. 懒散心理

懒散心理的典型表现：做事拖沓，待人冷淡，生活目标模糊，行动松松垮垮，对自我毫无严格要求，没有一点进取心、责任感和挑战意识，失去了青少年应有的朝气和活力。

其实，初二的孩子像只小刺猬，很敏感，又容易伤人！

他们自我，他们叛逆；他们要尊重，他们又希望得到信任。

这个阶段对孩子的教育，也真的不容易。亲子沟通的小船说翻就翻！我们一起来看个案例，这是我班上一个女同学与母亲的真实案例，她们的对话值得我们思考。

案例分析：

> 孩子：我想买个手机。
>
> 母亲：你不是有手机吗？
>
> 孩子：苹果X上市了，很漂亮！
>
> 母亲：亏你说得出来，你又不好好学习，就知道玩，你看看小雨，成绩比你好，又听话！
>
> 孩子：我怎么不努力了？你就会指责我！我不想跟你说了……

沟通从此中断。案例中亲子沟通失败的原因是什么？

父母与孩子沟通要懂得平等、信任、理解、尊重。改变与孩子的交流方式，也许会让我们在陪伴孩子成长的过程中更加从容、智慧一些。

三、什么是亲子合约

我家是二孩家庭，第二个孩子出生刚好遇到女儿上一年级，所以，工作和生活都很忙，身心疲惫，心情不好就会变得狂躁。女儿刚上一年级，比较娇气，自主意识也慢慢变强，什么事她都要提意见，总要挑战父母的权威。我和妻子有时会骂她，甚至有打的冲动，但慢慢发现：骂，解决不了问题。

就在我很迷茫的时候，女儿开家长会，班主任让我最后发言，我上台后，是这样说的：

听了前面几位家长的育儿心得，我觉得我很惭愧，我做了15年班主任，组织了15年的家长会。今天第一次作为家长来参加家长会，我觉得我就像个小学生。因为在教育女儿方面，我比较失败，我对不起我的女儿！我刚刚听了前面几位家长的经验介绍，才醒悟过来：我女儿喜欢闹，其实是孩子的天性；女儿喜欢挑战父母的权威，其实是她想引起父母的注意，显示她的存在感；特别是在有了弟弟或妹妹后，她会有爱被抢走后的恐慌！而我，对她的闹和挑战，应对是："不，不行，不可以，不要这样，再这样就要惩罚你……或是选择沉默或是视而不见。"

但是从今天开始，我会做出改变，我要多陪她，任她闹；多抱抱她，当她挑战我时，我会慢慢和她讲道理，我要做一个负责任的爸爸！当她犯错误时，我会包容她。孩子怎能不犯错误呢？我也会教她以后不要犯类似的错误。我会一直站在她的身后支持她，保护她！

讲完后，内心柔软的家长已经有泪水滑落，随后掌声响了很久。

回到家，等孩子睡后，我家连夜开了个家庭会议，商讨改变一下教育方式：第一，先宽容孩子的挑衅。第二，以鼓励为主，与女儿商量，表现好有奖励。并制作积分奖章，让孩子积累成就感。

这也是我思考出的亲子合约的灵感来源。

什么是亲子合约呢？亲子合约是避免父母与子女之间冲突，在双方平等沟通的基础上，相互约定达成的书面的协议合约。

四、亲子合约的作用

（一）培养孩子的规则意识

马克·李维在《偷影子的人》中写道："规则，是立足世界的经验值。"家庭教育，最核心的应该是规则意识的教育。给孩子及时输入"规则意识"，才是对他们最负责的保护。因为你不能做到无时无刻在孩子身边保护他不受侵害，但是，种在他们心中生根发芽的规则意识却可以。

规则意识是指人发自内心的以规则为自己行动准则的意识。也就是说，规则意识是我们将规则成为行为的潜意识，是将规则固化在我们的生活中和行为中，无须再去思考的一种习惯。比如，我们会自觉排队、自觉学习、自觉保持干净卫生，这都是我们在成长中养成的规则意识带来的行为。

没有规则意识的人是危险的。南阳新店乡一个9岁的孩子因为家里不让玩游戏，赌气爬到了近70米的高压电塔上，导致高压电网瘫痪。随后国网河南检修公司南阳运维人员爬上塔顶，将孩子带离塔顶。家外有哪些危及生命的安全禁区，似乎这个孩子从未接受足够的教育。不幸中的万幸是，这个孩子险象环生中逃过一劫，然而另一个孩子就没这么幸运了。去年，一个12岁的男孩解开了一辆共享单车机械锁，之后逆向行驶时与客车相撞，被卷入车底后不幸身亡。一个戛然而止的生命，一对撕心裂肺的父母。公共资源不能占用，路上骑车不能逆行。这些基本的规则意识，是拯救这条生命的关键所在。

很多时候，我们认为孩子还小，等他长大后就懂事了，其实不然。比如，之前被全国人民谴责的"高铁霸座男"孙某，在一趟开往北京南的G334次列车上，他霸占了一位女乘客的座位，始终不肯让座，还振振有词地说："我站不起来啊，你给我找个轮椅呗。"而孙某也因为这一行为被列入了铁路征信体系的黑名单，被限制乘坐所有火车席别。

2018年10月28日，重庆万州公交坠江事件导致15人命丧江底，这仅因一名48岁妇女坐过站，与公交车司机抢夺方向盘而发生。

亲子合约的制定和施行，有利于培养孩子的规则意识。

（二）提升孩子的责任感

我们通常教育孩子要有责任心，如工人做工、农民种田，学生的责任应该是学习。说学习是孩子自己的职责，如果孩子对学习有职责，他诸多的责任心都会能建立起来。比方说他对家庭的责任、他对社会的责任、他对国家的责任、对民族的责任，都会放在心上，他觉得生活的意义不是为了自己，不是为了自己的一时快乐，而是要克服各种困难，担负起这些责任。孩子有了责任，他的情况就不一样了。

培养责任感，不但关系到孩子的发展，关系到孩子学业的发展、思想的发展、情感的发展，也关系到他未来的志向，这个志向是他人生成功的保证。所以我们说，培养孩子社会责任感的意义是非常重大的。制定亲子合约时，要明确孩子的责任，按合约实行，能提升孩子的责任感。

（三）避免亲子关系不和谐

随着工作节奏的不断加快、竞争压力的日益增大，许多家长不得不将更多的时间和精力投入到工作中，同时，又缺乏教育学和心理学的相关知识，导致他们无暇顾及甚至忽视对孩子尤其是处于青春期孩子的教育和指导。这已成为目前普遍存在的一个社会现象。

两代人由于生活背景和经历不同，在很大程度上致使父母和孩子之间无话说，交流沟通出现障碍，导致孩子与父母的关系越来越疏远。没有沟通，怎么教育？亲子合约，可以将"亲"与"子"拉到一起，平等沟通，按约定办事，避免亲子之间的冲突，缓和亲子关系。

五、制定亲子合约的原则

（一）以平等为前提

亲子合约，首先，是一份合约，必须要双方认可，在平等的前提下进行约定。

（二）有正规的形式

合约要有正规的形式。可以像合约书一样，以甲方和乙方的形式呈现，要有双方的签名。最后落款处还应该按上手印，增加合约的正规性，增强仪式感。日后，孩子违反合约时，合约能更好地约束孩子。

（三）有明确的目标

亲子合约可以解决很多问题，如学习问题、手机问题、家庭关系，以及孩子的交友问题，但是，合约必须要把目标具体化。学习上要进步多少名？手机应该什么时候使用，使用多久，用来干什么？家庭方面，承担多少家务，参加多少次家庭活动？

（四）有及时的奖惩

如果一棵果树在被园丁用汗水浇灌后只开花不结果，会不会让人产生怀疑并失去坚持下去的动力？亲子合约也一样，当孩子完成合约约定时，家长应该按约定进行奖励，让孩子有动力去完成约定；同时，当孩子没有完成合约约定时，家长应该按约定进行惩罚，用合约规范孩子的行为，发挥合约的作用。

（五）张贴在显眼位置

张贴在显眼的位置，以时时提醒孩子与父母之间的约定。合约像镜子一样，照着孩子，起到了监督作用。

（六）亲子合约使用注意事项

亲子合约要根据实际情况制定，要合情合理；一次只签订一个合约，让合约更有可操作性；合约时间不宜太长，时间太长，孩子会慢慢淡忘，失去应有的效力。

六、亲子合约示例讲解

孩子能不能接触手机？答案是肯定的。如何让孩子合理地使用手机，我们就要动动脑筋了，什么时候能用、用多久？我们可以通过合约来规范。

（一）亲子合约（手机）

甲方（父母）：　　　　　　乙方（子女）：

甲乙双方按照自愿、平等、协商一致的原则，签订本合同。

第一条　合同有效期：自____年____月____日至____年____月____日止。

第二条　乙方因表现优异，甲方为乙方提供一部手机，由甲方保管，供乙方使用。

第三条　乙方设定手机密码，甲方不得偷看乙方隐私。

第四条　甲方根据乙方表现，制定乙方使用手机时间。

第五条　乙方按时归还手机，不得将手机带回学校。

第六条　乙方周末作业完成后，才到甲方处拿回手机。

第七条　如乙方因手机引起成绩下降，或与同学之间产生矛盾，甲方可以无限期收回手机。

甲方（签字）　　　　　乙方（签字）

签约时间：　　年　　月　　日　　签约时间：　　年　　月　　日

（二）亲子合约（考试）

甲方（父母）：　　　　　乙方（子女）：

甲乙双方按照自愿、平等、协商一致的原则，签订本合同。

第一条　合同有效期：自＿＿＿年＿＿月＿＿日至＿＿＿年＿＿月＿＿日止。

第二条　经协商甲方与乙方制订本学期目标。

	语文	数学	英语	物理	政治	生物	地理	历史
上学期期末	80							
本学期目标	85							
是否超过目标分								

第三条　乙方达到本学期目标，甲方对乙方进行奖励：

考试情况	甲方奖励乙方
有五科超过目标分	
有六科超过目标分	
有七科超过目标分	

续上表

第四条　乙方没有达到目标，甲方对乙方进行惩罚：

考试情况	甲方惩罚乙方
有五科没有超过目标分	
有六科没有超过目标分	
有七科没有超过目标分	

甲方（签字）　　　　乙方（签字）

签约时间：　　年　　月　　日　　签约时间：　　年　　月　　日

（三）亲子合约（积分式）

甲方（父母）：　　　　乙方（子女）：

甲乙双方按照自愿、平等、协商一致的原则，签订本合同。

第一条　合同有效期：自____年____月____日至____年____月____日止。

第二条　甲方在生活中，要尊重乙方，如果甲方有以下行为，要给乙方赔偿积分：

1．甲方在别人面前批评乙方，赔偿____积分。

2．甲方在无证据情况下，指责乙方，赔偿____积分。

3．甲方随意拿同学与乙方进行比较，赔偿____积分。

4．甲方总是叮唠乙方，赔偿____积分。

第三条　乙方可通过以下表现，赢得积分：

1．乙方主动完成作业，并给甲方检查，积____分。

2．乙方完成作业后，主动复习2小时以上，积____分。

3．老师致电甲方，表扬乙方1次，积____分。

4．乙方考试平均分达到80分，积____分。

5．乙方考试班级内进步5名，积____分。

第四条　乙方有以下表现，甲方可扣除乙方积分：

1．乙方周末不做作业，玩手机，扣____分。

2．乙方不尊敬长辈，不听从家长指挥，扣____分。

3. 老师致电甲方，批评乙方 1 次，扣____分。

4. 乙方考试平均分达不到 70 分，扣____分。

5. 乙方考试班级内退步 5 名，扣____分。

积分表

日期						小结
加分						
加分原因						
日期						
扣分						
扣分原因						

第五条 积分兑换明细

1. 10 个积分可兑换电影票一张。

2. 20 个积分可兑换美食。

3. _____积分可兑换_____。

甲方（签字）　　　　　　乙方（签字）

签约时间：　年　月　日　签约时间：　年　月　日

结束语

不管是学校教育，还是家庭教育，就是斗智斗勇，其中斗智大于斗勇，亲子合约就是一种充满智慧的教育。请家长们要多些耐心，与孩子多沟通，给孩子多一些鼓励与尊重，让孩子成长之路更顺畅！

问卷调查

1. 您和孩子每次谈话的时间有多长？（   ）

    A.2个小时   B.1个小时   C.半个小时   D.几分钟

2. 您和孩子谈话内容主要涉及哪些方面？（可多项选择）（   ）

    A. 学习

    B. 校园生活

    C. 班级情况

    D. 电视剧情

    E. 家庭生活

    F. 闲谈

3. 您的孩子在完成作业后，业余时间做得最多的事情是什么？（   ）

    A. 看书   B. 看电视   C. 打游戏   D. 跟其他孩子玩

4. 您对孩子是否有具体教育计划并付诸实施？（   ）

    A. 有   B. 没有

5. 您觉得当前孩子面临的最大问题是什么？（   ）

    A. 成绩不好

    B. 贪玩

    C. 青春期叛逆

    D. 性格孤僻不合群

6. 你对孩子的学习习惯最不满意的是？（   ）

    A. 作业不会自觉独立完成

    B. 不会主动预习，复习功课

    C. 字迹潦草

    D. 粗心大意

    E. 不勤思考

7. 孩子每次考试后，您是否过问？（   ）

    A. 每次都询问、讨论并制订措施

    B. 偶尔过问一下

C. 很少过问

D. 从来不问

8. 发现孩子的成绩下降后,您的做法是(　　)

　　A. 帮助其分析原因,并制订措施

　　B. 训斥一顿

　　C. 打骂一次

　　D. 不闻不问

　　E. 其他

9. 当孩子心情不好时,您能给予及时的关心和帮助吗?(　　)

　　A. 每次都能

　　B. 发现了就管

　　C. 小孩的事不需要管

10. 当孩子遇到问题时,您的态度是(　　)

　　A. 只要孩子有一点点问题,都会帮他(她)解决

　　B. 尽量鼓励孩子自己做,不会时再和他(她)商量,讨论解决问题的方案

　　C. 完全不管他(她),他(她)爱怎样就怎样

11. 当您在忙时或心情不好时对孩子的态度是(　　)

　　A. 十分不耐烦

　　B. 有点不耐烦,但还能回答他(她)的问题

　　C. 仍能认真温和地回答他(她)的问题

12. 在与孩子的交流中,您觉得最大的困难是什么?(　　)

　　A. 没时间教育孩子

　　B. 不知道教育方法

　　C. 夫妇意见不一

13. 在与孩子的交流中,您觉得最大的困难是什么?(　　)

　　A. 许多道理讲不清

　　B. 孩子不愿接受父母的意见

　　C. 不知道怎样告诉孩子去适应社会

第五章 人生善于担当

美国著名"家庭治疗大师"萨提亚认为，一个人和他的原生家庭有着千丝万缕的联系，而这种联系有可能影响他的一生。当父母用宠爱、溺爱的方式去无底线的包容自己的孩子的时候，孩子长大了会有非常强的依赖性，独立能力会比较差。我们的共同目的是培养出具备优良心理素质、热爱学习又能自立自强的孩子。那么，如何寻找合适的机会来培养孩子的自立能力呢？

第五章 人生善于担当

第一节 面对失败　促成坚强

> **导语**
>
> 　　从教 11 年，当班主任 11 年，在与孩子们接触的时候，发现大多数学生都经不起生活的起伏。当获得成功的时候，他们会认为自己是天才，无所不能；当遭遇失败的时候，他们又有可能认为自己一无是处，甚至可能把自己看得一文不值。
>
> 　　我们的生活总会有起起落落，孩子们的心理问题也是层出不穷，家长们的心也随着起伏。著名教育学家陶行知说过："不要担心挫折，应该担心的是怕挫折而不敢让孩子做任何事情。"

一、如何教会孩子面对失败？

（一）从家长做起

　　班上有一个学生，他一遇到一点小小的挫折就不肯来上学：作文难写没写完，不来上学；作业太多没写完，不来上学。和家长聊天，问孩子在家里干家务吗？他妈妈说，他在家里什么都不干。我瞬间明白，她平时肯定是把孩子当成宠物一样养着，这个不用干，那个不用干；干这个危险，干那个也不好，那他孩子有什么冒险精神？有一天机会来了，她妈妈在朋友圈里发了一条新信息，还配了图，原文是："累瘫了，真希望好好睡上一觉。"我立马在下面回了一条：累了，就告诉孩子今天妈妈很辛苦，累到不能动了，能不能帮妈妈把今天的衣服洗一下，锻炼一下孩子。家长也是秒回："他自己的事情都做不好，哪会洗衣服？等下把衣服弄湿了，把手弄皱了。"随后家长居然删除了这条朋友圈，可想而知，她的儿子从来都是被保护得好好的，从来没有经历过任何的摔打。自然，长大

以后,任何的小磕小碰对他来说,都是会失败。

所以,如何教会孩子面对人生的风风雨雨,首先要从家长做起,不要害怕孩子经受挫折,而要尽可能让孩子们去大胆尝试,磨炼多了自然会有一定的抗挫折能力。

从牙牙学语,孩子就已经开始学习了。此时孩子的大脑发育非常快,学习能力和模仿能力非常强,尤其是在他刚刚学走路的时候。他对走路的兴致非常高,他不光想走,更想跑,而这样的时候,孩子是最容易摔跤的。每次摔倒的时候,家长们的反应、做法及态度使孩子将来对待事情的时候就会有不同的态度。

我有两个孩子,大儿子一两岁的时候,是和我的母亲住在一起的,奶奶非常喜欢他,因为他是家里的长孙。他刚学走路时也经常会摔跤,有一次我正在楼上晾衣服,老大就在楼下摔跤了。扁着嘴巴,哇哇大哭,那泪珠子滚滚而下。我刚想下楼,奶奶已经跑了出来,赶紧把他从地上扶了起来,使劲地踩地板:"就是你这个坏地板,糟糕的地板,害得我家小乖孙都摔跤了,明天我叫你爷爷把它挖掉,就是这个坏东西。"奶奶几乎每次都会进行这样的安慰,碰到了桌子,她也是打桌子,为孩子泄愤。后来,由于我长时间要工作,没有办法亲自带孩子,孩子一直都是由奶奶带大的。

老大长大一些,面对困难他都会逃避,也总能给自己找到理由,考得差了,要么是试卷太难了,要么是别的同学是抄的,要么就是这些知识点老师没有教,从来没有在自己身上找过原因。尤其是当他和弟弟一起犯错误的时候,都会把责任推到弟弟的头上,可见他小时候的教育是欠缺的。对他而言,长大以后,面对承担责任和对抗挫折都会形成一定的影响,并且也不会是一个特别容易获得幸福感的孩子。

我家二宝是我自己亲自带大的,每当他摔跤的时候我都会看着他,说你可以自己爬起来的,所以他摔跤了,就会自己爬起来。然后我会告诉他,你摔跤了,是因为你自己不看路,太着急了,所以才会摔倒的,下次你一定要注意安全。就算是被桌子撞到了,也只是让他看清楚桌子,以后不要碰到桌子。在面对困难和挫折的时候,老二经常会反省自己。比如,有一次老师跟我投诉,他上课不认真听讲,东张西望,老师说,罚他站了三回,他还是不听话。晚上我就问他:"今天你这样做是为什么?"让他解释为什么会这样,这样做有什么后果,孩子说得非常清楚有条理,没有说是某某同学打扰了我,或者是因为什么原因,主要是从自己身上找原因。他说:"是我有一个新尺子,可以用来走迷宫玩,所以上课不专心,老想着去玩尺子。"说完,他还主动把尺子交给我保管,并且第二天就开始改正。

（二）从小时候干家务培养起

教会孩子如何面对失败，还要从小时候干家务培养起。孩子两三岁最热情、最大胆，也是最愿意帮助爸爸妈妈干活的时候，此时有些家长带孩子，会觉得孩子动作不熟练，有可能摔倒，或者是受伤，或者是手脚太慢，等小朋友做好，他自己早就完成了。所以经常孩子要来帮忙的时候，家长们就会说他去玩自己的，或是干脆打一顿，把这种兴趣扼杀在摇篮里面。

在孩子两三岁的时候，如果愿意帮爸爸妈妈干活，那就是非常棒的。从这个时候教会他自己找鞋子、衣服并自己穿好，而且还教会他自己收拾好书包及书桌、书柜。但就像这样的小事情，很多家长以为孩子还很小，总喜欢自己代劳，吃饭的时候是用喂。我有一个邻居，孩子十岁了还是奶奶在喂饭，帮忙洗澡，上学也是奶奶跟在身后帮忙背包。如今，这个孩子已经长大了，读完初二就不肯上学了，干过洗头工，干过修理厂学员，目前还在漂着。

在孩子小的时候，我们应该要学会锻炼孩子的自理能力。让孩子学会把自己的物品整理好，摆放整齐；锻炼孩子的归纳能力，分门别类搞好物品的整理；培养孩子的自律能力，要求他们按规定作息去睡觉。这样当孩子的自理能力、自律能力及归纳能力都比较强的时候，孩子就会变得自强、自立和自信，那么面对困难和挫折的时候，也会比较有自信去应对，从而减少失败的可能性。如果失败了，那也没有关系，这类孩子也会从头开始，会把失败在哪里清楚，然后弄清自己从哪个角度入手，做好哪些事情，总结好经验教训，以迎接下一次考验的到来。

有些家长对待孩子的态度是含在嘴里怕化了，捧在手心怕摔了，什么事情都不让孩子干，这样造成的后果是：第一，孩子没有同理心。他不能够理解父母的付出，也没有一颗感恩的心。第二，孩子自立、自理、自律的能力会非常差，他把自己的生命寄生于别人身上。所以，当一个孩子在某些方面没有付出的时候，他是不能够理解，也不能够有自立能力的。

家长应承担起教育孩子面对挫折和失败的责任，引导孩子从自身找原因。

（三）习得性无助

心理学上有一种说法叫作习得性无助，当一个孩子在做一件事情，或者是自己学习某一样技能时，如果多次发生不能够学会或者是失败，他就会表现出习得性无助。

"习得性无助"是美国心理学家塞利格曼1967年在研究动物时提出的，他用狗做了一项经典实验，起初把狗关在笼子里，只要蜂鸣器一响，就给予电击，狗关在笼子里逃避不了电击。多次实验后，蜂鸣器一响，在给予电击前，先把笼门打开，此时狗不但不逃，而是不等电击出现就先倒在地上开始呻吟和颤抖。

曾经有一个学生，他的英语成绩非常差，记单词每次都非常用心，非常努力，但一两个小时才能够记得住十个单词，而且还记不牢固，甚至半个小时之后，他就会完全忘掉；上课的时候他也会认真听英语老师讲了些什么，下课之后也坐在那里学习。但不知道是什么原因，他所有的努力都没有获得成效。他完全记不住这些英语单词及英语句型，所以，每次英语考试他都垫底，在经过了两三个学期这样的努力之后，就彻底放弃了。

还有一位学生，她每次体育考试都及不了格，尤其是800米长跑。每一次，她都会努力地把800米全部跑完，但总是最后一个。其实，她也有努力地在练习长跑，但每次只有一点点的提升，这个分数永远都不够及格，她努力了很久，还是跑不及格，还是个胖子。有一次长跑练习，所有同学跑完了以后，体育老师就在终点等着她，然后说了这么一句话：你跑得也太慢了，别人散步都比你快。听完这句话她更加沮丧了。从此以后，只要是体育考试，她就再也不参加了。

针对这种情形，我想说一个概念，那就是逆商，按照逆商的高低，可以把人分为三类：放弃者、扎营者、攀登者。放弃者往往都会选择简单的道路去走，但有趣的是，当他们回忆自己一生的时候，会觉得自己的一生过得非常辛苦。扎营者呢，在满足基本生活条件以后，就会安于现状。等他回顾自己一生的时候，觉得自己一生其实没有什么成就，回忆往事的时候，也没有什么可以拿来炫耀，或者是拿来回味的事情。而攀登者，他们不管遇到什么困难，都会有一颗不断向上攀登的心，攀登者回顾自己一生的时候，就会觉得自己有一个非常精彩的人生。如果可以，他们还可以再努力一点，让人生更加精彩一点。

二、面对失败，如何提高孩子的逆商呢？

（一）改善对失败认知的掌控感

大脑会夸大事实，误导我们。比如说在面对不会应对的困难时，我们会产生一种无力感，有的时候反复尝试失败，会出现习得性无助的情况。这个时候，就需要我们去理性地分析一下对失败的掌控力是怎样的。

有研究指出，对逆商高的人，在失败当中会感受到更多的掌控力。比如说，班上有几个女生闹了矛盾，小雨和小西，她俩之间有分歧。其中小西同学找我哭诉，觉得自己非常委屈。小雨和外校的人有了不太好的联系，组了一个欺负其他人的小团体。这件事并没有牵扯到她的小团体，但还是被老师知道了。

老师联系了小雨的家长，帮她斩断了这种不好的联系，同时也让她退出了那个小团体。其实，小西很想得到小雨的原谅，也希望能继续做好朋友。但是，小雨却认为小西是出卖她的那个人，不想搭理她。小雨是一个独立的人，会自己思考，又加上其他同学的意见会影响到她的判断，因此难以和解。

这个时候，小西就要进行自我分析，把掌控权拉回自己手中，努力促成和小雨的和解。积极努力地把失败的主动权拉回自己手上，这样我们面对失败的时候才能够有信心把事情解决好。

（二）追溯失败的源头

自己在逆境当中的角色是什么？自己的行为会产生什么样的结果？"不识庐山真面目，只缘身在此山中。"如果遇到失败，能够暂时跳出自己失败的圈，以旁观者的身份去看这件事情，会发现这个时候事情的来龙去脉，以及自己的作用被分析之后，你的心理压力可以得到改善。

记得有一年，我们班上有一位年级前三名的同学，在一次考试中居然失利了，考了第19名。发成绩单的时候，这孩子哭了将近两个小时，他觉得人生暗无天日。从小到大，他都是一个品学兼优的孩子，很少考过第五名以下的成绩，所以当考到第19名的时候，他根本不能从心里接受自己的失败。他担心从这里开始会一直失败，而且也非常担心父母知道了对他责骂。他不敢面对老师，也不敢面对父母，每天都默不作声地坐在座位上。无论别人说什么，他都很少有回应。这事后来还是传到了他父母的耳中，孩子父母做得非常好，第一时间赶到学校，告诉他失败并没有什么可怕的，哪怕他考19名甚至29名，爸爸妈妈依然会非常爱他。

他爸爸妈妈一题一题帮他分析哪里错了，是因为什么原因。分析完原因之后，再跟孩子谈下一次应该如何改进。孩子跟父母进行了长达两三个小时的沟通，孩子出来的时候面带笑容，充满了自信。果不其然，在下一次考试当中，这孩子又重回到前三名。

这样做的好处是在这个过程当中，家长给孩子传达了这样几个信息：第一，成绩偶

尔失败，不是一个值得一味指责的事情，不管他的成绩如何，爸爸妈妈依然会很爱他。第二，过程当中，很多因素可以操控结果。第三，孩子的很多行为可以影响到结果。这三点的认知对孩子来说非常的重要。

（三）认识到失败的局限性

在孩子遇到失败时，要告诉孩子遇到失败并不等于到了人生的绝境，"山重水复疑无路，柳暗花明又一村"。当孩子认为自己到达绝境的时候，要问一问自己这真的就是绝境吗？然后逼自己回答是的原因和不是的原因。比如，有位同学一次又一次在社交、考试的时候没有办法振作，爸爸妈妈或者老师们就一定要帮助孩子去分析这些思维的不合理性，为什么不合理。人生是不可能总走向绝境的，我们要去找一找，还有别的什么方向可以选，还有什么路可以走。事情没有做好，或是还有什么事情没有做到，多问自己几个为什么，多问自己几个怎么办，当问多了想多了的时候，我们自然就找到了解决问题的办法。同时，孩子们自然在心理上也会被疏导开来。当他再次遇到这类的问题，或者是遇到更困难的问题的时候，他就会习惯性地去找原因，去分析问题所在，去找解决问题的办法，经常做这样的沟通和交流，孩子也会变得越来越善于解决问题。

经常这样去疏导沟通，孩子的逆商会变得越来越高，当然我们还要在态度上给予孩子们支持。伟大的科学家居里夫人曾经说过一句话："不要把孩子当作弱者。"居里夫人非常注意锻炼孩子们的坚强性格，她曾把孩子们带到战场上去救助伤员，还告诉孩子们，当炮弹袭来时，不要躲在地窖里面发抖。这种把孩子们当成强者的态度也使得她的孩子们都有强大的抗压能力，能更加平和、理性的去面对失败。

孩子们考试考砸了又怎么样，分析原因，下次再考回来；交友失败又怎么样，说不定我还可以找到更合适的朋友；跑步没得名次又怎么样，我努力锻炼，下次再反超；老师没有看到我，没点我回答又怎么样，一个班学生那么多，老师又不能只关照我一个人……

以这样平和、积极的心态去面对每一次失败，那么我们将会觉得世界更美好，从而更爱这个世界。

第五章 人生善于担当

问卷调查

1. 你认为什么才叫挫折？（ ）
   A. 没有认真想过
   B. 挫折就是困难
   C. 挫折是遇到无法克服的障碍或干扰，其需要或动机不能得到满足而产生的消极反应
   D. 挫折是人体机能产生的一种积极反应

2. 在生活中你如何面对挫折？（ ）
   A. 积极　　B. 消极　　C. 视情况而定

3. 当你因为挫折而意志消沉时，你会怎么样？（ ）
   A. 对外宣泄　　B. 转移注意力　　C. 置之不理

4. 你认为挫折一般来源于你的（ ）
   A. 学习　　B. 生活　　C. 其他

5. 进入初中后，对紧张的学习生活，你是否感到不太适应（ ）
   A. 从来没有　　B. 有时　　C. 总是如此

6. 你认为目前你的压力来自（ ）
   A. 老师的期望　　B. 家庭的期望　　C. 自己的期望

7. 一般情况下，你会如何缓解自己的压力（ ）
   A. 与别人面对面交谈　　B. 通过电话与朋友交谈
   C. 通过书信与外界交流　　D. 通过网络来缓解

8. 你能长时间做一件重要但枯燥无味的事情吗？（ ）
   A. 不能　　B. 偶尔可以　　C. 能

9. 一次考试失利，对你会有怎样的影响（ ）
   A. 情绪波动很大　　B. 认为自己很无能　　C. 和以前一样　　D. 更加努力

10. 你常为短时间内成绩没有提高而苦恼不已吗？（ ）
    A. 从不　　B. 有时　　C. 总是

第二节 正确认知 智慧行动

——如何正确对待孩子的人际交往

> **导语**
>
> 人是生活在社会中的,离不开群体生活,不能没有朋友。进入中学阶段,良好的人际关系开始成为影响中学生个人健康成长的重要因素。学习与人交往是每个中学生必须面对,也根本无法逃避的问题。正值身心飞速发展的中学生,精力充沛、热情奔放,尤其喜欢与人交往,更需要用交往编织起彩色的中学时光。
>
> 有良好的人际关系,才会有愉快乐观的心情学习;拥有了朋友,才会感到生活的充实、人生的美好。如果能和老师成为朋友,那么上学和学习也将是一种难得的享受。在家中能和父母像朋友一样倾诉烦恼,畅谈快乐,就会使他们感到有停泊的港湾、有宁静的心态、有前进的动力。通过交往,可以使中学生获取纯洁的友谊;通过交往,能够提高中学生的理解能力、观察能力,扩大中学生的知识面,培养中学生的高尚情操;通过交往还可以消除中学生的不安全感、孤独感,使紧张的心理得到调节、得到安慰,使紧张的情绪得到缓冲和稳定。良好的人际关系是中学生心理健康的标志,是心理满足、心理平衡、心情舒畅的需要。美国著名的心理学家卡耐基认为,未来社会的成功源于30%的才能加70%的人际协调能力。

一、对待孩子人际交往的误区

(一)担心孩子的交往会影响学习

很多家长经常错误地认为"交往"是不务正业,中学时代孩子的任务就是学习,如果过多地把时间与精力放在交往上就必然会影响学习。更何况,交往在孩子长大之后还可以再进行，但如果现在的学习跟不上，就会影响一辈子，所以，家长们情愿让自己的孩子成为学习上的"巨人"、交往上的"矮子"。

（二）担心孩子交往会"学坏"

随着经济社会的高速发展，交通、通讯、网络越来越发达，人与人之间的交往更加方便快捷。而且现今的社会是一个价值多元化的社会，三教九流、各式各样的人都有，孩子还小，还难以分辨与判断是非，在这种情况下，如果过多地交往，难免交上一些"不三不四"的人，就很容易会"学坏"。与孩子"学坏"相比，还不如让孩子少交往甚至不交往。

（三）担心孩子交往会"吃亏""上当受骗"

中学生还是懵懵懂懂的花季少年，面对纷繁复杂的社会和形形色色的人，如果交往不慎，被骗了怎么办？吃亏了怎么办？为此，很多家长有意无意地在孩子周围树起了铜墙铁壁，把孩子放在自己的保护伞下，把孩子封闭在自己的圈子里。

诚然，有这样的忧虑、担心是正常的，也是人之常情。可是，如果因为家长们这样的担心和忧虑而影响孩子交往能力的培养，那可真是得不偿失。作为家长，我们到底应该如何正确对待孩子的人际交往呢？

二、正确对待孩子人际交往

（一）要了解中学生人际交往的特点

1. 友谊占着十分重要和特殊的地位

进入中学后，初中生将感情的重心逐渐偏向于关系密切的朋友。陈梅曾以我国小学生、初中生和大学生为被试，进行了一项调查。问卷中的问题之一是："你平时将自己内心想的事经常对谁讲？"并要求被试将所列对象按其重要程度排出顺序，小学生对此的反应是：父母、兄弟姐妹、朋友；而初中生的反应则是：朋友、兄弟姐妹、父母。由此不难看出，朋友关系在初中生的心目中显得日益重要。

2. 小团体现象突出

良好的人际关系不等于和周围每个人都很亲密。由于空间上容易接近、年龄相当、品

行相同等因素的影响，大多数中学生都自觉不自觉地加入非正式的小团体中。每个同学在学校中都有几个相对稳定的好朋友。相互间有高度的忠诚感，在行为方面也有很大的约束力。在学习、生活中互相帮助，互相促进，也是"心事"倾诉的对象。

3. 师生关系有所削弱

中学生不再像小学生那样视老师为至高无上的权威，他们对老师有了新的认识，并有了更高的要求，他们对于喜欢什么样的老师也有了更明确的看法。学生和老师的交往也由小学时服从、尊重甚至崇拜变为要和老师寻求某种"平等"。他们一方面需要得到老师的表扬与赞赏，接受老师的指导与教育；另一方面需要得到老师的理解和支持，向老师表明自己的想法与态度。在小学阶段，大部分儿童与教师的关系都是比较友好的。一般来说，小学生们可以接受任何一种类型的教师，初中生却不再盲目接受任何一位教师。他们开始品评教师，而且在每位初中生的心目中都有一两位最钦佩的教师。初中生所喜爱的教师一般具有以下特点：知识渊博、授课水平高、热情和蔼、关心学生的成长、有朝气等。在初中生的心目中，他们所喜爱的教师几乎能达到十全十美的程度，他们能在行动上对这些教师做出最好最热烈的反应。例如，对于他们所喜爱的教师负责的科目，会努力去学习；对于这位教师所提出的各种要求，会十分认真地去执行；对于这位教师提出的各种意见和看法，会毫不怀疑地去接受和吸取等。同样，在初中生的心目中，也总有一两位最不喜爱的教师。在心理上，初中生对自己所不喜欢的教师的各种意见都持拒绝态度。

4. 易与父母产生隔阂

家庭是社会的基本细胞，父母是影响儿童早期成长的重要人物。在儿童以前的眼光里，父母的形象至高无上，他们对父母既尊重又信任。进入青春期以后，中学生与父母之间的关系发生了微妙的变化。

首先，情感上的脱离。初中生由于在情感上有了其他的依恋对象，与父母之间的情感不如以前亲密了。

其次，行为上的脱离。初中生要求独立的愿望十分强烈，在行为上反对父母对他们的干涉和控制。

再次，观点上的脱离。初中生对于任何事件都喜欢自己进行分析和判断，不愿意接受现成的观念和规范。因此，他们对于以前一贯信奉的父母的许多观点都要重新审视，而审视的结果与父母意见常常不一致。

最后，父母的榜样作用削弱。随着初中生生活范围的扩大，会有其他成人形象通过各种途径进入他们的心目中，这些人物又都是些近乎理想水平的形象，相比之下，父母就黯然失色了；同时，随着初中生思维水平和认识能力的提高，会逐渐发现存在于父母身上的、过去却未曾察觉的某些缺点，这也会削弱父母的榜样作用。

不少中学生都觉得与父母难以沟通，有话宁可与朋友讲，也不愿对父母说。无论在价值观念、交友方式、生活习惯，乃至着装打扮等方面，都容易与父母产生摩擦，不断加剧与父母间的心理隔阂。

（二）要支持和鼓励孩子与同伴交往

没有朋友的孩子是不快乐的，孩子需要同伴，也需要交往。交往不仅能锻炼孩子自主、独立的能力，也是孩子最好的学习方式之一，通过交往还有利于孩子形成自尊、自强、自信、自爱的良好品质。因此，我们不仅要满足孩子交往的需要，还要支持和鼓励孩子与同伴交往，给孩子时间和空间上的交往自由。

1. 鼓励孩子走出家门

交往的技能只有在与人交往中才能学会。作为家长，应该尽可能地为孩子打开生活空间，鼓励孩子走出家门，广交朋友，如参加朋友组织的联谊活动、参加各种群体户外活动、带孩子到亲戚朋友家做客等，尽量多地为孩子创造与朋友、同学乃至大人接触的机会。

2. 接纳孩子的伙伴

不对孩子的伙伴横加评价，不随便干涉孩子的交往。不发或少发这样的言论："你为什么要与某某来往？他……"大多数青春期的孩子还未定型，随便给他们贴上某种标签太轻率。而且，孩子选择朋友有他自己的标准，可能某个孩子确实有这样那样的毛病，但更可能具有你所不知道的某些可贵之处，而那正是你的孩子极为珍视和需要的。或许他们有共同的爱好——足球、围棋、乐器等，或许他们在性格上互补——一个内向拘谨，一个活泼开朗。真诚地接纳孩子的同伴，欢迎孩子的伙伴到家中做客，并尝试着和他们做朋友，如与他们一起天南海北闲侃，讨论当下热门的话题，倾听他们的心声，接受并欣赏他们的所爱等。

（三）要教会孩子人际交往的原则

1. "积极主动、平等待人"的原则

每个人都是独立的、有理性的主体，都有自己的尊严。在交往中不管性别、条件、地

位如何,都是平等的主体,并没有尊卑优劣之分。因此,作为家长,我们要引导孩子在交往中持热情诚恳、以理待人、珍惜友情的态度,但也不能无目的、无选择地盲目交友。应本着平等的观念,积极主动地与他人交往。

2. "心理相容、悦纳他人"的原则

心理相容是指在交往中彼此之间融洽相处的关系,交往双方相互喜欢,但不意味着无原则的退让。在说到悦纳他人之前,我先给大家讲一个古希腊传说。传说第一个人是天帝所造,第一只牛是海神所造,第一座房子是劳工神所造。在他们工作完成时,因为要比谁的工作最完美,便发生了一场争执,他们决定去请讽刺神来做裁判。然而,讽刺神很挑剔,处处揭他们三人的短处。他首先责备海神,因为他未曾把牛的角做在下面,这样去顶东西就容易得多了。接下来,他又责备天帝,因为他未曾把人心放到外面来,这样大家就可以知道坏人的想法以做准备。最后他骂劳工神,因为他没想到在房子底下装上四个轮子,以便讨厌邻居的时候,住的人可以轻易搬走。于是,天帝、海神、劳工神十分恼火,一起赶走了讽刺神,并剥夺了他的裁判资格。乍听之下,故事中的讽刺神所说的话似乎也有道理,可是他不知道过分的挑剔会招人厌恶,而且他不会看别人的优点,只专注于挑剔别人的过失,自然不受欢迎。几千年来的故事都告诉我们,与人相处融洽首先要会欣赏对方,每个人都有其闪光点,我们要善于发现。这一点很重要,世界上并没有十全十美的人,我们不能根据自己的兴趣和爱好对他人过于苛求。如果孩子固执地追求完美,容不下对方哪怕是那么一点点的失误,那么只能是失去朋友,失去友谊。因而在交往中,家长要教会孩子学会换位思考,将心比心,多从对方的角度考虑问题,多体谅和宽容他人。

3. "真诚守信、善察知人"的原则

在交往中,总免不了互相议论和评价,但评价必须符合实际。态度要真诚,而不能口是心非,无中生有,妒忌诽谤。这样的话,很容易造成人际关系紧张,不利于交往的顺利发展。因此,在交往中应真诚守信,以诚相见,说真话、动真情,言必行,行必果,此外,还要学会善于分析观察、正确认识和理解他人。俗话说:不患人之不知己,患不知人也。就是说不怕别人不了解自己,就怕自己不了解别人。学会交朋友、正确对待朋友除了能友善地对待朋友,能宽以待人,能迁就朋友外,最重要的是和朋友交流。如果一味迁就朋友,那孩子的朋友就会认为孩子同意他的想法或并不在意一些事情,那他以后就会继续做这样的事;而孩子在迁就朋友的同时,自己也会有些不开心,这种情绪会慢慢累积,由量变到质变,很可能有一天孩子会和朋友友情决裂。所以,如果孩子和朋友是挚友,他们就应该互相学习、互相监督,共同进步。当孩子看到朋友不好的习惯或做了某些不恰当的事时,就应该提醒他、制止他,不要碍于情面包庇他,任其发展以至酿成无法挽回的局面。忠言逆耳利于行,让孩子学会真诚地赞美他人的优点,严肃地指正他人的缺点,这样,他人才会觉得孩子是一个值得深交的朋友,孩子真正的朋友自然就多了。

4. "因人制宜、善于沟通"的原则

在交往中,要注意交往的对象、交往关系的性质,因人制宜、有区别地采取恰当的交往方式和方法,如同学关系、师生关系、朋友关系等都应区别对待。除了因人制宜外,在交往中还要善于沟通,不要妄加于人,想当然做事,这样会造成很多不应有的误会,甚至酿成不该发生的惨剧。学会沟通也是一种技能。

三、理性对待孩子的异性交往

人类社会由异性构成,我们的班集体同样也是由男女同学构成。异性同学之间的交往是同学交往中平常的,自然也是不可缺少的部分。正常的异性交往有利于孩子的身心健康,男女同学之间交往的好处至少可以表现为以下几个方面:首先,智力方面。男、女生在智力类型上是有差异的。男女生经常在一起互相学习、互相影响,就可以取长补短,差异互补,提高自己的智力活动水平和学习效率。其次,情感方面。人际交往间的情感是丰富而微妙的,在异性交往中获得的情感交流和感受,往往是在同性朋友身上寻不到的。这是因为两性在情感特点上是有差异的,女生的情感比较细腻温和,富于同情心,情感中富有使人宁静的力量。因此,男生的苦恼、挫折感可以在女生平和的心绪与同情的目光中找到安慰;而男生情感外露、粗犷、热烈而有力,可以消除女生的愁苦与疑惑。最后,个性方面。只在同性范围内交往,孩子的心理发展往往会狭隘,远不如既与同性又与异性的多项交往更能丰富孩子的个性,多项的人际交往,可以使差异较大的个性相互渗透,个性互补,使性格更为豁达开朗,情感体验更为丰富,意志也更为坚强。

(一)转变观念,正确认识孩子的异性交往

进入青春期,随着身体的快速发育,内分泌系统也开始发达起来,性激素(荷尔蒙激素)的分泌越来越旺盛,在这种生理条件的刺激下,心里产生对异性的好奇、好感、亲近、冲动等,都是正常的心理反应。每一个正常的青少年都会关注异性,并且会通过努力

学习、着装打扮、争强好胜、打抱不平、突出表现等形式来吸引异性的注意,让异性对自己产生好感,甚至"博取"异性的欢心,这样的表现都是很正常的,是每一个进入青春期的孩子正常的表现,是人际交往心理需要的外在表现,我们不能把这种美好的心理需求当作阴暗、下流和可恶的思想。我们也都是过来人,年轻的时候不是也有这样的青春萌动吗?不是也有"一日不见,如隔三秋"的思念吗?不也有过偷偷给异性写情书或对异性示好的时刻吗?只不过那时的我们还很含蓄,不敢太过外露,和异性的交往也保持一定的距离。现在的孩子生活在价值多元的社会,时代发展,五花八门的媒体讯息强烈冲击着我们的生活,也让他们更加开放,在异性交往中表现得更加直接更加大胆。我们应该与时俱进,转变观念,正确认识孩子的异性交往,既然孩子的异性交往是一种正常的心理需要,我们就应该以开明的心态尊重与理解孩子,以真诚的态度和正确的方式来对待孩子的异性交往。当然,接纳与认同孩子的异性交往的需要,并不是放任不管,让孩子想怎么样就怎么样。毕竟孩子还是孩子,其心智水平和交往能力并不强,还需要我们给予必要的关注和指导。

(二)教会孩子异性交往的相关技能

"我为什么总是想见他,一见到他就很高兴,见不到他就没精神,是不是我喜欢上他了?""她经常对我笑,她是不是喜欢上我了?""他经常有意无意地给予我帮助,是不是对我有好感呢?"……孩子有异性交往需求并不等于孩子会与异性交往,诸如此类的交往困惑几乎是每一个孩子刚开始接触异性时都会不同程度地存在的,就是在异性交往过程中也会有这样那样的困惑。因此,孩子的异性交往是需要人来指导的,更需要父母的帮助和指导,如果我们不占领这个"位置",就会让社会上不良信息与"别人"所占领。或者孩子自己去尝试,走弯路是小事,但如果被误导,就会出现我们所不愿意看到的早恋、同居、早孕、堕落等不良后果,这样的不良后果在新闻报道中也不少见。据某市妇幼保健医院的统计,每年7-9月是人工流产的高发期,在人工流产的人群中,14～19岁的少女占40%左右,这些触目惊心的数据与现实不能不引起我们的关注,我们应该肩负起指导孩子异性交往的责任,教孩子正确认识和处理与异性的交往,使孩子有健康的异性交往。

我们应该以朋友的身份、真诚的态度、过来人的经验,平等地与孩子交流,我们可主动与孩子交流自己年少时与异性交往的感受与经验,让孩子明确与异性交往是正常的,更是纯洁美好的,不需要遮遮掩掩,应该以坦然大方的态度与异性交往,感受对方因性别不同而具有的长处,学习对方的优点,接受对方好的影响,建立纯洁的友谊。同时,也要提醒孩子注意应有的分寸和尺度,尽可能不要单独与异性交往,不相互打闹挑逗,不接受异性的过分亲热,不可以把身体暴露在异性面前,更不可随便让异性触摸,以免让异性"想入非非",导致纯洁美好的异性交往走样。此外,我们还要告诉孩子,我们是他(她)们坚强的后盾,如果有困惑或不解,随时可以向我们询问。只要我们做到这些,相信异性交往将是孩子成长过程中的美好经历。

(三)智慧地处理孩子的异性交往

可能有些家长朋友会说,如果我们在孩子刚开始与异性交流时,能做到以上的指导,孩子的异性交往是美好的,是令人向往的,是不令我们担忧的。但是如果孩子的异性交往已经开始"变样"、"早恋"了怎么办?作为家长,智慧地处理就显得尤为重要了。

我们要冷静地正视孩子的早恋,并智慧地帮助与指导孩子处理早恋。不能因为孩子早恋就"急火上心",丧失理智,把孩子推向"悬崖",如果是既成事实,我们着急会有什么用?着急就不会发生?着急就能解决问题吗?肯定不是的,我们应该冷静地正视孩子的早恋,接纳并了解早恋的原因与困惑。处于早恋中的青少年,除了早恋过程中会带给他们困惑之外,早恋本身也会使他们处于惶恐的焦虑状态,因为早恋并不是什么"光彩"的事,并且还不被社会、学校和家庭所倡导,因此,处于早恋的孩子是最需要关爱、理解和帮助的。如果这个时候,我们给予的是批评、指责、谩骂和责罚,就会加强异性双方的理解,以此巩固双方的壁垒来共同抵御外在的异样眼光和指责。其结果不仅不利于消除早恋及早恋的不良后果,反而强化早恋和加速恋爱的步伐,离我们的愿望越来越远。如果反其道而行之,我们伸出我们的手,从孩子的感受出发,以博大的胸怀来拉一把,就能把孩子从"悬崖边"拉回来。比如,平静接受孩子早恋的事实,给予孩子更多的陪伴和关爱,当孩子受到非议时,和孩子站在一起,拥抱她(他),让他(她)感受到你从来没有离开,然后寻找合适的时机,和孩子交谈,让他(她)从你这里得到返航的正确方向。

问卷调查

1. 您孩子的性别是（　　）

   A. 男　　　B. 女

2. 您认为现阶段孩子的人际交往重要吗？（　　）

   A. 非常重要　　　B. 一般　　　C. 不重要

3. 您是否注重孩子的人际交往？（　　）

   A. 非常注重　　　B. 一般　　　C. 不注重

4. 您觉得您孩子的人际交往能力如何？（　　）

   A. 很好　　　B. 一般　　　C. 不好

5. 您的孩子遇到过人际交往的问题吗？（　　）

   A. 经常　　　B. 有时　　　C. 从不

6. 您觉得您的孩子存在的主要人际交往问题是（　　）

   A. 同学交往　　　B. 师生交往　　　C. 亲子交往

7. 您最担心的孩子的人际交往是（　　）

   A. 异性交往

   B. 陌生人交往

   C. 同伴交往

8. 当您的孩子遇到人际交往困扰时，您会怎么做？（　　）

   A. 给予孩子帮助与指导

   B. 不理不睬，交给孩子自己处理

   C. 批评责骂孩子没有交往能力

第五章 人生善于担当

第三节 寻找机会 锻炼独立

> **导语**
>
> 独立能力，是指单独地站立或者指关系上不依附、不隶属，依靠自己的力量去做某事。培养孩子学会独立，可以说是我们父母的必修课之一。关于孩子的成长，相信对于很多家长来说，都把它当作一个神圣的使命，倾注了自己大量的时间和精力。千百年来，望子成龙、望女成凤的观念已经深深地刻在父母的心中。在中国，孩子是父母的心头肉。很多父母从小就对孩子的关爱特别深，生怕孩子受一点伤害。所以他们对孩子更多的是保护，放不开手脚，这样却导致孩子有很大的依赖性。每个人的初心都是美好的，但是我们也希望自己的孩子能够早日独立、早日适应这个日新月异的新社会。

《人民日报》曾以"挣脱安逸——'牛胜虎'的启示"为题讲述了发生在哈尔滨"东北虎林园"里的一件离奇事。占地100万平方米的"东北虎林园"建立的目的，是要把老虎从笼子里放出来，逐步变人工喂养为野外捕食，提高老虎的生存能力，最终将老虎放回大自然。一天，参加全国报纸总编辑新闻摄影研讨会的老总和摄影记者们兴致勃勃地来林园摄影。然而，令这些摄影高手失望的是，当一头小牛犊被送进林园之后，他们没能拍摄到预想的"群虎噬牛图"——一场惊心动魄的牛虎争斗，结果以貌似强大的东北虎失败告终。两只东北虎使尽浑身解数，仍抵不住小牛犊的本能抵抗，最后只得灰溜溜地落荒而逃。细细一想，也在情理之中。虽然林园给了老虎广阔的活动空间，和一般动物园不一样，但在喂养方法上却完全相同，即定时把切好的肉端到老虎面前。既然能饭来张口，不用出力就有美餐填饱肚子，老虎也乐得坐享其成。过惯了安逸舒适的日子，以凶猛著称的兽中王便变得徒有其表了。而小牛犊则是本能地感到危在旦夕，奋力拼搏。牛虎相斗，终

以牛胜。

  这个案例背后的道理在我们的生活中亦能找到共同点。如果在孩子成年之前没有教会他们学会独立，那么孩子会觉得自己很难适应这个社会的生活。原生家庭对孩子的影响是巨大的，美国著名"家庭治疗大师"萨提亚认为，一个人和他的原生家庭有着千丝万缕的联系，而这种联系有可能影响他的一生。当父母用宠爱、溺爱的方式去无底线的包容自己的孩子的时候，孩子长大了会有非常强的依赖性，独立能力会比较差。我们的共同目的是培养出具备优良心理素质、热爱学习又能自立自强的孩子。那么，如何寻找合适的机会来培养孩子的自立能力呢？

  有句话是这样说的：在恰当的时机做恰当的事，会事半功倍。就像在一首曲子中找对了音符，才能奏出一曲和谐动听的音乐；就像种子找对了属于自己的沃土，才能结出最甜美的果实。如何寻找合适的机会锻炼孩子的独立能力，我们可以从以下几个方面来寻求答案。

一、学会换位思考，遵循发展规律

  锻炼孩子的独立能力，绝不是什么事情都放手让孩子去做，不顾及孩子的身心发展规律，让孩子做一些力不能及的事情，关键时刻还不给予正确的指导和适当的帮助。这样不是在锻炼孩子，是在打击孩子的自信心。孩子的独立能力是培养出来的，不是单纯的放手所能得到的。

  现在很多学校都是寄宿制的，很多家长为了锻炼孩子的独立能力和人际沟通能力，都把孩子送去住宿了。但有些家长从小学一年级就开始让孩子住宿，这点就很值得商榷。在一定程度上，确实有利于培养孩子的自理能力、团队意识。但从心理学的角度讲，不利于孩子情感情绪的健康发展。小学低段时期是儿童情感发展的关键期，他们的自理能力比较差，在人际关系上也相对比较脆弱，需要更多的情感呵护，很多孩子这时候情感发展不成熟，心灵很脆弱，有的孩子可能会认为"爸爸、妈妈不要我了"。如果小时候孩子的情感、情绪发展不良，长大后可能会出现性格孤僻、脾气差、有暴力倾向等状况。因此我们要从考虑孩子健康成长的角度，换位思考，遵循规律，慎重决定。

  同理，在应该让孩子学会独立的时候，我们就不能过度包办，否则会让孩子失去了最佳的成长时期，那么后天再来弥补就非常困难了。

  其实学习成绩不能衡量一切，在社会上，需要的是全面发展的能力！遵循孩子的成长规律，在恰当的时机通过恰当的方式，培养孩子的独立能力，定能事半功倍。

二、从小培养独立，形成良好品质

独立性在幼儿身心发展中有重要意义。从小培养独立性，有助于孩子形成良好的个性品质，并为他们今后适应社会生活，在事业上不断开拓进取、获得成功打下基础。同年龄孩子独立性的表现也有差异，不要总是羡慕别人家的孩子，究其原因，主要是不同的家庭影响和教育方法造成的。以下三个方法，我们可以借鉴一二。

（一）自己的事情自己做

孩子从两三岁开始就会表现出想要自己动手尝试的欲望，但他们的认知能力还很薄弱，所以大人有时以担心安全问题为由而限制孩子。殊不知这其实就是孩子最初"闹独立"的表现。我们应抓住这个时机，给予适当引导和培养，不要生硬地加以禁止，提高他们的积极性，独立能力便能慢慢培养。凡是孩子当前年龄段有能力自己做的，就要让他们自己做，要让孩子从小学会自己照管自己的生活，从自己穿衣服到自己刷牙，都是一个锻炼的过程。

让我们一起来看看小欣的故事。小欣已经 7 岁了，马上要上一年级了，她还不会收拾自己的学习用品，都是由妈妈代劳。可是妈妈认为小欣现在已经不小了，应该让她学着做些自己能做的事情了。于是妈妈告诉小欣："我们小欣最疼妈妈了，今天妈妈很累，小欣能不能自己整理文具给妈妈看一下呢？""好啊，可是妈妈，我没试过，怕自己做不好。"小欣担忧地说。妈妈笑着对她说："没关系，妈妈会在旁边看着你，妈妈也相信细心的你平时也肯定用心观察了妈妈是怎么收拾学习用品的！"

于是，妈妈一边告诉小欣整理学习用品时应该注意的事项，一边鼓励小欣整理自己的文具。虽然是第一次学着做自己的事情，可是小欣还是成功地完成了。妈妈很高兴地对她说："小欣做得真棒！比妈妈做得都好，妈妈要向你学习啊。"听到妈妈的夸奖，小欣更高兴了，对妈妈说："妈妈，以后我不仅要自己整理自己的学习用品，我还要学着整理自己的房间呢。"

可见，有时候，孩子并非缺少独立做事的能力，而是缺少实践的机会和鼓励。如果妈妈一直娇惯孩子，代替孩子做他本来力所能及的事情，那么孩子就会一直依赖下去，以

至于长大成人后,连洗衣、做饭这些简单的事情都不会,遇到问题就退缩。很多家长都知道,孩子遭遇挫折的时候,家长不应该马上插手帮忙,但是真遇到那样的情况,还是忍不住去帮。这其实是在给孩子帮倒忙。因为最重要的不是帮助孩子解决眼前的困难,而是引导孩子独立去解决困难,独立去面对难题,独立去思考!

为了培养孩子的自立能力,父母在想要帮忙的时候一定要尽可能忍住、不插手。所以,我们应当像小欣的妈妈一样,给孩子一个独立做事的机会,教给孩子一些具体的技巧和方法,及时地给予鼓励和评价,让孩子在此过程中不断成长。

(二)有选择地让孩子参与家长的活动

许多人会觉得:大人的事,小孩子参与会添乱,因而常常禁止孩子参加成人的活动,如外出游玩、朋友聚餐。殊不知,儿童参加成人的活动对他们独立能力的培养和综合素质的提高也有重要作用。针对孩子的性格特点和年龄阶段特征,选择性地让孩子参与到成人的活动中去。当孩子以平等的身份参加大人的活动时,他会感到自己长大了。他会模仿大人去待人接物,去处理问题,去付出劳动,从而使各方面的能力得到锻炼和提高。同时这也是父母作为孩子榜样示范的一个重要方面。

因此,教师和家长都要鼓励低龄段孩子参加成人的活动。父母可以让孩子一起做家务事,一起采购生活用品,一起买菜洗菜,一起走亲访友,一起接待客人。这样做可以使孩子意识到自己是小主人,对家庭有着义不容辞的责任。还可以使孩子更多地了解成人的世界,增长社会生活经验,培养独立生活的能力。

借力学校活动,培养动手能力

教育从来都是家校携手,协力并进的,因此我们家长们可以借助学校活动的契机,来锻炼孩子的独立能力。中国学生发展核心素养里讲到,要培养孩子的社会参与和责任担当,这就要求我们的孩子要具有独立能力。借助学校开展的一些活动,通过合适的引导,能够锻炼孩子的独立能力。

学会自我管理并不是一件容易做到的事,有时候对大人而言都是个难题,想要让孩子做到自我管理,慢慢学会独立,面临的困难可想而知。当孩子觉得一件事有趣,他便会乐此不疲地一直做下去,在这个过程中不断挑战自己。对不同年龄段的孩子,布置不同形式的周末德育作业。家长可以以此为契机来培养孩子。比如,小学低年级段的可以是整理书包、文具,浇花。小学高年级段的可以是整理衣服、书架、洗菜、手工作品。初中年级段的孩子可以是买菜、做饭、打扫房间。其目的不是为了增加家长的负担，而是在书本学习之外，更多的关注孩子的成长，培养他们对生活的热爱，以及学会独立全面发展。

我们可以家校合力，把握这个教育契机。有了家长的关注和评价，孩子便会以更加认真的态度去对待。当我们把孩子们的这些表现发到朋友圈里时，孩子们也会关注外界对他们的评价。有良性的评价和激励机制，有利于他们提高积极性和养成独立自主的好习惯。

针对年级段的孩子，我们可以在集体生活的实践中让他们学会独立。记得2018年的11月，我校初中部举行研学活动，其中午餐是由学生以小组为单位自己下厨的。通过在班上的调查，我了解到有一些学生在家里从来没有下过厨动过手，这次在小组活动里容易充当"打酱油"的角色。针对这种情况，我布置了一个周末德育作业，就是在父母的指导下炒一个菜，拍照发到班级群和大家分享，并且在周一的班会课上还要选代表来分享感受。同时我也给家长们发了一个信息：借助这次研学活动的契机，家长们培养锻炼孩子的独立能力，家长只起到指导和保障安全的作用，由孩子们来动手。

通过家长们的反馈和后续的班会分享，我了解到孩子们在老师的要求和父母的指导下亲自动手，虽然有部分学生过程比较艰辛，家长忍不住想要帮手，但收获的成果是值得肯定的。一来培养了孩子的独立能力和动手能力。二来在参与的过程中，他们也能体会到平时给他们准备一日三餐的父母的不易。三来对亲子关系的构建起到了一个良好的促进作用。之后的研学活动中，从学生的参与度来看，确实起到了效果。

（三）寻找教育契机，用心守望成长

教育具有长期性和反复性，十年树木百年树人。锻炼孩子的独立能力，也是同样的道理。它不可能一蹴而就，更不可能无师自通。善于寻找教育契机，本着一颗为孩子着想的心，科学合理的去实践，相信定能水到渠成。

以下有两个案例：

2018年6月，在河南郑州的一辆B2公交车上，一个7岁小女孩独自走了上来。开始时，司机师傅并没在意，毕竟现在有很多小学生独立的确实比较早。可是，自从小女孩从站点上了车，却迟迟没有选择站点下车，这才让司机师傅感觉有些不对劲，通过上前询问，谁知小女孩支支吾吾，有些紧张，以至于该在哪里下车，在哪里上学，她自己都已经记不清楚了。这让司机师傅真是急了一把汗。

可想而知，小女孩是第一次独自乘公交车，却没有记清必要的基本信息，以至于最后

没有下车。好在最后,虚惊一场,司机师傅将小女孩安全地送到了家长的身边,然而,当询问小女孩的父亲为何如此鲁莽时,却得到了这样的回答。

小女孩父亲:平时都是亲自接送,这也是头一次试试看,看她能不能坐,开始我后面还跟着,谁知道没跟上,等到站里一问,才知道她已经上车了,才赶紧联系调度室,联系司机师傅。这样的说辞,却是听得所有人惊出了一身冷汗。本想锻炼女儿独立,却忽视了太多的东西。在女儿独自乘车之前,应该仔细确认孩子是否熟记必要基本信息,是否有足够的能力这样去做,安全性是否能够得到保障。

而开学这件事儿,就是锻炼孩子独立自主能力的一个绝佳机会。在开学前,家长们要帮助孩子详细了解学校的开学要求,指导孩子准备好开学所必需的学习用品。开学报名时,家长只需确保孩子上学路上的安全问题,到了学校大门口,家长大可以让他们自己进校园,去找到相关老师报名、缴费、领书、去班级、去劳动等。实在没有比开学报名这件事更适合让孩子自己去做的了。这件事绝对安全无隐患,绝对积极向上!担心孩子做不好?这就是家长们想多了!也许您的孩子性格内向,有些木讷,但是放心,他有同学在,有老师在!他们三五成群,结伴而去,你一言,我一语,不懂会问,一问就明。不仅能办事,而且很开心!更在同学们一起报名的同时营造了一种浓浓的集体氛围,增进了友谊,增强了信心,如此,比跟在家长后面木偶一样地颠来跑去听安排实在要强太多!如果是刚上小学一年级的小朋友,由于生理年龄和心理年龄实在太小,无法完全独立完成开学报名这件事情,那么,家长可以和孩子换个位置:跟在孩子的身后,给孩子指导和建议,让他们自己去完成这件重要的、愉快的、自己的事情。

同时我们不应把自己的孩子和别人家的孩子拿来比较,因为父母的比较只会让孩子越来越自卑,越来越不敢尝试。每个人都有自己生命的独特性,每一个小孩都是种子,只是每个人花期不同,有的花一开始,就绚丽绽放;而有的花,却需要漫长的等待。不要紧盯着别人的花,不要觉得别人家的永远都是好的,相信每一种花都有自己的花期,细心呵护,看着他一点点地成长,这又何尝不是一种幸福呢?

独立自主是一种能力,而这种能力不是与生俱来的,它主要从后天的生活实践中得来。所以,想要孩子能够独立自主,要尽可能并且尽早地抓住机会、创造机会对孩子进行锻炼,这对孩子自身具有深远的意义。在日常生活中要有意识地锻炼孩子的独立自主能力,力所能及的事情让他们自己去做,遇到的小问题让他们自己去解决,天长日久,孩子自然而然地掌握了分析问题解决问题的方法,获得了独立自主的能力。

问卷调查

1. 您的孩子现在的年龄段是？（单选题）（   ）
   A. 7岁以下   B. 8～12岁   C. 12～16岁   D. 其他

2. 您觉得您的孩子独立能力如何？（单选题）（   ）
   A. 能够独立
   B. 在有些方面能独立
   C. 还比较依赖父母

3. 您在日常生活中有注重培养孩子的独立能力吗？（单选题）（   ）
   A. 经常抓住机会培养
   B. 偶尔会让孩子自己动手
   C. 基本上自己包办

4. 您认为家庭教育对孩子独立能力培养的重要性？（单选题）（   ）
   A. 非常重要
   B. 重要
   C. 一般

5. 您的孩子在独立解决问题方面哪些地方做得较好？（多选题）（   ）
   A. 能根据自己的兴趣独立提出问题
   B. 遇到困难，能动脑筋想办法
   C. 能主动提出自己的想法
   D. 解决问题时想象丰富

6. 您的孩子在自我管理方面哪些地方做得较好？（多选题）（   ）
   A. 能收拾整理好自己的个人物品
   B. 主动帮助父母分忧解难
   C. 犯错误时能主动承担，不推脱
   D. 能在规定时间内完成好交给的任务

第四节 诚实守信 人生之阶

导语

"诚"即诚实诚恳,主要指主体真诚的内在道德品质;"信"即信用信任,主要指主体内诚的外化。古人云:"人无诚信不立,国无诚信不稳。"从古到今,"诚信"都被视为中华民族的传统美德,是为人处世的基本准则。随着社会的不断发展,诚信显得尤为重要。为了让学生在未来激烈的竞争中立于不败之地,我们应教育孩子从小做一个懂诚信、讲诚信的人。

一、古往今来,诚信从未失传

(一)商鞅立木为信

春秋战国时,秦国的商鞅在秦孝公的支持下主持变法。当时处于战争频繁、人心惶惶之际,为了树立威信,推进改革,商鞅下令在都城南门外立一根三丈长的木头,并当众许下诺言:谁能把这根木头搬到北门,赏金十两。围观的人不相信如此轻而易举的事能得到如此高的赏赐,结果没人肯出手一试。于是,商鞅将赏金提高到50金。重赏之下必有勇夫,终于有人站起将木头扛到了北门。商鞅立即赏了他50金。商鞅这一举动,在百姓心中树起了威信,而商鞅接下来的变法很快就在秦国推广开了。新法使秦国渐渐强盛,最终统一了中国。

(二)八旬老人用诚信书写人生

20世纪80年代改革开放初期,江西上饶市广丰区沙田镇坞龚村村民陈德柱,凭借祖传的酿酒手艺成为当地发家致富第一人，稳当当的万元户。因诚实守信，陈德柱当起了时下流行的"保人"：从富裕的村民手中借钱过来，再借给有需要的人，中间赚点利息。可到了20世纪90年代初，历经改革开放的大浪淘沙，不少人在市场折戟，陈德柱不少债主无力还钱甚至跑路躲避债务。作为"保人"的陈德柱却没有赖账，愣是把30多万元的债务扛起来，这一还就是25年之久。

"死前一定要把欠大家的钱都还清。"25年，9100多个日夜，陈德柱变卖家中的四处房产，也曾远赴上海寻找债主，如今依靠拾荒，依然坚持还债！"还差2万多就还清了。"

老人陈德柱坚持25年捡破烂还债，体现了文明社会的基本品格，面对责任和苦难，没有逃避，也没有放弃。或许，这25年来，陈德柱老人的钱还的有些迟了，但这份迟到的"债务清单"更是一张社会诚信的考卷。

二、中小学生诚信存在的问题

正所谓"自古皆有死，民无信不立"，诚信是一个人的立身之本，但中小学生的诚信现状令人担忧。一位老师批改作文时发现学生在作文中写道："在一个大雪纷飞的夜晚，爸爸冒着风雪背着我到医院看病……"后来得知作文是从网上抄袭的。这种抄袭、胡乱编造的不诚信现象，在学生中还普遍存在。此外，还有一些学生没有完成作业，就胡乱编一大堆借口：本子不见了，落在家里了……诸如此类的借口多得是。有个别学生还当起了"家长"——冒充爸妈的字迹签名，还有学生把图书角的课外书直接拿回家占为己有及考试作弊等。

这些现象看起来好像是一些司空见惯的小事，但是这些与诚信相违背的现象应该引起大家的重视。究其原因，一是现在的孩子都是家里的小公主、小皇帝，以自我为中心，虚荣心强，再加上父母过于溺爱，孩子觉得诚信并不重要。二是由于学生的年龄尚小，对于是非对错的分辨并不是很准确。三是受身边的人影响，如果父母的诚信缺失，那么孩子在潜移默化中也会失信于人。

三、培养学生诚信的策略

（一）家庭对诚信的影响

正所谓："父母是孩子的一面镜子。"父母是孩子的第一任老师，孩子们的思想、行

为很大程度上受父母的影响。父母要从小引导孩子实事求是、分清是非、诚实守信。父母要在言行上为孩子树立榜样，不说谎话，做到言而有信，以良好的品格来熏陶孩子。

记得几年前，我看到这样一则新闻：2013年11月29日晚，四川内江201路公交车司机陈世春像往常一样，将车行驶至民乐站后打开了车门。两名乘客上车后，前门出现了一个小女孩。小女孩弯着腰跳上车后径直往车厢内走去，没有刷卡也没有投币。紧随其后的是一名中年女性，上车后只刷了一次卡。司机陈世春根据经验目测小女孩身高已超过1.2米，已不符合儿童免费乘坐公交车的标准，便提醒该中年女性为其刷卡，随后因此产生了冲突。

又如，2015年3月4日，在南昌开往北京西的T168次列车上，列车长带领乘务员按照惯例查票。在5号车厢，一位衣着鲜亮的女子指着身后一男孩对列车长说："列车长，我的儿子才上小学一年级，没超高不用买票。"看着身高明显已超过1米2的男孩，列车长表示需要看测量结果，遂将男孩带到车门口的测量处进行测量，结果显示孩子确实超高，应补孩童票。女子因为孩子没有在量身高时弯着双腿"装矮"，忽然揪着男孩的耳朵大骂起来，并一把将儿子推到列车长面前称："我没有钱，要补票，你就把孩子带走吧。"随后，站起身独自向车厢门口走去。男孩从自己的口袋里拿出一个红包说："阿姨，我今年11岁，已经上四年级了，这是我的压岁钱，我可以给自己补票。"他从红包中抽出一张百元钞票递给列车长。不少旅客见状，都为男孩的诚实做法竖起了大拇指。此时，孩子的母亲似乎也意识到了自己的失态，转身来到列车长面前，补齐了孩子的车票钱。

两件事例中的母亲都想贪小便宜，都不想为孩子买票，第一个孩子配合母亲"弯腰"上车，第二个孩子则没有"弯腰"，主动拿钱出来补票。很多家长也经常跟孩子说："我们不能撒谎，要听妈妈的话，做一个诚实的孩子。"但事实上，很多家长并没有做到这一点，言行不一，没有为孩子做一个很好的示范，慢慢地，孩子也会受到影响，觉得诚实并不重要。由此可见，父母具有诚实守信的品质是孩子形成良好诚信品质不可缺少的因素。

（二）教师要以身作则，言传身教

正所谓"德高为师，身正为范"，小学生最崇拜老师，作为教师的我们，必须要在学生面前树立一个良好的形象，老师的一言一行潜移默化地影响学生。教师必须是诚信的典范，要做到以诚育人、以诚待人、以诚服人，以高尚的诚信人格影响学生、感染学生，做好诚信的表率。记得在我刚开始工作的时候，我会发一本"积星本"给每个孩子，表现好的就会得到一颗星星,积够一定数目的星星就能奖励一个小礼物,有时工作比较忙就会忘记帮他们盖章,总是说"下一次再一起盖",一次、两次、三次……后来,学生举手的人数越来越少了,课堂上没有往日热闹的抢答情景,学生的参与度很低。经过沟通后才知道原来是"星星惹的祸",孩子们觉得老师总是忘记盖"星星",我的诚信在他们的心中大打折扣,他们觉得老师不可信了。我认真反省了自己,意识到自己确实做得不够好,没有在学生面前做出表率,从那以后,我都会把要做的事情记录下来,免得自己忘记了。慢慢地,孩子们觉得老师是说到做到的,又恢复了往日的积极性。他们在我的言行举止中感受到了诚信,渐渐地,他们也懂得了如何做一个有诚信的人。

"言必信,行必果",作为一名教师,我们一定要做出榜样,要求学生做到的事情自己必须要做到,绝不能对自己和学生的要求不一样,这才能让学生心悦诚服。记得去年东莞市举行的中华诗词大会,我们学校的四名"诗词小达人"经过辛苦的训练,挺进了决赛并获得了二等奖,当时我们就答应了这四位学生比赛后会带他们去看电影,其中一位学生的家长说:"老师很忙的,没时间带你们去看电影的,不要老是去烦老师。""老师说过的,肯定会带我们去的。"确实,那段时间真的很忙,但是我们作为老师不能失信于孩子,还是抽出时间带几个孩子去了看电影,他们都很高兴。其中一位孩子跟他妈妈说:"妈妈,老师说到做到,兑现了诺言!"可见,老师的诚信在孩子们的心中是何等的重要。陶行知说过:"千教万教教人求真,千学万学学做真人。"确实,作为教师,无论大事小事,都应该保证言行一致,从自身出发,用真诚去感染学生,让他们学会诚信。

(三)在日常的课堂中渗透诚信教育

学生大部分在校时间都是在课堂,因此我们要把课堂建设成学生诚信教育的主阵地,积极改进教学方法和教学形式。

我们必须把德育工作与各学科教学进行有效整合,贯穿于教育教学的各个环节。我们要善于抓住课堂上的时机,因势利导,渗透诚信教育。比如,教学五年级下册的综合性学习中的"烽火戏诸侯"的故事,周幽王为了讨宠妃褒姒的欢心,竟然点燃烽火欺骗诸侯,后来,敌人真的来了,众诸侯以为又是周幽王的把戏,都没有理睬,最后,褒姒被俘,幽王被杀。在课堂上顺势对学生进行引导教育,用课本上真实的事例让学生懂得诚信的重要性。

又如教学四年级下册《中彩那天》,故事的内容:第二次世界大战前,我们家六口人

全靠父亲一人工作维持生计，生活很拮据。母亲常安慰家里人："一个人只要活得诚实、有信用，就等于有了一大笔财富。"一天放学回家，我看见城里最大的那家百货商店门前挤满了人。后来才得知是我父亲中了一辆汽车。只见父亲神情严肃，看不出中彩带给他的喜悦，我疑惑不解。母亲安慰我说："不要烦恼，你父亲正面临着一个道德难题。"我看见桌子上放着两张彩票存根，号码分别是05102和05103。中奖的那张号码是05102。母亲让我仔细辨别两张彩票有什么不同。我看了又看，终于看到中彩的那张右上角有铅笔写的淡淡的K字。母亲告诉我："K字代表库伯，你父亲的同事。"原来，父亲买彩票时，帮库伯先生捎了一张，并做了记号。过后，俩人都把这件事忘了。可以看出，那K字用橡皮擦过，留有淡淡的痕迹。我听到父亲打电话给库伯告诉他中奖的消息。成年以后，回忆往事，我对母亲的教诲有了深刻的体会。是呀，中彩那天父亲打电话的时候，是我家最富有的时刻。从这个正面事例中，学生受到了启发，老师还要适时点拨，教育他们要学习这种诚实、守信的品质，诚信是一笔非常宝贵的财富。

（四）善于利用生活小事，循循善诱

在校园生活中，教师与学生接触的时间最多，我们应该多留意学生的点点滴滴，善于发现孩子们出现的各种问题，对于学生不诚信的言行，应该及时纠正，做到防微杜渐。记得前几年曾经发生过这样一件事：有一天，我到学校看到一张小纸条写着："老师，我们第一组的作业不见了。"看到这张纸条，我马上到教室了解情况，组长告诉我早上到校就收了作业，但是去了一趟厕所回来就发现整组的作业都不见了。这就奇怪了！我马上展开调查，但学生都说没看见。难道这组的作业长了翅膀飞走了？但我知道这是不可能的，如何能把作业本找回来呢？首先，我敢肯定是班上的学生藏起来了。但是怎样才能让他们说实话呢？我想了很久，想起了同事曾分享过的方法。我走进教室，对同学们说："现在发给每个同学一张便利贴，你们都在便利贴上写上自己的名字，如果这件事是你做的，你就在名字下面画一条波浪线；如果不是你做的，就直接写名字就行了，希望你们能诚实，不要弄虚作假。如果你能老实承认，老师就答应你不公开你的名字，给你改过的机会。"我把便利贴收上来，一张一张地查看，果然有一个名字下面画着一条特别的"波浪线"，是小李同学。说实话，我压根没想到是他，他是班上学习成绩还算不错的学生，我有点疑惑了。放学后，我找了小李，他把本子交了出来，原来他把作业藏在了三楼走廊尽头的角落处。小李低着头说："老师，我错了，我不该把同学们的本子藏起来，我下次不敢了。我

昨天登记作业时抄漏了一项，今天来到教室才发现没有做，一时间想不到其他好的方法，所以才想到这个错误的方法。""人非圣贤，孰能无过？每个人都有可能犯错，我们要勇于承认并认真改正。老师这次给你一个改过的机会，是因为你能勇于承认，希望你不要辜负老师对你的期望。"从这以后，小李从未落下过一次作业，而且每次做作业都十分认真。从小李这件事中，我发现学生还是存在着这样那样的诚信问题，竟想到把作业藏起来瞒天过海。学生不诚实的事例屡见不鲜，我们一定要善于发现、循循善诱，让学生乐于接受诚信的教育。

（五）开展各种各样的诚信教育活动

品德的形成需要通过长期的实践体验，举行丰富多彩的诚信实践活动，可以促进学生知和行的转化。开展诚信教育实践活动不仅要充分考虑小学生好奇、好动、好表现的天性，寓教于乐，还要遵循小学生身心发展的规律。比如，举行班级的"诚信之花遍地开"的主题班会，举行以"我与诚信交朋友"为主题的征文比赛，举行以"诚信伴我行"为主题的演讲比赛，开展班级"诚信之星"评选，举行以"我向身边诚信的榜样学习"为主题的讲故事比赛等。记得第一次开展以"我向身边诚信的榜样学习"为主题的讲故事比赛，我让学生自己去查找这方面的资料，学生找到了很多这方面的故事，并进行筛选，挑选适合自己讲的故事，我还引导学生留意身边有关诚信的人和事，寻找近在眼前的榜样。其实，学生在这个查找资料的过程中，可以了解很多真实的诚信故事，认识很多诚信的榜样。学生各自找好了故事的内容并进行训练，比赛时讲得绘声绘色，十分动人，这就是真实故事独有的魅力，同学们听得入神，这些故事必定会在学生的心里生根。同时，我们抓住这个很好的机会，教育我们的学生要学习身边的榜样，诚实守信，言行一致，答应了别人的事情必须要做到，如果做不到要提前说明情况。这些活动，学生都乐于参与，他们在活动中受益匪浅，诚信之花在他们的心里绽放。

诚信教育是学校德育教育的基础，是素质教育的内在要求。诚信教育不容忽视，必须要社会、学校和家庭三方面一起努力，齐抓共管，增强小学生的诚信意识，让孩子们能够在一个诚信的、和谐的环境中健康成长。

问卷调查

1. 你的性别（　　）

    A. 男

    B. 女

2. 您如何对待诚信这个问题？（　　）

    A. 很重视

    B. 一般

    C. 无所谓

3. 在完成作业的过程中，你有抄袭别人作业的现象吗？（　　）

    A. 从没有过

    B. 偶尔

    C. 经常

4. 你在对别人许下诺言之前，会认真考虑吗？（　　）

    A. 会

    B. 有时会

    C. 不会

5. 老师改卷时多给了你5分，你将（　　）

    A. 这不是我的错，不用改了

    B. 等老师或同学发现了再改不迟

    C. 找老师改过来

6. 当同学偷看你的作业或试卷时，你是怎么想的？（　　）

    A. 无所谓

    B. 他是我的好朋友，还是给他看吧，也算朋友帮忙

    C. 给他看，是害了他，是对他的不负责任

7. 你答应别人的事都能做到吗？（　　）

    A. 一定能做到

    B. 有时能，有时不能

    C. 从来没做到

8. 你有没有欠交过作业？（　　）

　　A. 经常欠交

　　B. 偶尔欠交

　　C. 从未欠交过

9. 你身边的人做到诚信了吗？（　　）

　　A. 都做到了

　　B. 大部分做到了

　　C. 大部分没有做到

10. 在你犯错后承认错误时，你通常会（　　）

　　A. 毫不保留地把自己的错误说出来

　　B. 只讲一部分

　　C. 不承认并把责任推到别人身上

第五节 情商教育 沟通未来

> **导语**
> 　　一个孩子的情商高低虽然离不开学校老师的培养教育，但是更离不开家庭家长从小正确的培养教育。在学校虽然培养孩子的情商是老师的责任，但毕竟学校的老师是孩子一阵子的老师，家长才是孩子一辈子的老师。如果家长没有情商的概念和意识，很难说是合格的父母。正确培养孩子自信心的做法，鼓励孩子说出恐惧，并表示出同情、理解，帮助他消除恐惧。对孩子的成功表示赏识，让他相信如果继续努力他会做得更好。创造条件让孩子不断取得胜利，就像下棋一样，让他在不断地赢棋中培养进取精神。对孩子不要过度的保护和溺爱，鼓励孩子自己解决问题，给孩子自行选择决定的机会并使他看到正确的结果。记住，站在您眼前的仅仅是个孩子。

　　很多家长都听说过情商，然而情商的内涵究竟是什么？怎么知道孩子有没有高情商？简单地说，情商是自我情绪管理，正面激励自己，以及管理别人情绪、促进人际关系的能力。说起情商，许多人更熟悉的是另一个名词——智商。孩子的智商高，代表他的语言、逻辑和空间概念的能力很强，而智商高的孩子在学校的学习通常也比较得心应手。然而出了校门之后，智商高的孩子在工作上不一定会居于领导地位；结了婚，婚姻不见得比别人幸福；问问他自己，他的快乐指数也未必高人一筹。那么，其中的关键在哪里呢？心理学近年来的研究指出，在预测一个人未来的幸福感、快乐度，以及工作成就上，情商能力远比智商能力有效得多。

　　前几年，有一个针对世界500强企业员工的大规模调查，想要研究对于工作成就而言，影响的关键因素是什么？结果得到一个令人惊讶的结论：不论什么行业，情商和智商对于一个人的工作成就都有影响,而其影响比例为智商:情商=1:2。而且越往公司的高层上去,这个影响的差距会越悬殊,甚至会到智商:情商=1:6……换句话来说,对于急切望子成龙、望女成凤的父母来说,除了重视孩子在学校的学习外,还有一项在家庭教育中不可或缺,甚至比智商教育更为重要的,就是情商教育。那么如何才知道自己的孩子是否具有高情商呢?这里有个简易的测试供家长们做初步的判断。

请根据您孩子的状况,以"是"或"否"来作答。每回答一个"是",计一分。1. 情绪大多稳定、开心;2. 面对压力能冷静应对;3. 碰到挫折能自我激励;4. 生气时会用合理的方式表达;5. 与别人发生冲突时能理性相处;6. 和师长、同学相处愉快;7. 在团队中合作性强;8. 想法积极乐观;9. 沟通能力佳、说服能力强;10. 懂得察言观色、礼貌应对他人;11. 有同情心,懂得为他人着想;12. 有能力安抚别人的情绪。最后统计一下总得分,9分以上——高情商;5~8分——情商适中;4分以下——得加油了!怎样?结果是否让您大吃一惊呢?如果您的孩子拿到了9分甚至更多,那就要恭喜您了,显然您是个重视情商教育的家长。而如果他目前表现还不尽理想,现在就是一个好时机。请开始调整做法,转变您过往的情商教育策略,以帮助孩子培养高情商的能力。

一、怎样培养孩子的自信心

尊重孩子,信任孩子。不能常常责怪孩子,像傻瓜、笨蛋、没出息这类的话不能送给孩子。只有他扭转了自己"处处不如人"的意识,自信心才能真正建立起来。孩子遇到困难时给予帮助,成功后给予奖励。发现孩子的长处,告诉他,切忌提出不切实际的过高要求,拔苗助长容易形成自卑感。不要小看孩子,相信孩子。不要以为孩子什么都不懂,他知道的很多。也不要以为大人什么都懂,大人也有很多不知道的东西。家长不要以强烈的否定或取笑来对待孩子,不能经常指责、抱怨、训斥、打骂。帮助孩子培养与伙伴们交往的合作能力,这是使他获得自信的重要基础。当孩子经历挫折失败而心情沮丧时,应表示关怀与安慰,花一点时间同他讨论原因,用鼓励法使他学会接受失败和错误,获得勇气。

我有一个记者朋友在家写稿时,他4岁的儿子吵着要他陪。记者很烦,就将一本杂志的封底撕碎,对他儿子说:"你先将这上面的世界地图拼完整,爸爸就陪你玩。"过了不到5分钟,儿子又来拖他的手说:"爸爸我拼好了,陪我玩!"记者很生气:"小孩子要玩是可以理解的,但如果说谎话就不好了。怎么可能这么快就拼好世界地图!"儿子非常

委屈:"可是我真的拼好了呀!"记者一看,果然如此:不会吧?家里出现了神童?他非常好奇地问:"你是怎么做到的?"儿子说:"世界地图的背面是一个人的头像。我反过来拼,只要这个人好了,世界就完整了。"所以做事先做人。做人做好了,他的世界也就是好的。一个人如果在小的时候就培养了自信心,那么,在智力、体力或处世能力上他就都有了基础。自信心就像催化剂,能够将人的潜能调动起来,推动人取得成功和幸福。

二、怎样正确引导帮助孩子辨识自己的情绪

孩子放学回家后说:今天在学校有同学打我!父亲很有技巧地回答:你现在还好吗?有同学打你,所以你很委屈?这个回答不但能帮助孩子辨认自己的情绪状态,还带来了两个好处。首先,孩子可以从中明白,现在真正该做的事情,不是因自己感到委屈而找对方理论,而是应该意识到,真正的困扰其实是自己的情绪反应,那么随后该努力的,就是如何调整情绪,做出合适的反应。其次,孩子可以从中学会换位思考的能力。这次挨打,心里难受,他就会知道,以后若去打别人,别人也会有同样的感受。这个深刻的情绪体会,有助于提升孩子换位思考的能力。所以从情商教育的角度而言,这是个一举两得的做法。在协助孩子辨识情绪之后,接下来,爸爸妈妈就可以再问:你要不要告诉我发生了什么事?这是个很重要的亲子沟通方式,当父母学会发问及倾听,孩子就会愿意开口说话。培养良好的亲子沟通习惯,会让彼此的沟通畅行无阻。

三、怎样帮助孩子树立自信

自信的孩子在面对别人的恶意攻击时能沉稳以对,并拥有良好的抗挫及抗压能力,在人际关系上也会得心应手。父母亲的评价对孩子的自信有着直接的影响,因此,父母亲可以坐下来,写下孩子值得欣赏的优点。这些优点不该是孩子和别人比较的成果,而应是孩子本身所具有的特质。比如,很有爱心,对小动物很好;很有礼貌,会主动和朋友打招呼等这些人格特质,而并非每次都名列前茅等建立在比较之上的结果。如果要称赞孩子的学习表现,学习很认真、负责,会自我督促念书就会是更好的理由。多鼓励和肯定孩子,让他对自己有着合适的自信,会让他的情商能力大幅度提高。帮助孩子管理负面情绪,在美国有些中小学,课程中加入了冥想的练习:让孩子坐下,闭上眼睛,集中意念静坐20

分钟。而最近的实验发现,静坐冥想有助降低一个人的焦虑感,而且能够强化注意力的集中,进一步提升学习效率。像这些设计得当、适合孩子的放松技巧,早早学会,对他们未来的抗压能力定会有所帮助。

　　父母可以鼓励孩子培养健康的兴趣和嗜好,来帮助他们排解压力,如带孩子一起进行体育锻炼、画画、唱歌等。心理学上的研究显示,做运动是极佳的解压方法之一,持续做有氧运动20分钟以上,会促进大脑内啡肽的分泌,因而在生理上起到舒缓压力的作用。培养孩子的人际互动能力,现在的孩子大多是独生子女,所以父母应该要多安排些机会,欢迎孩子的玩伴来到家里和孩子一起玩耍、学习,或共同度过生命中的重要时刻(如生日等)。父母亲还要观察孩子在和别人的互动当中是主动和他人说话,还是害羞不开口?当别人跟他说话的时候,他是什么反应?而万一与他人发生矛盾,他又是如何回应的?为了防止自己又落入与他人比较的惯性思维中,家长们不妨准备个小的笔记本,提醒自己观察的重点,并做记录。此外,父母亲应多鼓励孩子观察别人的需求并主动提供帮助。不妨常问孩子:你注意到有谁特别需要帮忙吗?你觉得你能够做些什么去帮助别人吗?而在孩子协助他人时,如帮家人提东西,则该立刻给予及时的表扬。如此一来,孩子就能够培养出团队意识及协作能力,日后无论对工作还是生活,皆会大有裨益。培养孩子乐观积极的态度。心理学的研究发现,只要孩子对自己持正面的看法,对未来有乐观的态度,父母就大可放心,孩子这辈子不会离幸福太远。

　　小孩子的特点是好奇、幼稚、缺乏自信。他们对每一点小小的进步都非常在乎,渴望得到大人的肯定。一位淘气的小姑娘,平时总是因为淘气而受到妈妈的责骂。有一天,她特意表现得特别好,但从开始到晚上睡觉前,妈妈没有一句表扬的话。她躺在床上哭了。"难道我今天不是很乖的小姑娘吗?"

　　人类本性中都渴望受到赞美,未成年的孩子尤其如此。所以对孩子的一点点进步都要及时鼓励。不能够换位移情的父母对待孩子的方式:你怎么那么懒惰;你怎么那么会捣蛋;你怎么那么笨;你真是败事有余;你是骗子,你真自私;你真是顽固;你是浪费时间;你是人见人怕;你怎么那么爱表现;你真是长舌妇;你真是没出息;你的脾气真暴躁;你是个胆小鬼;你真讨厌……能够移情换位的父母对待孩子的方式:你努力些可以做得更好;你的聪明可以用在适当的地方;找到了诀窍你会进步;成功之路需花力气寻找;你所讲的不是真实;你可以试着为别人着想;别人的意见常有可借鉴之处;你可以更有智慧地运用时间;你可以与别人相处得更好;你需要别人的注意;你讲话可以精简一些;你

从别的角度去找自己的长处；你可以控制你的情绪；勇气是需要锻炼的美德；你不那样做我会高兴。

由于有些家庭只有一个孩子，所以孩子是娇贵的、孤独的，缺少小朋友之间的沟通。父母不能以为小孩的问题简单，谈论内容没有成人的意义而不理睬或嘲笑他，成人需要用小孩的语言跟他认真讨论他的事情，让他学着去做事情，尽管他做得没有你做得完美，但这是学习的开始，这样才能够锻炼他的沟通能力，建立他的自信心。高情商的孩子特点：开朗、大方、有秩序感、乐意表达、善于沟通、懂得分享、知道照顾更小的孩子，最重要的是不乱发脾气，能正确管理自己的情绪。作为父母，我们觉得孩子有个开朗乐观的好性格很重要。情商高一些，懂得友好与人相处，懂得正确表达情绪，这些都很重要。我们都是平凡的父母，我们希望孩子们开心成长、健康成长、有慈悲心、懂得感恩，能设身处地、力所能及地为自己、为家庭、为社会做些贡献。

四、怎样提高孩子的情商

首先，让孩子学会和人分享。
不管是玩具，还是食物，或者想法，我们都希望孩子能够有分享意识。分享，不仅是勇敢，更是一种胸怀，父母得给孩子做榜样，而且持续地告诉他们分享的重要性。

其次，让孩子学会喜欢别人，学会帮助别人。
对孩子喜欢的朋友，家长可以帮忙私下里让他们有更多交往，让他们成为死党。对孩子提到的不喜欢的朋友，父母也可以多创造机会让他们有更多机会相互了解。帮助别人是一种快乐的体验，当孩子意识到自己可以帮助别人，或可以帮助老师家长时，孩子们都会很享受这种感觉。

再次，多肯定孩子的正向情绪和正确行动。
这样孩子就会更加积极地去帮助父母做些力所能及的小事，或者去帮助其他孩子。家里如果来了朋友，一般也都会给孩子时间"人来疯"：让他们说话，让他们和客人亲近，让他们独立地向客人表达自己的想法。还有，孩子表现出的不正确但正常的情绪，父母应该多指导。

第五章 人生善于担当

朋友五岁的女儿一向乖巧可爱，讨人喜欢。每次家里来了客人，她总是分外热情。一天，一位关系甚好的女性朋友来家做客，小家伙把洗好的水果端了出来，还一个劲地请阿姨品尝。盛情难却的阿姨便拿起水果往嘴边送，谁料小家伙的态度来了180°大转弯，不悦赤裸裸地写在了脸上，还扭头跑回了自己的房间。这下，弄得阿姨十分尴尬，吃也不是，放下也不是。

送走了客人，朋友的心还是难以平静。想起刚才难堪的一幕，真想给女儿个"下马威"。可转念一想，面对幼稚的孩子，"猛攻"还不如"智取"。于是，她便抑制住内心的不忿，故作轻松地跟女儿聊起天来。"妞妞，凡是来咱们家里的客人，都夸你既大方又懂事，今天是怎么了？""那……那……那谁知道阿姨真吃啊！"女儿顺口接着说。这下，她终于找到了症结所在。孩子为什么仅能做到"虚伪的分享"呢？答案是多方面的，其一，我们成人不经意的客套，让孩子尝到了"表面分享"的甜头；其二，作为家里独苗苗的女儿一向以自我为中心，极大地缺失与他人共享的意识。

面对五岁的孩子，很多时候讲道理是微乎其微的，那就让她亲自体验一下其中的滋味吧。一场她事先导演好的"心灵拯救"大戏开始了。妞妞的表姐拿着三本非常好看的绘本到了朋友家里，进门就炫耀起来。妞妞更是乐得眉飞色舞，津津有味地翻看着。"怎么，很喜欢吧？既然喜欢，你就拿去看吧！"妞妞刚要抱起绘本，表姐就按照事先的吩咐"变脸了"："不行不行，我还没看呢！刚才啊，是逗你玩呢！"说着，表姐紧紧地搂着绘本。如朋友所料，女儿"哇"的一声痛哭起来。

这时，朋友一边擦拭女儿脸上的泪水，一边轻轻地说："伤心了吧！心里一定在埋怨表姐吧！"委屈的女儿连连点头。她继续说道："不过啊，今天上午的你和表姐犯了同样的错误，喜欢的东西要与大家共同分享，怎能在关键时刻变卦呢？"听了这番话，女儿似乎意识到了什么，哭声慢慢停止，低垂着头，一动也不动。稍停片刻，满脸泪痕的女儿仰着天真的小脸，喃喃地说："妈妈，我明白了，我以后也要和大家一起快乐地分享！"随即，一溜烟跑进自己的房间，拿出心爱的小电脑和表姐一起玩。

从此以后，"让我们一起玩吧""这个就是送给你的"诸如此类的话语成了朋友女儿不假思索的"嘴边话"，甚至陶醉在团结互助的共享之中。而她也由衷地庆幸，及时为女儿弥补上了人生的必修课——"快乐分享"，让孩子从小就充分感受"赠人玫瑰，手留余香"的美好境界。

有一个家长，孩子的小伙伴来访，结果对方和孩子的哥哥玩得起劲，这个孩子的醋坛

子被打翻了，两小时里哭了好几次。嫉妒，作为负面情绪，每个孩子都会有。那天晚上，这位家长和两个孩子坐下来，好好地总结了白天妹妹为什么会吃醋，哥哥哪里做得不太好，妹妹下次再遇到这样的事情该怎么办，哥哥下次也要努力照顾好妹妹的情绪等。孩子们远比我们想象得要讲道理，父母只需要花些时间慢慢和他们讲。

　　一次，老师当众批评了一个孩子的数学成绩。大多数孩子都会因此觉得有失颜面而耿耿于怀，然而他却做了心态上的调整，笑着跟妈妈说：幸好老师批评的是我最烂的一门科目，如果我最好的一门科目被他批评，那我不就更惨了。有这样的正面思维能力，就是乐观特质的精彩展现。因为他知道怎样在环境中看到事情的正面，避免负面情绪的不当干扰，从而找到激励自己的动力。正向思维能力是在日积月累中形成的，只要平时多花点心思，父母就能帮助孩子培养出乐观的正向思考习惯。自信心是孩子成长的重要心理因素，也是需要培养的重要智能之一。

五、怎样帮助孩子缔造自信

　　在一群嬉戏的小孩中，一个女巫握着一个小孩子的手说："你将成为世人瞩目的名人。"几十年后，女巫的话真的灵验了，那个小孩子就是后来的居里夫人。女巫的预言真的有那么神奇吗？坚信无神论的我们当然不会相信这些。只是，我们相信，听了女巫的话，那个小孩从此便有了成为"名人"的信念。

　　一个孩子的情商高低虽然离不开学校老师的培养教育，但是更离不开父母从小正确的培养教育，在学校虽然培养孩子的情商是老师的责任，但毕竟学校的老师是孩子一阵子的老师，家长才是孩子一辈子的老师，如果家长没有情商的概念和意识，很难说是合格的父母。正确培养孩子自信心的做法，鼓励孩子说出恐惧，并表示出同情、理解，帮助他消除恐惧。对孩子的成功表示赏识，让他相信如果继续努力会做得更好。创造条件让孩子不断取得胜利，就像下棋一样，让他在不断的赢棋中培养进取精神。对孩子不要过度的保护和溺爱，鼓励孩子自己解决问题，给孩子自行选择决定的机会并使他看到正确的结果。

　　记住：站在您眼前的仅仅是个孩子。

问卷调查

1. 您的性别？（ ）

    A. 男

    B. 女

2. 您的孩子处于什么年龄阶段？（ ）

    A.0～5岁

    B.5～10岁

    C.10～18岁

3. 《如何培养孩子才会有高情商》一文，对您有帮助吗？（ ）

    A. 有帮助

    B. 没有帮助